FRITZ JAECKEL

Die Reichweite der lex fori im internationalen Zivilprozeßrecht

Münsterische Beiträge zur Rechtswissenschaft

Herausgegeben im Auftrag der Rechtswissenschaftlichen Fakultät
der Westfälischen Wilhelms-Universität in Münster durch die Professoren
Dr. Hans-Uwe Erichsen Dr. Helmut Kollhosser Dr. Jürgen Welp

Band 90

Die Reichweite der lex fori im internationalen Zivilprozeßrecht

Von

Fritz Jaeckel

Duncker & Humblot · Berlin

Die Deutsche Bibliothek - CIP-Einheitsaufnahme

Jaeckel, Fritz:
Die Reichweite der lex fori im internationalen Zivilprozessrecht /
von Fritz Jaeckel. - Berlin : Duncker und Humblot, 1995
(Münsterische Beiträge zur Rechtswissenschaft ; Bd. 90)
Zugl.: Münster (Westfalen), Univ., Diss., 1994
ISBN 3-428-08354-7
NE: GT

D 6

Fotoprint: Berliner Buchdruckerei Union GmbH, Berlin
Printed in Germany

ISSN 0935-5383
ISBN 3-428-08354-7

Gedruckt auf alterungsbeständigem (säurefreiem) Papier
entsprechend ISO 9706 ♾

Meinen Eltern

und Liv

Vorwort

Die vorliegende Abhandlung wurde im Wintersemester 1994 von der rechtswissenschaftlichen Fakultät der Westfälischen-Wilhelms-Universität in Münster als Inauguraldissertation angenommen. Rechtsprechung und Schrifttum konnten für die Drucklegung bis Dezember 1994 ausgewertet und berücksichtigt werden.

Mein besonderer Dank gilt meinem verehrten Doktorvater, Herrn Prof. Dr. Herbert Roth, der die Arbeit anregte und stets mit großem Interesse begleitet hat. Danksagung gebührt ihm auch dafür, daß er mir während meiner Assistententätigkeit an seinem Lehrstuhl vielfältige Förderung angedeihen ließ und die nötige Freiheit zur Anfertigung der Arbeit gewährte. Herrn Prof. Dr. Bernhard Großfeld danke ich für die Erstellung des Zweitgutachtens.

Für die Aufnahme der Dissertation in die Fakultätsschriftenreihe "Münsterische Beiträge zur Rechtswissenschaft" gebührt mein Dank den Herausgebern, insbesondere Herrn Prof. Dr. Helmut Kollhosser.

Leipzig, im Dezember 1994

Fritz Jaeckel

Inhaltsverzeichnis

Abkürzungsverzeichnis

All E.R.	All English Reports
Cambr. L.R.	Cambridge Law Review
Cass. civ.	Cassation civile
Duke L.J.	Duke Law Journal
EF-Slg.	Entscheidungssammlung in Familiensachen
Eur.C.Prac.	European Civil Practice
Eur.L.Rev.	European Law Review
Fasc.	Fascicule
Gaz.Pal.	Gazette du Palais
ICLQ	International Comparative Law Quaterly
ICP	International Civil Procedure
Int.Civ.Lit.	International Civil Litigation
IntPrLaw	International Private Law
Jur.Class.	Juris Classeur
Lég.	Législation
LEC	Ley enjuciamente civile
N.C.P.C.	Nouveau Code de Procedure Civile
Notre Dame L.R.	Notre Dame Law Review
PreußJuMinBl.	Justiz-Ministerialblatt für die preußische Gesetzgebung und Rechtspflege
PrIntLaw	Private International Law
Rec.	Receuil
Rev.trim.dr.civ.	Revue trimestrielle de droit civil
RheinZ	Rheinische Zeitschrift für Zivil- und Prozeßrecht
SZIER	Schweizerische Zeitschrift für internationales und europäisches Recht
W.L.R.	Weekly Law Reports
Yale L.J.	Yale Law Journal

Ansonsten wird hinsichtlich der im Text und in den Fußnoten verwendeten Abkürzungen auf Kirchner, Hildebert, Abkürzungsverzeichnis der Rechtssprache, 4. Aufl., Berlin 1993 verwiesen.

Einleitung

Die nationalen Grenzen des Rechts verlieren zunehmend ihre Bedeutung. Durch die Internationalisierung des Gesellschafts- und Wirtschaftsverkehrs wachsen die rechtlichen Verflechtungen. Die internationalen Bezüge des deutschen Zivilrechts beschäftigen deshalb vermehrt die Justiz und die international ausgerichtete Anwaltschaft. Die Normen des autonomen deutschen Zivil- und Zivilverfahrensrechts werden bereits in Teilen von einer Vielzahl internationaler Abkommen, völkerrechtlicher Verträge und Einheitsrechte verdrängt oder von ihnen ergänzt[1].

Die vorliegende Arbeit will sich einiger verfahrensrechtlicher Probleme annehmen, die Fälle mit Auslandsberührung aufwerfen. Die wissenschaftliche Beschäftigung mit dem internationalen Zivilverfahrensrecht gewinnt nach der Verwirklichung des EG-Binnenmarktes 1993 und der fortschreitenden Entwicklung eines europäischen Zivilprozeßrechts[2] zunehmend an Bedeutung. Wenn die am internationalen und europäischen Handelsverkehr beteiligten Parteien um Rechtsschutz nachsuchen, wird es mehr und mehr auf die Verfahrensrechte ankommen, ohne die sich der Schutz privater Interessen nicht verwirklichen läßt. Denn letztendlich müssen sich die subjektiven Rechte im Prozeß bewähren[3]. Dort werden der Durchsetzung der Rechte Grenzen gesetzt, wenn die Parteien von ihren prozessualen Befugnissen nicht den richtigen Gebrauch machen[4].

Grundpfeiler des internationalen Zivilverfahrensrechts ist das lex-fori-Prinzip. Ihm folgend wenden die Gerichte in Verfahren mit Auslandsbezug in aller

---

[1] Einen umfassenden Überblick bietet die Textsammlung von *Jayme / Hausmann*[7], Internationales Privat- und Verfahrensrecht.

[2] Den Kern des europäischen Zivilprozeßrechts bilden: EuGVÜ, Amtsblatt der EG 1978, Nr. L 304, S. 77; BGBl. 1972 II 774; LuganoÜ, Amtsblatt der EG 1988, Nr. L 319, S. 9; einen Überblick zum Lugano-Übereinkommen gibt *Kropholler*[4], Europ. ZPR, Einl. Rdz. 44 ff.; *Prütting*, FS Baumgärtel, S. 457 (458 ff.); *Trunk*, Die Erweiterung des EuGVÜ-Systems, S. 7.

[3] *Henckel*, Prozeßrecht und materielles Recht, S. 62; *Jauernig*, JuS 1971, S. 329 (331).

[4] *Henckel* (Fn. 3), S. 62.

Regel das Prozeßrecht ihres Staates an[5]. Neuerdings werden wieder Zweifel an der uneingeschränkten Gültigkeit dieses althergebrachten Grundsatzes geäußert[6]. Das liegt zum einen an der zunehmenden Bereitschaft der Gerichte, die nach ausländischem Sachrecht zu beurteilenden familien- und erbrechtlichen Streitigkeiten nicht ohne Berücksichtigung ausländischen Verfahrensrechts zu entscheiden[7].

Zum anderen rücken ausländische Rechtsinstitute die Gemeinsamkeiten zwischen Anspruch und Klagerecht stärker ins wissenschaftliche Blickfeld, als es der im deutschen Recht betriebenen Unterscheidung von materiellem Recht und Verfahrensrecht zuträglich ist. Eine Neubewertung der Litiskontestation[8], mit der sich die Parteien dem Prozeß unterwarfen sowie der Wirkungen des Urteils, die heute mit der Rechtskraft bezeichnet werden, leitete in der Mitte des vorigen Jahrhunderts für das deutsche Recht die Aufspaltung von Klagerecht und Anspruch ein[9]. Diese Trennung setzt sich heute bis in die Methoden der internationalen Rechtsanwendung fort. Wo es für das Privatrecht ein ausgefeiltes Kollisionsrecht in der Form des internationalen Privatrechts gibt, begnügt sich das lex-fori-Prinzip scheinbar nur mit einem einheitlichen Anknüpfungsgesichtspunkt für das Verfahrensrecht. Verfahrensfragen bestimmen sich danach in der Regel nach dem Prozeßrecht des angerufenen Gerichts.

Die seit jeher zugelassenen Durchbrechungen der lex fori[10] deuten jedoch die Durchlässigkeit des Prinzips an. Manche Autoren fordern deshalb, die dogmatische Vielfalt, die das internationale Privatrecht zur Lösung von Fällen mit Auslandsberührung anbietet, auch für das Verfahrensrecht nutzbar zu machen,

---

[5] Z.B. BGHZ 78, 108 (114); BGHZ 48, 327 (331); BGH NJW 1985, 552 (553); BGH WM 1977, 793 (794).

[6] *Coester-Waltjen*, Int. Beweisrecht, S. 4; *Grunsky*, ZZP 89 (1976), S. 241 (245, 248); *Meier*, in: Schlosser, Materielles Recht und Prozeßrecht, S. 1 (42); bereits *Riezler*, IZPR, S. 83, 95 ff.; *Schack*, IZVR, Rdz. 40; *Stein-Jonas-Schumann*[20], ZPO, Einl. Rdz. 737.

[7] BGHZ 47, 324 (338 ff.) = RabelsZ 32 (1968), 313 (322), m. zust. Anm. *Jayme*, S. 323 f. = JZ 1967, 671, m. Anm. *Heldrich* S. 675; BayObLG ZRvgl 12 (1971), 124 (131); OLG Frankfurt a.M. IPRax 1992, 49, mit zust. Anm. *Jayme*; OLG Stuttgart IPRax 1990, 113 (114).

[8] Der römische Zivilprozeß war zweigeteilt. Vor dem Gerichtsmagistrat wurde der Streitgegenstand bestimmt. Die eigentliche Gerichtsverhandlung fand vor einem oder mehreren Geschworenen statt. Zwischen diesen Abschnitten vermittelt die litis contestatio; *Dulckeit / Schwarz / Waldstein*[8], S. 158.

[9] *v. Savigny*, System, Bd. V, S. 5 f.

[10] *v. Craushaar*, Die internationalrechtliche Anwendbarkeit deutscher Prozeßnormen, S. 24; *Grunsky*, ZZP 89 (1976), S. 241 (245); *Niederländer*, RabelsZ 20 (1955), S. 1 (49 f.); *Stein-Jonas-Schumann*[20], ZPO, Einl. Rdz. 737.

um den teilweise engen Verbindungen des materiellen Rechts zum Verfahrensrecht gerecht zu werden[11]. Den Ausgangspunkt dieser Untersuchung bildet daher die Frage, ob sich eine Neubewertung der ablehnenden Haltung gegenüber der Anwendung ausländischen Verfahrensrechts ankündigt oder ob sich das lex-fori-Prinzip im deutschen Zivilverfahrensrecht nach wie vor behaupten kann.

Die nachfolgende Darstellung orientiert sich deshalb in erster Linie am deutschen Zivilprozeßrecht. Eine umfassende Behandlung des internationalen Rechts der freiwilligen Gerichtsbarkeit, des Insolvenzrechts und der internationalen Schiedsgerichtsbarkeit bleibt ausgeklammert[12]. Jedoch berücksichtigt die Arbeit diese Verfahrensmaterien sowie ausländische Rechte und Rechtsinstitute, soweit sie die Probleme und Lösungen verdeutlichen können. Der Gang der Darstellung beginnt mit dem lex-fori-Prinzip im geltenden Verfahrensrecht. Die dogmatischen Begründungsversuche werden im zweiten Kapitel erörtert. Das dritte Kapitel widmet sich den methodischen Grundlagen. Das vierte Kapitel analysiert von diesen ausgehend einige zivilprozessuale Vorschriften, deren Anwendung im internationalen Zivilprozeßrecht Schwierigkeiten bereitet. Das fünfte Kapitel wendet sich der Frage zu, ob das internationale Zivilverfahrensrecht ein Kollisionsrecht des Verfahrensrechts erfordert und zeigt seinen derzeitigen Entwicklungsstand auf. Sodann ist im sechsten Kapitel zu fragen, ob und gegebenenfalls wie das europäische Gemeinschaftsrecht den Grundsatz einschränkt oder überlagert.

---

[11] *Basedow*, in: Schlosser, Materielles Recht und Prozeßrecht, S. 131 (146 ff.); *Coester-Waltjen* (Fn. 6), S. 441 f.; *Kegel*[6], IPR, S. 627, 649 f.; *Neuhaus*, RabelsZ 20 (1955), S. 201 (240 f.); *Szászy*, ICP, S. 225.

[12] Vgl. einführend *Habscheid*[7], Freiwillige Gerichtsbarkeit, S. 69 ff.; *Jauernig*[19], ZwVollstr, S. 243 f.; *Schlosser*[2], RipS, Rdz. 725 ff.; *Schwab / Walter*[4], Schiedsgerichtsbarkeit, S. 423 f.

1. Kapitel

Die lex fori im geltenden Verfahrensrecht

Das lex fori-Prinzip im internationalen Verfahrensrecht gilt weithin als gesicherter Bestandteil deutscher verfahrensrechtlicher Dogmatik. Danach wenden die Gerichte in Zivilverfahren mit Auslandsbezug nur das eigene Prozeßrecht an. Die einheitliche Anknüpfung prozessualer Rechtsfragen an die lex-fori-Regel wird jedoch mehr und mehr in Frage gestellt[1]. Das Prozeßrecht weise eine große Zahl von Einzelaspekten auf, bei denen es diskussionswürdig erscheine, ob sie einheitlich an die lex fori oder aufgrund ihrer Sachrechtsverbundenheit an das nach internationalem Privatrecht berufene materielle Recht anzuknüpfen seien. Die derzeit noch überwiegende Meinung hält an der Maßgeblichkeit der lex-fori-Regel für das internationale Zivilprozeßrecht fest[2]. Nur in Randbereichen, die sowohl das materielle Sachrecht als auch das Prozeßrecht berühren, befürwortet sie eine materiellrechtsfreundliche Qualifikation: Soweit Normen und Institute des Prozeßrechts einen Privatrechtsbezug aufwiesen, falle die Anknüpfungsentscheidung zugunsten des nach internationalem Privatrecht berufenen materiellen Rechts aus[3]. Ob diese Lehre zu weiteren Differenzierungen bis zur Begründung eines Kollisionsrechts für das internationale Prozeßrecht Anlaß gibt oder eher zu einer Stärkung des lex-fori-Prinzips beiträgt, wird Gegenstand dieser Untersuchung sein.

---

[1] *Coester-Waltjen*, Int. Beweisrecht, S. 4; *Grunsky*, ZZP 89 (1976), S. 241 (245, 248); *Meier*, in: Schlosser, Materielles Recht und Prozeßrecht, S. 1 (42); bereits *Riezler*, IZPR, S. 83, 95 ff.; *Schack*, IZVR, Rdz. 40; *Stein-Jonas-Schumann*[20], ZPO, Einl. Rdz. 737.

[2] Aus der Literatur sind ohne Anspruch auf Vollständigkeit zu nennen: *v. Bar, C.*, IPR I, S. 313; *v. Carolsfeld*, FS Lent, S. 245 f.; *v. Craushaar*, Die internationalrechtliche Anwendbarkeit deutscher Prozeßnormen, S. 20 f.; *Geimer*[2], IZPR, Rdz. 319; *Heldrich*, Int. Zuständigkeit, S. 16 f., 131 ff.; *Kegel*[6], IPR, S. 649; *Keller / Siehr*, IPR, S. 586 f.; *Linke*, IZPR, Rdz. 37; *Nagel*[3], IZPR, Rdz. 331; *Riezler*, IZPR, S. 91; *Rosenberg / Schwab / Gottwald*[15], ZPR, S. 29; *Roth, H.*, FS Stree / Wessels, S. 1046 (1054); neuerdings für das Schiedsgerichtsrecht *Sandrock*, FS Glossner, S. 281 (298 ff.); *Schack*, IZVR, Rdz. 39 f.; *Soergel-Kegel*[11], EGBGB, vor Art. 7 Rdz. 639; *MünchKomm-Sonnenberger*[2], EGBGB, Einl. Rdz. 294.

[3] *Böhm*, FS Fasching, S. 107 (120, 122 f.); *Coester-Waltjen* (Fn. 1), S. 461 f.; *Grunsky*, ZZP 89 (1976), S. 241 (245, 248); *Schütze*, DIZPR, S. 16 f.

Indes enthält der Leitgedanke der lex fori kein deutsches Prinzip, sondern ein in vielen Rechtsordnungen anerkanntes, teilweise gesetzlich fixiertes Rechtsinstitut. Weltweit hat sich heute der Standpunkt durchgesetzt, daß die Gerichte in Fällen mit Auslandsberührung grundsätzlich ihr eigenes Prozeßrecht anwenden. Das belegen die folgenden beispielhaft aufgezählten Rechtsordnungen.

§ 1 Das lex-fori-Prinzip in ausländischen Rechten

Positiv-rechtliche Ausprägungen der lex fori finden sich außerhalb des deutschsprachigen Raumes[4]. Wie die deutsche ZPO[5] kennen nämlich weder die schweizerische ZPO einschließlich ihrer 26 kantonalen Zivilprozeßordnungen noch die österreichischen Jurisdiktionsnormen eine geschriebene Norm, die den Gerichten auferlegt, nur nach ihrem Verfahrensrecht zu prozedieren. Gleichwohl besitzt das lex-fori-Prinzip auch unter der Herrschaft dieser Prozeßordnungen normative Kraft, weil es zumindest gewohnheitsrechtlich anerkannt ist[6].

I. Der europäisch-kontinentale Rechtskreis

Im europäisch-kontinentalen Rechtskreis finden sich vereinzelt Vorschriften über den Anwendungsvorrang der nationalen Prozeßgesetze. Sie sind in die dem internationalen Privatrecht gewidmeten Teile der Zivilgesetzbücher eingegliedert. So ordnet Art. 8 Nr. 2 im 4. Kapitel des internationalen Privatrechts des spanischen Codigó Civil den Vorrang des eigenen Verfahrensrechts für Klagen in Spanien an[7], Art. 27 des Einführungsgesetzes des italienischen codice civile enthält zumindest für die Zuständigkeit und die Form des Verfahrens eine aus-

---

[4] Als einzige Vorschrift im deutschsprachigen Raum bestimmte § 181 Abs. 3 ZPO der ehemaligen DDR, daß Verfahren vor den Gerichten der DDR nur nach der ZPO vom 19.06.1975 zu betreiben seien, abgedr. in Schönfelder II, OrdNr. 250.

[5] Zu den Ausnahmen aufgrund des Einheitsprivatrechts, unten § 2.

[6] Für das schweizerische Recht *Guldener*, Zivilprozeßrecht, S. 7; *Walder*, Einführung, S. 29; für das österreichische Recht *Schwimann*, IZPR, S. 34.

[7] Art. 8 Nr. 2 Codigó Civil: „Las leyes procesales espanolas séran las únicas aplicables a las actuaciones que se sustancien en territorio espanol, [...].

drückliche lex-fori-Regel[8]. Auch wo eine Kodifikation fehlt, wie etwa in Frankreich und den Niederlanden, gehen die einschlägigen Lehrbücher und Kommentare zum internationalen Privatrecht und zum Prozeßrecht von einer strikten Anwendung der lex fori auf das Verfahrensrecht aus[9].

II. Der anglo-amerikanische Rechtskreis

Im *Common Law*, dem Leitbild der englischen und in geringerem Maße auch der amerikanischen Rechtsordnung, ist eine Unterscheidung von materiellem Recht und Prozeßrecht weniger geläufig als im deutschen Recht. Das beruht im wesentlichen auf historischen Besonderheiten. Es ist zugleich auch Ausdruck eines gänzlich anderen als des kontinentaleuropäischen Rechtsverständnisses. Die Andersartigkeit übt einen bestimmenden Einfluß auf Umfang und Begründung der lex-fori-Regel in diesem Rechtskreis aus.

1. Die lex fori im englischen Recht

Im englischen *Common Law* ist die Grundlegung einer lex-fori-Regel weitaus schwieriger als im kontinental-europäischen Rechtsdenken. Charakteristikum des englischen Rechts ist die Unterscheidung von *Common Law* und *Equity*. Beide Rechtsquellen des englischen Rechts unterscheiden sich deutlich voneinander[10]. Während das *Common Law* von gewachsenen Rechtstraditionen ausgeht, die sich die Gerichte in Präzedenzfällen als Entscheidungsgrundlage späterer Rechtsprobleme nutzbar machen, kann das Gericht in einem Verfahren nach *Equity*-Grundsätzen von starren Rechtsregeln und Präjudizien abweichen und in sein Ermessen gestellte Befugnisse ausüben. Jede dieser Rechtsquellen

---

[8] Art. 27 Disposizioni sull' applicazione delle leggi in generale: „La competenza e la forma del processo sono regolate dalla legge del luogo in cui il processo si svolge.“; einen Überblick zur Rechtsprechung zu dieser Vorschrift bei *Capotorti / Starace*, La Giurisprudenza italiana, S. 1432 ff.; *v. Bar, C.*, IPR I, S. 313 verwendet für das italienische Zitat den Begriff der „disp.[osizioni] prel.[-iminari]“, der für das Einführungsgesetz des codice civile von 1865 verwendet wurde; *Morelli*, Diritto internazionale privato, S. 13 f.

[9] Zu Frankreich: *Audit*, Droit international privé, S. 343; *Batiffol / Lagarde*[7], Droit international privé, Bd. 1, S. 4; *Mayer*[4], Droit international privé, S. 75 f., 305; zu Italien: *Vitta*, Corso di diritto internazionale privato é processuale, S. 65; zu den Niederlanden: *Jansen* in: Jansen / Gerretsen / -Wesseling-van Gent, Burgerlijke Regtsvordering, Boek I, titel 1 (Art. 1-96), I.1-5.

[10] *Walker / Walker*, Legal System, S. 30 ff.

widerstrebt bis heute einer Abgrenzung des Prozeßrechts vom materiellen Recht[11].

Der Kläger kann seine Rechte nach *Common Law* nur mit Hilfe eines bestimmten Rechtsbehelfs (*remedy*) in einer dafür vorgesehenen Klageformel (*writ*) geltend machen. Innerhalb dieses Klagesystems besteht eine große Abhängigkeit zwischen Rechtschutzform und materiellem Recht. Beide bedingen sich gegenseitig. Auch der Rechtsschutz nach *Equity*-Recht hat keine Trennung des materiellen Rechts vom Prozeßrecht herbeigeführt. Dem Richter wird im Rahmen eines sehr anpassungsfähigen Verfahrensrechts das Recht eingeräumt, seine Entscheidung mit allgemeinen Billigkeitserwägungen zu begründen[12].

Diese Einheit zwischen dem Privatrecht und dem dazugehörigen Verfahrensmittel widerstrebt einer unterschiedlichen Anknüpfung einzelner Rechtsinstitute je nach ihrem verfahrens- oder materiellrechtlichen Inhalt. Da die Verfahrensarten im *Common Law*- und *Equity*-Verfahren der Ausgangspunkt der Rechtsverwirklichung sind, geht das englische Recht von einer sehr weiten lex-fori-Regel aus[13]. Dementsprechend wird z.B. das Beweisrecht nach englischen Maßstäben einheitlich der lex fori unterworfen[14]. Das hat namentlich bei Fragen der Beweislast erhebliche Bedeutung. Während sich im deutschen Recht die Beweislast gemäß einhelliger Ansicht nach der lex causae richtet, weil die Grundsätze der Beweislast identisch mit den das Rechtsverhältnis beherrschenden materiellen Rechtsnormen sind[15], spaltet die englische Rechtspraxis die Beweislast vom materiellen Recht ab und unterwirft sie der lex-fori-Regel.

Kann ein Kläger in einem Zivilprozeß vor englischen Gerichten für ein von ihm geltend gemachtes Recht keinen Beweis erbringen und sieht nur das anwendbare ausländische Sachrecht eine Beweislastumkehr vor, so bleibt es trotzdem bei der englischen Regel[16]. Der Kläger trägt weiterhin die Beweis-

---

[11] *Gerber*, in: Schlosser, Materielles Recht und Prozeßrecht, S. 113 (116).

[12] *Geimer*², IZVR, Rdz. 343; *Gerber* (Fn. 11), S. 116.

[13] *Graveson*, Conflict of Laws – PrIntLaw, S. 591 ff.; *Morris*, Dicey's Conflict Laws, S. 1087 ff.

[14] Krit. *Cheshire / North*, IntPrLaw, Rdz. 84 / 85; *Graveson* (Fn. 13), S. 602; *Nagel*³, IZPR, Rdz. 329.

[15] *Böhm*, FS Fasching, S. 107 (112); *Coester-Waltjen* (Fn. 1), S. 283 ff.; *Geimer*², IZPR, Rdz. 2340; *Nagel*³, IZPR, Rdz. 328; *Riezler*, IZPR, S. 464; *Rosenberg / Schwab / Gottwald*¹⁵, ZPR, S. 671 f.; *Schack*, IZVR, Rdz. 674; BGHZ 3, 342 (346); OLG Celle, RIW 1988, 137.

[16] *Lipstein*, Camb.L.J. 1972, S. 67 (83); krit. zur Beweislastumkehr *Zöller-Stephan*¹⁸, ZPO, Vor § 284, Rdnr. 21.

last. Bleibt der Kläger beweisfällig, bezahlt er den weiten Anwendungsbereich der englischen lex fori mit dem Verlust seines Rechts und der sich daran möglicherweise anschließenden Klageabweisung.

Allerdings nimmt auch der Einfluß kontinentaleuropäischen Rechtsdenkens auf das englische Recht zu. Die Rechtsinstitute werden mehr und mehr dem Prozeßrecht oder dem materiellen Recht zugeordnet[17]. In einer für das englische Kollisionsrecht wichtigen Entscheidung[18] wird die Abgrenzung zwischen *substantive law* und *procedure* problematisiert. Die Entscheidung hat sich u.a. dafür ausgesprochen, daß Schadensersatzansprüche aus einer im Ausland begangenen unerlaubten Handlung sowohl nach englischem Recht als auch nach dem Recht der unerlaubten Handlung klagbar sein müssen, wenn der Kläger seine Rechte in England geltend macht[19]. Dieses allseitige kollisionsrechtliche Prinzip ist nur erklärlich vor dem Hintergrund, daß der Umfang des Schadensersatzes nach englischem Recht als Teil des Prozeßrechts von der lex fori bestimmt wird[20].

Ein weiteres erwähnenswertes Beispiel findet sich im Recht der Verjährung. Der englische *Foreign Limitations Periods Act* von 1984[21] ordnet die Verjährung nunmehr[22] als ein Institut des materiellen Rechts ein. Mit der materiellrechtsfreundlichen Qualifikation ist der Gleichlauf zwischen der Verjährung und dem auf den Fall anwendbaren Recht hergestellt[23]. Der Normanwender ist da-

---

[17] *Graveson* (Fn. 13), S. 593, 602.

[18] *Boys v. Chaplin*, House of Lords, [1968] 2 W.L.R. 328 (331); dazu *Lipstein*, Camb.L.J 1972, S. 67 (112 ff.).

[19] *Boys v. Chaplin*, House of Lords, [1968] 2 W.L.R. 328 (347 f.).

[20] *Lipstein*, Camb.L.J. 1972, S. 67 (113 f.), der außerdem darauf hinweist, daß die kollisionsrechtliche Regel nur einen beschränkten Anwendungsbereich hat. Mit dem Versuch, sich im Ausland gütlich zu halten, müßte für den Kläger eine finanzielle Einbuße verbunden sein, was aufgrund der Haftungsbeschränkungen im maltesischen Recht der unerlaubten Handlung der Fall war.

[21] *O'Malley / Layton*, Eur.C.Prac., S. 240 f.; *Schack*, IZVR, Rdz. 522; zu den amerikanischen *Uniform Conflict of Laws Limitation Acts*, *Hay*, IPRax 1989, S. 199.

[22] Zu den Problemen mit der prozessualen Einordnung: *v. Bar, C.*, IPR I, S. 503; *Kegel*[6], IPR, S. 181; *Kropholler*[2], IPR, S. 278 f.; *Schack*, IZVR, Rdz. 522. Es gab bereits englische Entscheidungen, die die Unterscheidung von lex causae und lex fori am Beispiel der Verjährung diskutierten, vgl. Huber v. Steiner, [1835-42] All E.R. Reprint 159 (161); Black-Clawson International Ltd. v. Papierwerke Waldhof-Aschaffenburg A.G., [1975] 2 W.L.R. 513 (534); zur letztgenannten Entscheidung *Edler*, RabelsZ 40 (1976), S. 43 (46 f.).

[23] Das ist im deutschen Recht für Schuldverträge in Art. 32 Abs. 1 Nr. 4 EGBGB geregelt. Zur Reichweite auch für das IZVR: *MünchKomm-Sonnenberger*[2], EGBGB, Art. 32 Rdz. 45; *Geimer*[2], IZPR, Rdz. 351.

mit von schwierigen kollisionsrechtlichen Entscheidungen befreit. Die englische Gerichts- und Gesetzespraxis mag als ein Indiz dafür gewertet werden, daß die uneingeschränkte Anwendung der lex fori auf die sehr weit gefaßten *procedural matters* mehr und mehr zurückgedrängt wird.

2. *Die lex fori im U.S.-amerikanischen Recht*

Auch in dem Rechtssystem der U.S.A. beherrscht die lex fori das Prozeßrecht[24]. Freilich sind hier die Akzente etwas verschoben. Das U.S.- amerikanische Gerichtswesen kennzeichnet eine zweispurige Gerichtsbarkeit mit Einzelstaats- und Bundesprozeß[25]. Beide Gerichtszweige stehen als selbständige Gerichtssysteme nebeneinander. Der Rechtsschutz suchende Bürger kann sich bereits an die Bundesgerichte erster Instanz, die sog. *U.S. District Courts*, wenden.

Die Vielfalt des U.S.-amerikanischen Prozeßrechts beruht auf dieser Zweispurigkeit. Sie setzt sich bis heute in die Verfahrensordnungen fort; jeder Einzelstaat hat ein eigenes Prozeßrecht. Allerdings hat die Vereinheitlichung des Prozeßrechts auf Bundesebene durch den Erlaß der *Federal Rules of Civil Procedure for the United States District Courts (Fed.R.Civ.P.)* im Jahre 1938 zu einer verhaltenen Rezeptionswelle geführt, welche die Prozeßordnungen der Einzelstaaten weitgehend an das Bundesrecht angeglichen hat. Einige Einzelstaaten haben die *Fed.R.Civ.P.* wortgetreu, andere modifiziert übernommen, wieder andere haben ihre Prozeßgesetze beibehalten[26].

Trotz dieser weitgehenden rechtlichen Vereinheitlichung achten die konkurrierenden Gerichtszweige streng darauf, ihr eigenes Prozeßrecht anzuwenden. Je nachdem, ob das Verfahren seinen Anfang bei den Bundesgerichten oder bei den Einzelstaatsgerichten nimmt, greift das angerufene Gericht auf seine Prozeßnormen zurück. Ähnlich stellt sich das Verhältnis der U.S.-amerikanischen Einzelstaaten zueinander oder zu ausländischen Staaten dar. § 122 des *Restatement of the Law, Second, Conflict of Laws* kennt eine lex-fori-Regel für

---

[24] *Gerber* (Fn. 11), S. 120.

[25] *James / Hazard*, Civil Procedure, S. 36 ff.; *Schack*, Einführung in das U.S.-amerikanische Zivilprozeßrecht, S. 3 ff.

[26] *Junker*, ZZP 101 (1988), S. 241 (258 ff.).

das Prozeßrecht[27]: „*A court usually applies its own local law prescribing how litigation shall be conducted even when it applies the local law rules of another state to resolve other issues of the case.*“ Dahinter verbergen sich vor allem Praktikabilitätserwägungen. Die Schwierigkeiten, die eine prozessuale Fremdrechtsanwendung aufwirft, stünden nach Ansicht des *American Law Institute* in keinem angemessenen Verhältnis zu den geringen Vorteilen, die sie möglicherweise erbringen kann[28]. Die Gerichte sollen deshalb in erster Linie ihr eigenes Prozeßrecht anwenden, auch wenn sie das materielle Recht eines anderen Bundesstaates zur Fallösung heranziehen.

III. Zusammenfassung

In vielen Rechtsordnungen wird das Erkenntnis- und Vollstreckungsverfahren von der lex-fori-Regel beherrscht. Dabei ist es ohne Bedeutung, ob sie sich in einer Kodifikation niederschlägt oder kraft Gewohnheitsrechts normative Geltung beansprucht. Im grenzüberschreitenden Rechtsverkehr überlassen die allermeisten Staaten die gerichtliche Rechtsverfolgung nur der eigenen Rechtsordnung. Die Motive dafür sind vielfältig. So wird behauptet, die Chancen der rechtlichen Durchsetzung seien größer, wenn den Prozeßparteien ein einheitliches Verfahrensrecht zur Verfügung stünde. In welchen Formen und mit welchen Mitteln Ansprüche vor einem international zuständigen Gericht geltend gemacht werden, könne nur anhand der Effektivität und Praktikabilität entschieden werden. Dafür streite seit alters her das lex-fori-Prinzip[29].

§ 2 Das lex-fori-Prinzip im deutschen Recht

Deutsche Gerichte wenden in den vor ihnen anhängigen Zivilverfahren mit Auslandsbezug in der Regel nur deutsches Prozeßrecht an. Der Streitrichter bewegt sich innerhalb der ihm vertrauten Prozeßordnung, wenn er die inter-

---

[27] § 122 des Restatement of the Law, Second, Conflict of Laws findet auf beide Staatskategorien Anwendung. Siehe *American Law Institute*, Comment c. zu § 2 Restatement of the Law, Second, Conflict of Laws 2 d, Vol. 1, §§ 1-221, S. 2 f.

[28] *American Law Institute* (Fn. 27), § 122, Comment a., S. 350 f.

[29] *Böhm* (Fn. 3), S. 107.

nationale Zuständigkeit[30], die zulässigen Verfahrensarten[31] und die Beweiswürdigung[32] infolge der lex-fori-Regel nach deutschem Zivilprozeßrecht entscheidet. Gemeinhin wird angenommen, das deutsche Verfahrensrecht kenne keine geschriebene Norm, die den Gebrauch der lex fori positiv-rechtlich vorschreibe[33].

Für das internationale Strafverfahrensrecht trifft diese Aussage zu. So gilt beispielsweise für strafprozessuale Untersuchungshandlungen kraft Gewohnheitsrechts jeweils das Recht des die Handlung vornehmenden Staates[34]. Das öffentliche Recht beschränkt sich per definitionem auf den nationalen Hoheitsbereich. Es wird von der Vorstellung bestimmt, daß Vorschriften des öffentlichen Rechts, die der Verwirklichung wirtschafts- oder staatspolitischer Ziele und Interessen dienen, grundsätzlich nicht über die Landesgrenzen des rechtssetzenden Staates hinaus wirken. Hier bedarf es keiner Berufung auf die lex fori[35], weil dem öffentlichen Recht der Gedanke der Territorialität selbst im Falle seiner Anwendung auf internationale Sachverhalte stärker innewohnt als dem Zivil- und Zivilverfahrensrecht.

Für das Zivilverfahrensrecht ist diese Aussage ergänzungsbedürftig. Zutreffend ist, daß die verfahrensrechtliche lex fori als Gewohnheitsrecht normative Geltung beansprucht[36]. Zugleich fand sie aber auch als geschriebene Norm in Teile des Einheitsprivatrechts Eingang[37]. Für das im Einheitsprivatrecht kodifi-

---

[30] Z.B. BGH IPRspr 1989 Nr. 182, S. 405 (406 f.); BGH IPRspr 1987 Nr. 131, S. 319 (321); BayObLG IPRspr 1978 Nr. 150, S. 361 (363); OLG Hamm IPRspr 1978 Nr. 90, S. 216 (216); ausführlicher § 9, I.

[31] Z.B. OLG Düsseldorf IPRspr 1988 Nr. 206, S. 469 (470); OLG Hamm IPRspr 1987 Nr. 143, S. 351 (353); OLG Oldenburg FamRZ 1981, 1176 (1177) = NJW 1982, 2736 (2737); OLG München IPRspr 1974 Nr. 26, S. 76 (77); OLG Düsseldorf IPRspr 1974 Nr. 55, S. 156.

[32] Z.B. OLG Oldenburg IPRspr 1989 Nr. 26, S. 59 (60); OLG Oldenburg IPRspr 1988 Nr. 63, S. 131 (132); OLG Hamburg IPRspr 1976 Nr. 90, S. 268; OLG Karlsruhe IPRspr 1976 Nr. 96, S. 274.

[33] *v. Bar, C.*, IPR I, S. 313; *Böhm* (Fn. 3), S. 108.

[34] *Kleinknecht / Meyer-Goßner*[41], StPO, Einl. Rdz. 208.

[35] *Matscher*, FS Beitzke, S. 641 (642); *v. Bar, C.*, IPR I, S. 221 f.

[36] *Leipold*, Lex fori, Souveränität, Discovery, S. 27.

[37] Art. 28 Abs. 2 Warschauer Abkommen zur Vereinheitlichung von Regeln über die Beförderung im internationalen Luftverkehr vom 12.10.1929, geändert 1955, BGBl. 1958 II 312; vergleichbare Regelungen: Art. 19 des Zusatzübereinkommens zum internationalen Übereinkommen über den Eisenbahnpersonen- und -gepäckverkehr (CIV) vom 25.02.1961 über die Haftung der Eisenbahn für Tötung und Verletzung von Reisenden vom 26.02.1966, BGBl. 1974 II 359 (371); etwas undeutlicher Art. 14 (b) S. 2 des Übereinkommens über die Haftung gegenüber Dritten auf dem Gebiet der Kernenergie, BGBl. 1975 II 959 (970); Art. 32 Abs. 3 des Übereinkommens vom 16.5.1956 über den Beförderungsvertrag im internationalen Straßengüterverkehr (CMR) bestimmt, daß die Hem-

zierte Sonderrecht wollen die Vorschriften, die für das Verfahren das nationale Recht des international zuständigen Gerichts berufen, die einheitliche Anwendung der Verfahrensordnung sicherstellen, mit der der internationale Sachverhalt einen ausreichenden Inlandsbezug aufweist. Damit wiederholen die Abkommen den Inhalt, der der lex fori als ungeschriebener einseitiger Kollisionsnorm des Prozeßrechts[38] beikommt: Das Verfahrensrecht unterliegt dem Recht des Staates, dessen Gericht angerufen wurde.

Dem lex-fori-Prinzip haftet zweifelsohne die Attraktivität des Einfachen[39] an. Dem Richter wird eine feststehende Regel an die Hand gegeben, mit deren Hilfe er Verfahren mit Auslandsbezug betreiben kann, ohne auf eine langwierige Ermittlung ausländischer Verfahrensrechte zurückgreifen zu müssen. Anknüpfend an die Verflechtungen des Verfahrensrechts mit dem öffentlichen Recht[40] garantiert dieses übergeordnete Wertungskriterium die logische Widerspruchslosigkeit eines in sich geschlossenen Systems. Die Behandlung des Verfahrensrechts auf der Grundlage der lex fori bleibt frei von Widersprüchen, weil es offensichtlich nicht in Konflikt mit dem internationalen Privatrecht gerät, sich in seiner Methode vielmehr deutlich von ihm absetzt.

Während das internationale Privatrecht ein System von vornehmlich geschriebenen Kollisions- und Verweisungsnormen bereithält, kennt das internationale Zivilverfahrensrecht grundsätzlich nur eine einheitliche Anknüpfung des Verfahrensrechts an die ungeschriebene lex-fori-Regel. Das freilich bedeutet für das internationale Zivilprozeßrecht zunächst nichts anderes als die ausschließliche Berufung der prozeßrechtlichen Sachnormen[41]. Nur die Besonderheiten des Einheitsprivatrechts vermögen ausnahmsweise eine kodifizierte lex-fori-Regel zu schaffen, wobei allerdings im einzelnen nachzuprüfen ist, ob das vereinheitlichte Privatrecht auch in das nationale Recht übernommen wurde[42].

---

mung und Unterbrechung der Verjährung nach dem Recht des angerufenen Gerichts beurteilt werden, BGBl. 1961 II, 1119 (1123).

[38] Zur Kollisionsnorm im Verfahrensrecht ausführlich unten §§ 13 f.; *Pagenstecher*, ZZP 64 (1950-51), S. 249 (278).

[39] *Roth, H.*, FS Stree / Wessels, S. 1045 (1050).

[40] *v. Craushaar* (Fn. 2), S. 21 f.; *Riezler*, IZPR, S. 94, kritisch S. 120; ausführlich § 3.

[41] *Pagenstecher*, ZZP 64 (1950-51), S. 249 (250).

[42] *MünchKomm-Sonnenberger*[2], EGBGB, Einl. Rdz. 230.

2. Kapitel

Dogmatische Begründung des lex-fori-Prinzips

Die bisherige Darstellung gibt nur einen ersten Rahmen für die Generalklausel des internationalen Zivilprozeßrechts vor, ohne etwas über die materiellen Gründe ihrer Geltung auszusagen. In der rechtswissenschaftlichen Literatur gibt es unterschiedliche Begründungsversuche für die Maßgeblichkeit der lex fori bei Anwendung des Verfahrensrechts. Ein Geltungsgrund finde sich etwa in der Zugehörigkeit des Zivilprozeßrechts zum öffentlichen Recht, dem die lex-fori-Regel als Gewohnheitsrechtssatz des deutschen internationalen Zivilprozeßrechts unterfalle. Aber auch rechtsdogmatische und praktische Erwägungen sollen die materiellen Gründe für die mit dem lex-fori-Prinzip umschriebene Grundnorm des internationalen Zivilprozeßrechts bilden.

§ 3 Öffentlich-rechtlicher Charakter des Zivilprozeßrechts

Der öffentlich-rechtliche Charakter des Zivilprozeßrechts beeinflußt die dogmatische Diskussion um die Maßgeblichkeit der lex fori[1]. Die Zuordnung des Zivilprozeßrechts zum öffentlichen Recht[2] wirft die Frage auf, ob deutsche Gerichte auch ausländisches öffentliches Recht anwenden können. Freilich gilt es hier zu differenzieren.

Prozessiert der Ausländer nach deutschem Prozeßrecht, unterwirft er sich den deutschen Regeln, den Pflichten und Lasten genauso wie den Rechten und

---

[1] *v. Craushaar*, Die internationalrechtliche Anwendbarkeit deutscher Prozeßnormen, S. 22; *Guldener*, Zivilprozeßrecht, S. 8; *Keller / Siehr*, IPR, S. 587; *Riezler*, IZPR, S. 94; *Stalev*, Der Fremde im Zivilprozeß, S. 31 (40 f.); insbesondere auch die ältere Literatur: *Bülow*, AcP 64 (1881), S. 1 (51); *Wach*, Handbuch, Bd. I, S. 114.

[2] Der öffentlich-rechtliche Charakter ist heute unbestritten: *Gaul*, AcP 168 (1968), S. 27 ff.; *Grunsky*[2], Grundlagen des Verfahrensrechts, S. 1 ff.; *Henckel*, Prozeßrecht und materielles Recht, S. 64; *Jauernig*, JuS 1971, S. 329 f.; *Rosenberg / Schwab / Gottwald*[15], ZPR, S. 2 f., 5; *Münch-KommZPO-Lüke*, Einl. Rdz. 21; *Stein-Jonas-Schumann*[20], ZPO, Einl. Rdz. 4 f.; aus der älteren Literatur *Hellwig*, System, S. 5 f.; *Wach* (Fn. 1), S. 114.

Befugnissen, das Verfahren zu gestalten. Die kodifizierten Teilaspekte des internationalen Zivil- und Verfahrensrechts[3], die ihren Ursprung größtenteils in den Haager Konferenzen zur Kodifizierung von rechtlichen Aspekten des Privat- und Verfahrensrechts haben[4] sowie die europäische Prozeßrechtsentwicklung[5] haben die Rechtsstellung der Ausländer vor Gericht weiter verbessert. Ihnen wurden Rechte eingeräumt, die sie entweder mit inländischen Prozeßparteien gleichstellen[6] oder ihnen Möglichkeiten vereinfachter Rechtsdurchsetzung verschaffen[7]. Ansonsten werden auch im autonomen Recht Ausländer mit Inländern grundsätzlich gleichbehandelt. Nimmt das deutsche Zivilgericht die internationale Zuständigkeit in Anspruch, so sind Ausländer wie Inländer zur Mitwirkung im Prozeß verpflichtet[8]. Ihre prozessuale Stellung unterscheidet sich, von einigen fremdenrechtlichen Vorschriften (z.B. §§ 110 Abs. 1, 917 Abs. 2 ZPO) einmal abgesehen, in nichts von der der Inländer. Ihnen kann als inlands- oder auslandsansässiger Prozeßpartei die Klage und Ladung übermittelt[9] oder der Streit verkündet werden. Territorialitäts- und Souveränitätsbedenken sind in diesem Fall kaum denkbar.

Von der Frage der Behandlung von Ausländern vor Zivilgerichten zu unterscheiden ist diejenige der internationalen Rechtsdurchsetzung. Sie umfaßt die verschiedenen Aufforderungen ausländischer Gerichte an inländische Parteien zum Verfahren beizutragen oder gerichtliche Gebote und Maßnahmen zu beachten[10] genauso wie die Anerkennung und Vollstreckung ausländischer Entscheidungen und deren Abänderung im Inland. Die damit angesprochenen prozessualen Mittel der internationalen Rechtsdurchsetzung sind Versuche, die Fremd-

---

[3] *Geimer*[2], IZPR, Rdz. 244 a.

[4] *Schack*, RabelsZ 57 (1993), S. 224 (247).

[5] Vgl. 6. Kap. §§ 16 f.

[6] Z.B. sieht Art. 17 Abs. 1 Haager Übereinkommen über den Zivilprozeß vom 1.3.1954 (BGBl. 1958 II, 577; abgedr. bei *Jayme / Hausmann*[7], Nr. 106) eine Befreiung von Prozeßsicherheiten vor und ersetzt insofern die fremdenrechtliche Vorschrift des § 110 Abs. 1 ZPO im Verhältnis zu Übereinkommensstaaten.

[7] *Kropholler*[4], Europ.ZPR, Einl. Rdz. 15; Übersicht bei *Müller / Hök*, Deutsche Vollstreckungstitel im Ausland.

[8] *Schlosser*, FS Larenz, S. 497 (511).

[9] Zu den hierbei zu beachtenden Vorbehalten vorläufig *Geimer*[2], IZPR, Rdz. 414 ff., 424 ff.; eingehender unten II. 2.

[10] Zur U.S.-amerikanischen *pre-trial-discovery* und den englischen *Mareva injunctions*: unten II. 1.

rechtsanwendung im Verfahrensrecht voranzutreiben. Der Frage, ob sie unter staats- und völkerrechtlichen Vorbehalten stehen, ist im folgenden nachzugehen.

I. Das Territorialitätsprinzip

Einige Autoren begründen den Grundsatz der lex fori mit dem Territorialitätsprinzip[11]. Staatliches Handeln der Justiz wirke nach traditionellem Territorialitätsverständnis nur im eigenen Staatsgebiet[12]. Danach sei die Anwendung ausländischen Verfahrensrechts schlechthin ausgeschlossen, so daß allein das inländische Prozeßrecht die inländischen Prozeßhandlungen beherrsche[13]. Das Gericht sei in seiner Prozeßführung durch das Recht des Staates gebunden, in dem es seinen Sitz habe und dürfe deshalb seine Tätigkeit nur nach Maßgabe dieses Rechts entfalten[14]. Kritische Stimmen halten den Begriff der Territorialität dagegen für inhaltsleer, weil er nur eine Begründung für eine kollisionsrechtliche Anknüpfung nachreiche, die mit stichhaltigen Argumenten nicht begründet werden könne[15]. Es ist daher zu untersuchen, ob das Territorialitätsprinzip ausländisches Verfahrensrecht auszuschließen vermag und deshalb für die Geltung des eigenen Verfahrensrechts spricht.

Das Territorialitätsprinzip bestimmt die Anwendung einer Norm ausschließlich nach räumlichen Kriterien[16]. Danach gilt grundsätzlich, daß ein Gericht eines bestimmten Staates, dem ein Rechtsstreit zur Entscheidung vorliegt, in dem auch das Recht eines anderen Staates von Bedeutung sein könnte, allein nach den Vorschriften des Forums entscheidet. Auch das Zivilprozeßrecht folgt dieser Regel, wenn es die Wirkung seiner hoheitsrechtlichen Verfahrensakte auf das deutsche Hoheitsgebiet begrenzt[17]. Verlangt das Zivilgericht aufgrund von §§ 141 Abs. 3, 372 a ZPO von der ausländischen Prozeßpartei zur Entlastung

---

[11] *Mittermaier*, AcP 13 (1830), S. 293 (294); *Riezler*, IZPR, S. 79 ff., insbes. S. 83; *Rosenberg / Schwab*[11], ZPR, S. 28; *Stalev* (Fn. 1), S. 41; *Wach* (Fn. 1), S. 220.

[12] *Kegel / Seidl-Hohenfeldern*, FS Ferid, S. 233 (236 ff.); *Verdross / Simma*[3], Universelles Völkerrecht, S. 634 f.

[13] *Riezler*, IZPR, S. 83; *Wach* (Fn. 1), S. 220.

[14] *Bülow*, AcP 64 (1881), S. 1 (51); *Guldener* (Fn. 1), S. 29; *Neuhaus*, RabelsZ 20 (1955), S. 201 (209); *Riezler*, IZPR, S. 81.

[15] *Kegel / Seidl-Hohenfeldern* (Fn. 12), S. 234; *Kropholler*[2], IPR, S. 134 f.; *Lüer*, KTS 1979, S. 12 (13).

[16] *Kropholler*[2], IPR, S. 134 f.

[17] *Gottwald*, FS Habscheid, S. 119 (120).

der beweisbelasteten Partei an einem Aufklärungsversuch mitzuwirken und weigert sich diese, dann sind die möglichen Sanktionen nur Maßnahmen des inländischen Rechts in einem inländischen Verfahren[18]. Wenn die ausländische Partei ihrer verfahrensrechtlichen Mitwirkungspflicht nicht nachkommt, wird sie im Inlandsprozeß so behandelt, als hätte ihre Weigerung keine Anhaltspunkte für schwerwiegende Zweifel an der beweispflichtigen Tatsache erbracht[19]. Das Territorialitätsprinzips wird auch bemüht, um zu begründen, daß ausländische Konkurseröffnungen keine Prozeßunterbrechung nach § 240 ZPO herbeiführen. Konkursgläubiger sollen sich ausschließlich im Konkursverfahren Befriedigung ihrer Forderungen verschaffen (§ 12 KO) und nicht Verfahren betreiben, die letztlich zum Schaden aller die Konkursmasse aushöhlen[20].

Für die dogmatische Begründung der lex-fori-Geltung im deutschen Verfahrensrecht besitzt das Territorialitätsprinzip damit jedoch keinen eigenständigen Wert. Es markiert nur die Grenzen, innerhalb derer das eigene Recht seinen Vorrang vor ausländischen Rechtsregeln behält. Geltung entfalten die deutschen Verfahrensnormen danach nur auf deutschem Staatsgebiet. In dieser kollisionsrechtlichen Funktion repräsentiert das Territorialitätsprinzip zudem nur eine einseitige ungeschriebene Kollisionsnorm, die lediglich besagt, daß bei einem räumlichen Kontakt mit dem Inland nur inländisches Recht zur Anwendung kommt. Damit wiederholt das Territorialitätsprinzip im allgemeinen aber nur den Maßstab der lex fori für das Verfahrensrecht im besonderen. Wenn es aber nichts anderes als die Maßgeblichkeit der lex fori bedeutet, kann es schlechterdings keinen eigenen Legitimationswert für den Vorrang des eigenen Verfahrensrechts besitzen.

---

[18] *Gottwald* (Fn. 17), S. 120 f., 127; *Schlosser*, Der Justizkonflikt, S. 17 f.; *Stürner*, in: Habscheid, Der Justizkonflikt, S. 3 (25 f.).

[19] *Thomas-Putzo*[18], ZPO, § 286 Rdz. 17 ff., § 372 a, Rdz. 16; *Zöller-Greger*[18], ZPO, § 372 a Rdz. 12, § 640 a Rdz. 31 f.; BGH NJW 1986, 2371 (2372); OLG Zweibrücken FamRZ 1986, 493; hierbei handelt es sich um allgemeingültiges Prozeßrecht: englische Gerichte verhängen *contempt*-Strafen (Rules of the Supreme Court Order 24, rule 16 (2)), französische die *astreinte* (Artt. 5, 6 Loi n° 72-626 vom 5. Juli 1972), italienische Gerichte können nach Art. 118 Abs. 2 Codice de Procedura Civile negative Schlüsse aus dem Parteiverhalten ziehen.

[20] BGHZ 95, 256 (269); BGH IPRax 1989, 162 f.; BFHE 123, 406 (407); *Baumbach-Lauterbach*[53], ZPO, § 240 Rdz. 2; *MünchKommZPO-Feiber*, § 240 Rdz. 14; *Stein-Jonas-Schumann*[20], ZPO, § 240 Rdz. 12; ; dagegen mit beachtlichen Gründen: *Ackmann / Wenner*, IPRax 1990, S. 209; ausführlicher *dies.*, IPRax 1989, S. 144 (147); *Grasmann*, KTS 1990, S. 157 (172 ff.); *Habscheid, E.*, KTS 1990, S. 403 (405 ff.); *Jaeger-Jahr*[8], KO §§ 237, 238 Rdz. 417, 424; *Rosenberg /Schwab / Gottwald*[15], ZPR, S. 744 ohne nähere Begr.; *Stein-Jonas-Roth, H.*[21], § 240 Rdz. 16; *Zöller-Stephan*[18], § 240 Rdz. 1; OLG Karlsruhe MDR 1992, 707; OLG Karlsruhe ZIP 1990, S. 665, m. zust. Anm *Hanisch*, EWiR 1990, S. 617.

II. Das Souveränitätsprinzip

Aufgabe des Souveränitätsprinzips im internationalen Zivilverfahrensrecht ist es, die Gerichtstätigkeit von hoheitsrechtsverletzenden Beeinträchtigungen freizuhalten, die von fremden Rechtsordnungen an sie herangetragen werden. Insofern ergänzt die Souveränität die räumliche Begrenztheit der Gerichtstätigkeit und ihrer Normen von einer völkerrechtlichen Ebene her. Die Achtung vor den Souveränitätsrechten fremder Staaten gebietet es zudem, internationale Tatbestände mit der eigenen Rechtsordnung nur so zu verknüpfen, daß eine Einmischung in die rechtliche Ordnung des fremden Staates unterbleibt[21]. Im folgenden ist deshalb zu untersuchen, ob diese Aufgaben nur unter strenger Geltung des deutschen Verfahrensrechts durchgeführt werden können.

1. Die Duldung fremder Hoheitsakte im Inland

Gegenüber ausländischen Aufforderungen und Geboten auf prozessualer Grundlage wird von deutscher Seite der Vorwurf der Souveränitätsverletzung eher verhalten geäußert[22]. Die besonderen Anforderungen, die etwa das U.S.-amerikanische Recht im Rahmen der unter vollständiger Parteiherrschaft stehenden *pre-trial-discovery*-Verfahren an deutsche Gerichte und Behörden stellt, werden vorrangig im Rahmen des verfahrensrechtlichen ordre public, wie er sich in den Anerkennungsvorschriften niederschlägt (§§ 328 Abs. 1 Nr. 4, 723 Abs. 2 S. 2 ZPO), erörtert[23]. Der Verfahrensstatus deutscher Beklagter unterscheidet sich in seinem Schutzstandard wesentlich von der Rechtsstellung der Beteiligten in einem U.S.-Prozeß. Ein Urteil eines U.S.-amerikanischen Gerichts, das auf der Grundlage eines solchen Verfahrens ergangen ist und einen Ausforschungsbeweis zum Gegenstand hat, kann wegen des Verstoßes gegen den verfahrensrechtlichen ordre public weder anerkannt noch für vollstreckbar erklärt werden[24]. Auch die Vorlagepflicht von Urkunden durch den Gegner (vgl. § 422 ZPO), umfassende Zeugnispflichten sowie die Mißachtung von Geschäfts- und Betriebsgeheimnissen (vgl. §§ 383 Abs. 1 Nr. 6, 384 Nr. 3 ZPO)

---

[21] *Ipsen*³, Völkerrecht, S. 249; *Verdross / Simma*³, (Fn. 12), S. 635 f.

[22] *Schütze*, FS Stiefel, S. 697; *ders.*, WM 1986, 633 (636); *Stürner / Stiefel*, VersR 1987, 829 (830 f.); *Stürner*, in: Habscheid, Der Justizkonflikt, S. 3 (16 ff.).

[23] *Schütze*, WM 1986, S. 633 (636); zu den inhaltlichen Anforderungen an den verfahrensrechtlichen ordre public, unten § 4 V.

[24] *Schütze*, WM 1986, 633 (636); *Stiefel / Stürner*, VersR 1987, S. 829 (830).

widersprechen der deutschen Prozeßordnung und berühren den verfahrensrechtlichen ordre public[25], weil deutsche Beweisverbote und Beschränkungen unberücksichtigt bleiben.

Unter Gesichtpunkten der Souveränität ruft das *pre-trial-discovery*-Verfahren des U.S.-amerikanischen Rechts Bedenken hervor, wenn Verfahrenshandlungen zur Beweisermittlung[26] unmittelbar in Deutschland vorgenommen werden sollen. Angenommen, das U.S.-amerikanische Urteil beruht auf einer in Deutschland durchgeführten verfahrensförmigen mündlichen Aussage unter Eid (sog. *„depositions upon oral examination“* oder *„-upon written questions“*)[27], die von einem amerikanischen Konsularbeamten protokolliert wurde, dann ist das Urteil unter Mißachtung der deutschen Souveränität zustande gekommen. Es hat eine direkte extraterritoriale Beweisaufnahme stattgefunden, die sich weder an die Anforderungen des Haager Beweisübereinkommens und seine Rechtshilfebestimmungen anlehnt[28] noch von deutscher staatlicher Seite zugelassen wurde[29]. Hieraus bereits auf einen generellen Ausschluß deutscher Hoheitsträger von der Mitwirkung bei U.S.-amerikanischen Beweisersuchen zu schließen, verstieße indes gegen den nur fragmentarischen Charakter der Vorbehaltsklausel im Rahmen der Anerkennungsvorschriften[30]. Nicht ausgeschlossen ist auch, daß wertende und interessenjuristische Gesichtspunkte im Einzelfall zu einer Annäherung beider Verfahrensordnungen führen, so daß Abweichungen durchaus hinzunehmen sind.

---

[25] *Bungert*, ZIP 1992, S. 1707 (1709 f.); zum verfahrensrechtlichen ordre public des Art. 12 Haager Beweisübereinkommen *Junker*, Discovery, S. 268 ff.; *Martiny*, Hdb.IZVR, Bd. III / 1, Kap. I, Rdz. 1109; *Schütze*, WM 1986, 633 (636); *Stiefel / Stürner*, VersR 1987, S. 829 (830).

[26] *Born / Westin*², Int.Civ.Lit., S. 345 ff.; Leitentscheidung: Société Nationale Industrielle Aérospatiale v. United States District Court for the Southern District of Iowa, 107 S.Ct. 2542 (1987) = JZ 1987, 984, m. Anm. *Stürner*, S. 988; eingehend zu den Folgerungen im deutschen Recht *v. Bodungen / Jestaedt*, FS Stiefel, S. 65 ff.; zu den Schutzanordnungen *Junker* (Fn. 25), S. 284 f., 305 ff.; *Stürner*, in: Habscheid (Hrsg.), Der Justizkonflikt, S. 3 (15).

[27] Fed.R.Civ.P. 31, 31 (abgedr. in: Federal Civil Judicial Procedure and Rules, 1991 rev. ed.); eingehend *Junker* (Fn. 25), S. 149 ff.

[28] In der Leitentscheidung Société Nationale Industrielle Aérospatiale v. United States District Court for the Southern District of Iowa, 107 S.Ct. 2542 (1987) = JZ 1987, 984, m. Anm. *Stürner*, S. 988 hat der Supreme Court klargestellt, daß die *„extraterritorial discovery“* fremde Souveränität grundsätzlich nicht verletze; zur Rechtshilfe bei der *pre-trial-discovery Stürner*, ZVglRWiss 81 (1982), S. 159 (199 f.).

[29] *Stürner*, in: Habscheid, Der Justizkonflikt, S. 24.

[30] *Stiefel / Stürner*, VersR 1987, S. 829 (830 f.).

Auch die von englischen Gerichten erlassene *Mareva injunction*, die dem Antragsgegner ähnlich der deutschen einstweiligen Verfügung[31] untersagt, Vermögenswerte zu entfernen oder der künftigen Zwangsvollstreckung zu entziehen[32], könnte unter Gesichtspunkten der Souveränität bedenklich sein. Sie verpflichtet den Antragsgegner, der jedenfalls hinsichtlich der Eilmaßnahmen immer der englischen Gerichtsbarkeit unterliegt[33], indes nur, seine Vermögenswerte in einer bestimmten Art und Weise zu handhaben[34] oder alle Besitzer seiner Vermögenswerte von der Sicherungsmaßnahme in Kenntnis zu setzen. Widersetzt er sich diesen Anordnungen, können gegen ihn Sanktionen in Form von *contempt*-Strafen, Haft oder Ausschluß von der Klageerwiderung verhängt werden. Diese Sanktionen können sich zwar gegen ausländische Prozeßparteien richten, statuieren aber keine extraterritorialen Pflichten, die durch Souveränitätserwägungen abgewehrt werden müßten. Englische Gerichte verdeutlichen zudem, daß die einstweiligen Maßnahmen sich nicht gegen Vermögenswerte im Ausland, sondern gegen den Antragsgegner in Person richten, um so jeden unbeabsichtigten extraterritorialen Effekt von vornherein zu vermeiden[35]. Nach englischem Zivilprozeßrecht könnte eine vom *High Court* gewährte *Mareva Injunction* zudem in Übereinstimmung mit Artt. 31 ff. EuGVÜ auch in Deutschland vollzogen werden, vorausgesetzt die zu vollstreckende Eilentscheidung ergeht erst nach vorheriger Mitteilung an den Antragsgegner[36].

---

[31] *Koch*, in: Schlosser, Materielles Recht und Prozeßrecht, S. 171 (194); dazu eingehender § 11.

[32] Grundlegend Mareva Compania Nareva S.A. v. International Bulk Carriers S.A. [1980] 1 All.E.R. 213; *Mareva injunction* stattgegeben in: Babanaft Co. S.A. v. Bassatne, [1989] 2 W.L.R. 232 (C.A.); Republic of Haiti v. Duvalier, [1989] 2 W.L.R. 261 (C.A.); abgelehnt in: Polly Peck International plc v. Nadir and others (No. 2), [1992] All.E.R. 769 (C.A.); *Schlosser*, FS Larenz, S. 503; *Straub*, SZIER 1992, S. 525 ff.; zu den ähnlich strukturierten *anti-suit-injunctions*, die einer Person verbieten, ein Gerichtsverfahren anzustrengen oder fortzusetzen, *Gottwald* (Fn. 17), S. 122.

[33] *Kropholler*[4], Europ.ZPR, Art. 24 Rdz. 5 a.E.; *Hogan*, Eur.L.Rev. 1989, S. 191 (194).

[34] *Straub*, SZIER 1992, S. 525 (530); vgl. Derby & Co v. Weldon and others (Nos. 3 and 4), [1989] 2 W.L.R. 412 (C.A.); Babanaft International Co. S.A. v. Bassatne, [1989] 2 W.L.R. 232 (C.A.).

[35] Babanaft Co. S.A. v. Bassatne, [1989] 2 W.L.R. 232 (C.A.).

[36] Zur Vollziehung der *Mareva Injunction* in Deutschland aufgrund des EuGVÜ, *Albrecht*, Das EuGVÜ und der einstweilige Rechtsschutz, S. 155; *Hogan*, Eur.L.Rev. 1989, S. 191 (196) u. unten § 11.

2. Souveränitätsachtung durch Inlandsvollzug

Die deutschen Gerichte sind bemüht, die ausländische Hoheitsgewalt durch prozessuale Verfahrensakte nicht zu beeinträchtigen[37]. Das gelingt durch eine Begrenzung der Hoheitsakte auf den Geltungsbereich der deutschen Justizhoheit oder durch den Erlaß von Hoheitsakten, die statt Wirkungen im Ausland zu entfalten, fiktiv im Inland vollzogen werden. Weil kein Staat seine Hoheitsakte ohne Mitwirkung des fremden Staates auf dessen Gebiet erstrecken kann, bleibt es dem ausländischen Staat freilich unbenommmen, ob er solche eines fremden Staates anerkennen will oder jede Rechtshilfe verweigert[38]. Wie sich das Ausland letztlich verhält, ist für den Inlandsvollzug indes bedeutungslos.

a) Zustellungsrecht

Insbesondere das Zustellungsrecht erfordert die Beachtung ausländischer Souveränitätsvorbehalte. Die zur Zustellung ins Ausland erforderlichen Amtshandlungen sind staatliche Hoheitsakte, die der ausländische Staat zwar dulden kann, bei deren Vornahme er aber in aller Regel auf seiner vorherigen Zustimmung oder auf der Mitwirkung seiner Behörden im Rechtshilfeverkehr besteht. Hat die im Ausland wohnende Partei keinen Zustellungsbevollmächtigten nach § 174 Abs. 2 ZPO benannt, kann die Zustellung nach § 175 Abs. 1 S. 3 ZPO durch Aufgabe zur Post im Inland vollzogen werden. Diese fiktive Inlandszustellung wahrt die Souveränität des fremden Staates, weil die Zustellung schon mit der Übergabe an die Postanstalt als bewirkt anzusehen ist und somit einen Übergriff auf dessen Staatsgebiet von vornherein vermeidet[39]. Sie setzt sich damit unter dem Blickwinkel der Gewährung rechtlichen Gehörs verfassungsrechtlichen Bedenken aus, die indes im Wege verfassungskonformer Auslegung gemeistert werden können[40].

---

[37] BGH NJW 1984, 2039 (sub 3 b): völkerrechtswidrige Souveränitätsverletzung, im rechthilfefreien Direktzugriff eine schriftliche Zeugenaussage nach § 377 Abs. 3 ZPO aus Ghana anzufordern; OLG Koblenz RIW 1981, 59: keine Mitwirkungspflichten des Gemeinschuldners, sein Auslandsvermögen dem Konkursverwalter zu verschaffen.

[38] Vgl. BGHZ 118, 151 (159) für § 106 Abs. 1 S. 2 KO; dazu zust. *Hanisch*, IPRax 1993, S. 69 (70); *Geimer*[2], IZPR, Rdz. 408.

[39] *Baumbach-Lauterbach*[53], ZPO, § 175 Rdz. 5; *Linke*, IZPR, Rdz. 225; *Schack*, IZVR, Rdz. 599; *Stein-Jonas-Leipold*[20], ZPO, § 175 Rdz. 9; *Thomas-Putzo*[18], ZPO, § 175 Rdz. 11.

[40] *Schmitz*, Fiktive Auslandszustellung, S. 101 f., 105 f.

Dem Beklagten werden aufgrund der Inlandszustellung schwerwiegende Zustellungswirkungen auferlegt, etwa die zweiwöchige Einspruchsfrist des § 339 Abs. 1 ZPO, obwohl er wahrscheinlich innerhalb dieser Frist keine Kenntnis von dem gegen ihn ergangenen Versäumnisurteil erhalten wird[41]. Ihm kann jedoch durch die Einschränkung der Fiktionswirkungen, etwa bei der Zustellung von Versäumnisurteilen durch Bestimmung einer angemessenen Frist nach § 339 Abs. 2 ZPO oder durch eine Belehrung über die Möglichkeit einer Wiedereinsetzung in den vorigen Stand geholfen werden[42]. Das Verdikt der Völkerrechtswidrigkeit ist angesichts der von der Staatenpraxis anerkannten fiktiven Inlandszustellung durch Aufgabe zur Post (§ 175 Abs. 1 S. 3 ZPO) weitgehend entkräftet[43].

b) Drittschuldneranzeige

Umstritten geblieben ist die Achtung der Souveränität im internationalen Zwangsvollstreckungsrecht bei der Pfändung von Forderungen des Vollstrekkungsschuldners gegen im Ausland ansässige Drittschuldner. Das liegt hauptsächlich daran, daß erst mit der Zustellung der nach § 829 Abs. 1 S. 2 ZPO erforderlichen Drittschuldneranzeige die Pfändung als bewirkt anzusehen ist[44]. Wohnt der Drittschuldner im Ausland, dann scheitert die Zustellung nach § 199 ZPO in aller Regel an der fehlenden Mitwirkung des ausländischen Staates, der bei Vollstreckungsmaßnahmen die Rechtshilfe verweigert oder die Pfändungswirkungen im ausländischen Drittschuldnerprozeß nicht anerkennt[45]. Eine öffentliche Zustellung nach § 203 Abs. 2 ZPO scheidet mangels Parteieigenschaft des Drittschuldners aus.

Nach Ansicht einiger Autoren und der älteren Rechtsprechung des Kammergerichts gebe es keine Form der Zustellung des Pfändungsbeschlusses ins

---

[41] BGHZ 98, 263 (267) = ZZP 100 (1987), S. 435 (437) mit insoweit zust. Anm. *Schack*, S. 442 (446); *Linke*, IZPR, Rdz. 228.

[42] *Roth, H.*, IPRax 1990, S. 90 (91, 93); *Schlosser*, FS Stiefel, S. 683 (688); a.A. *Linke*, IZPR, Rdz. 228; *Thomas-Putzo*[18] (Fn. 39), Rdz. 11.

[43] *Schlosser*, FS Stiefel, S. 683 (689); a.A. bzgl. der Folgewirkungen einer Zustellung nach § 175 ZPO, *Schmitz* (Fn. 40), S. 165 ff., insbes. 171 ff.

[44] *Koch* (Fn. 31), S. 201; *Mülhausen*, WM 1986, S. 957 (959); *Stein-Jonas-Münzberg*[20], ZPO, § 829 Rdz. 24, 64; *Schack*, IZVR, Rdz. 982; *Zöller-Stöber*[18], ZPO, § 829 Rdz. 14.

[45] *Stein-Jonas-Münzberg*[20] (Fn. 44), Rdz. 24; die deutsche Justizverwaltung lehnt die Weiterleitung des Rechtshilfeersuchens ebenfalls ab, vgl. § 28 ZRHO.

Ausland, durch die die Forderung zwischen Schuldner und Drittschuldner gepfändet werden könne. Die Auslandszustellung des an den Drittschuldner gerichteten Zahlungsverbots enthalte einen unzulässigen extraterritorialen Eingriff inländischer Hoheitsgewalt in die private Rechtsstellung des ausländischen Drittschuldners[46]. Andere halten bereits den antragsgemäß erlassenen Pfändungsbeschluß wegen fehlender Gerichtsbarkeit für nichtig[47] oder zumindest wegen eines Verfahrensverstoßes für anfechtbar[48], weil er eine Anordnung von Zwang innerhalb eines fremden Hoheitsgebiets und damit außerhalb der deutschen Justizhoheit enthalte.

Dagegen wird mit beachtlichen Argumenten vorgebracht, daß das an den Drittschuldner gerichtete Arrestatorium keinen Eingriff in die fremde Souveränität enthalte[49]. Bei dem Zahlungsverbot des § 829 Abs. 1 S. 1 ZPO handele es sich um ein an den Drittschuldner gerichtetes Gebot, das den Sinn einer ihn schützenden Mitteilung habe[50]. Die formale Anforderung der Zustellung diene nur Beweiszwecken, die für den Drittschuldner aber unwesentlich seien[51]. Für den internationalen Rechtsverkehr müsse das Zahlungsverbot um seine hoheitliche Wirkung entkleidet werden, denn der Vollstreckungsstaat werde gar nicht im Ausland tätig. Was zurückbleibe, sei nur eine Mitteilung über die Rechtslage, nach der eine schuldbefreiende Leistung des Drittschuldners an den Schuldner wegen §§ 135, 136 BGB nicht mehr möglich sei[52]. Schack schlägt deshalb vor, den Rechtsgedanken des § 187 S. 1 ZPO heranzuziehen, und auf den tatsächlichen Zugang abzustellen. Dem genüge dann auch die einfache Zustellung durch die Post, die Art. 10 lit. a HZÜ ausdrücklich zulasse[53].

---

[46] KG JW 1929, 2360, m. abl. Anm. *Oertmann*; *v. Normann*, IZPR, S. 30 m.w.N; *Vfg.Preuß-JMin.*, PreußJuMinBl. 1922, 83; a.A. *Hellwig* (Fn. 2), S. 115; über die Praxis der deutschen Justizverwaltung berichtet *Mössle, K.I.*, Int. Forderungspfändung, S. 108 f. (110); *Mülhausen*, WM 1986, 957 (959).

[47] *Mülhausen*, WM 1986, S. 985 (989).

[48] *Zöller-Stöber*[18], ZPO, § 829 Rdz. 24.

[49] *Geimer*[2], IZPR, Rdz. 408; *Schack*, IZVR, Rdz. 982.

[50] *Zöller-Stöber*[18] (Fn. 48), Rdz. 7.

[51] *Schack*, RPfleger 1980, S. 175 (176).

[52] *Schack*, IZVR, Rdz. 982; *Schütze*, IZVR, S. 192.

[53] Zu der Wirkung des deutschen Vorbehalts *Geimer*[2], IZPR, Rdz. 418; *Schack*, IZVR, Rdz. 983; *ders.*, RPfleger 1980, S. 175 (176); für die Zustellung an den Auslandsschuldner hat das Gesetz in § 829 Abs. 2 S. 3 ZPO eine Regelung getroffen.

Den Vorzug verdient m.E. die Lösung, die in der postalisch übermittelten Drittschuldneranzeige noch keine souveränitätsverletzende Maßnahme sieht[54]. Sie berücksichtigt die berechtigten Interessen staatlicher Souveränitätsansprüche vor unbefugten Zustellungsübergriffen sowie die Interessen des Drittschuldners, der nach der Mitteilung schuldbefreiend an den Vollstreckungsgläubiger leisten kann. Verfehlt hingegen ist die Ansicht, schon den Erlaß des Pfändungsbeschlusses wegen seiner Nichtzustellbarkeit zu verweigern. Die Vollstreckungsgerichte müßten nämlich jeweils im Einzelfall prüfen, ob eine Zustellung der Drittschuldneranzeige möglich ist. Das widerstrebt aber dem Grundsatz der formalisierten Zwangsvollstreckung sowie der eingeschränkten Schlüssigkeitsprüfung des Gerichts hinsichtlich der behaupteten Forderung[55]. Die hier vertretene Lösung ermöglicht eine Interessenauseinandersetzung im internationalen Rechtsverkehr im Verfahren selbst und läßt sie nicht bereits im Vorfeld aus völkerrechtlichen Gründen zum Erliegen kommen[56]. Zudem wird der Vollstreckungsgläubiger nach der Überweisung der Forderung zur Einziehung gegen den Drittschuldner alle im Recht des Vollstreckungsschuldners begründeten, der Befriedigung dienenden Maßnahmen ergreifen und bei Leistungsverweigerung auf Zahlung an sich klagen[57]. In diesem Prozeß kann sich der Drittschuldner in vollem Umfange verteidigen.

3. Bedeutung des Souveränitätsprinzips

Die Untersuchung belegt, daß Souveränitätserwägungen für die Maßgeblichkeit der lex fori keine Bedeutung haben[58]. Die Souveränitätsvorbehalte werden zwar durch das nationale Prozeßrecht gewahrt, indem die unter hoheitsrechtlichen Bedenken stehenden Auslandshandlungen durch fiktive inländische Verfahrensakte ersetzt werden. Das beinhaltet jedoch keinen Grund für die ausschließliche Geltung des deutschen Verfahrensrechts. Die aus dem Souveräni-

---

[54] *Rheinstein*, RabelsZ 8 (1934), S. 277 (306 f.); *Schack*, IZVR, Rdz. 982; a.A. *Koch* (Fn. 31), S. 202 f.; *Mössle, K.I.* (Fn. 46), S. 62; *Schütze*, IZVR, S. 192.

[55] *Mössle, K.I.* (Fn. 46), S. 100; *Zöller-Stöber*[18] (Fn. 48), Rdz. 4.

[56] Auch die Übermittlung von verfahrenseinleitenden bzw. -fördernden oder -abschließenden Schriftstücken durch schlichten Postbrief stellt keine Souveränitätsverletzung des ausländischen Staates dar, weil sie sich im Inland vollzieht. *Geimer*[2], IZPR, Rdz. 2083; *Stein-Jonas-Roth, H.*[21], ZPO, § 175 Rdz. 19 f.

[57] *Zöller-Greger*[18], ZPO, § 835 Rdz. 4; BGH NJW 1992, 173 (174).

[58] *Coester-Waltjen*, Int. Beweisrecht, S. 90 Fn. 411; *Juncker* (Fn. 25), S. 352.

tätsprinzip fließende Befugnis des Staates, sein Recht nach seinem Ermessen zu gestalten[59], gibt nämlich keinesfalls vor, ausländisches Prozeßrecht im Inland immer zu mißachten. Der Gesetzgeber könnte im Einzelfall seine Geltung im Inland anordnen, etwa durch die Formulierung allseitiger Kollisionsnormen, nach denen sich die Wirksamkeit eines Verfahrensaktes sowohl nach inländischem als auch nach ausländischem Recht richten würde.

Das deutsche Verfahrensrecht, das grundsätzlich kein Rechtsanwendungsrecht für Verfahrensfragen kennt[60], ist diesen Weg freilich bisher nicht gegangen. Ausländischen Entscheidungen wird im Inland bislang nur im Wege der Anerkennung im Einzelfall Wirksamkeit verliehen[61]. Danach wirkt das ausländische Recht im Gerichtsstaat nicht kraft seines Bestehens, sondern lediglich weil das Gesetz diese Wirkungen ausdrücklich zuläßt.

§ 4 Lex-fori-Begründung aus dem Verfahrensrecht

Besonderheiten des geltenden Verfahrensrechts sowie Einzelvorschriften, die den Gedanken der Maßgeblichkeit der lex fori in sich tragen sollen, sprechen nach Aussage einiger Autoren für den Anwendungs- und Geltungsvorrang des eigenen Verfahrensrechts. Im Umkehrschluß könne auch aus Vorschriften in internationalen Verträgen auf dem Gebiet der Rechtshilfe sowie aus dem Schiedsgerichtsrecht die Geltung der lex fori begründet werden.

I. Begründung mit Hilfe des Rechtshilferechts

Für die normative Geltung der lex fori bei Anwendung des Verfahrensrechts sollen zunächst Vorschriften sprechen, die den Rechtshilfeverkehr mit dem Ausland betreffen. Denn nach Art. 9 Abs. 2 HBÜ[62] sowie in § 83 Abs. 1 S. 1 ZRHO wird dem Antrag der ersuchenden Behörde, nach einer besonderen Form zu verfahren, Folge geleistet, es sei denn, diesem Begehren stünden zwingende

---

[59] *Dahm*, Völkerrecht, Bd. I, S. 152 ff.; *Nagel*, Nationale und internationale Rechtshilfe, S. 43.

[60] Zu den Besonderheiten im internationalen Insolvenzrecht, vgl. § 14.

[61] § 328 ZPO für Gerichtsentscheidungen, für Entscheidungen der Freiwilligen Gerichtsbarkeit in § 16 a FGG, in Vollstreckungsangelegenheiten in §§ 722, 723 ZPO und für ausländische Schiedssprüche in § 1044 ZPO; Art. 26 EuGVÜ, Art. 26 LuganoÜ.

[62] Haager Übereinkommen über die Beweisaufnahme im Ausland in Zivil- und Handelssachen vom 18.3.1970, BGBl. 1977 II, 1472 (auch abgedr. bei *Jayme / Hausmann*[7], Nr. 108).

deutsche Vorschriften entgegen[63]. Vergleichbare Vorschriften enthalten Art. 14 Abs. 2 HZPÜ[64], Art. 5 Abs. 1 lit. b HZÜ[65], Art. 9 Abs. i) S. 2 des deutsch-britischen Abkommens über den Rechtsverkehr vom 18.9.1928[66], Art. 13 Abs. 2 des deutsch-türkischen Abkommens über den Rechtsverkehr vom 28.5.1929[67]. Diese Vorschriften beinhalten eine Ermächtigung inländischer Gerichte, ausnahmsweise bei der Erledigung von Rechtshilfeersuchen ausländisches Verfahrensrecht anzuwenden, um dessen Beachtung die ersuchende Behörde gebeten hat. Einer solchen Regelung, so wird argumentiert, bedürfe es nur, wenn inländische Gerichte ansonsten nur ihr eigenes Verfahrensrecht anwenden[68].

Dieses Argument beruht auf dem Regel-Ausnahme-Verhältnis der für die Rechtshilfe vorgesehenen Vorschriften. In Deutschland wird die Rechtshilfe grundsätzlich nach deutschem Verfahrensrecht vorgenommen[69]. Dies entspricht auch den Rechtshilfeverträgen, denen zufolge das im ersuchten Staat geltende Verfahrensrecht grundsätzlich Vorrang vor den Form- oder Verfahrenswünschen der ersuchenden Behörde besitzt, die nach den Gesetzestexten erst nachrangig berücksichtigt werden können. Besonders deutlich formuliert etwa Art. 9 Abs. i) S. 1 des deutsch-britischen Abkommens über den Rechtsverkehr vom 18.9.1928[70], daß die ersuchte Rechtshilfebehörde in „Ansehung des zu beobachtenden Verfahrens das Recht ihres eigenen Landes anzuwenden“ hat. Damit bleibt es auch im Rechtshilferecht beim Geltungsvorrang der Verfahrensvorschriften der lex fori. Die Vertragsparteien der Abkommen haben außerdem durch die Formel der „Unvereinbarkeit mit der Rechtsordnung des ersuchten Staates“ die Anwendungswünsche der ersuchenden Behörde für einige Fälle

---

[63] Für Unvereinbarkeit der „besonderen Form“ mit deutschem Verfahrensrecht *Schlosser*, ZZP 94 (1981), S. 369 (387); dagegen *Juncker* (Fn. 25), S. 336 f.

[64] Haager Übereinkommen über den Zivilprozeß vom 1.3.1954, BGBl. 1958 II, 577 (auch abgedr. bei *Jayme / Hausmann*[7], Nr. 106).

[65] Haager Übereinkommen über die Zustellung gerichtlicher und außergerichtlicher Schriftstücke im Ausland in Zivil- und Handelssachen, BGBl. 1977 II, 1453 (auch abgedr. bei *Jayme / Hausmann*[7], Nr. 107).

[66] RGBl. 1928 II, 623 (auch abgedr. bei *Jayme / Hausmann*[7], Nr. 111).

[67] RGBl. 1930 II, 6.

[68] *Böhm*, FS Fasching, S. 107 (108).

[69] *Geimer*[2], IZPR, Rdz. 2505; *Schack*, IZVR, Rdz. 183.

[70] Vergleichbare Formulierungen bei Art. 9 Abs. 1 HBÜ (Fn. 62), Art. 14 Abs. 1 HZPÜ (Fn. 64), Art. 5 Abs. 1 a) HZÜ (Fn. 65).

wieder durchbrochen[71]. Auch daraus folgt, daß der lex-fori-Regel bei Anwendung des Verfahrensrechts in einem möglichst weiten Umfang Geltung verschafft werden sollte.

II. Begründung mit Hilfe des Schiedsgerichtsrechts

Eine weitere Begründung durch Umkehrschluß findet sich im Schiedsverfahrensrecht[72]. Die Parteien eines internationalen Schiedsverfahrens haben die Befugnis, das auf das Schiedsverhältnis anwendbare Recht zu bestimmen[73]. Dabei ist es keinesfalls erforderlich, daß das Verfahrensstatut mit dem Schiedsvertragsstatut zusammenfällt. Schiedsvertrag und Schiedsverfahren können verschiedenem Recht unterliegen. Somit ist also auch das anwendbare Verfahrensrecht, nach dem sich die Wirksamkeit des Schiedsspruches und nach herrschendem deutschen Verständnis auch die Bestimmung als in- oder ausländischer Schiedsspruch beurteilt, der Parteiautonomie unterworfen[74].

Demnach könnten die Parteien die Vorschriften der lex fori durch das nationale Verfahrensrecht eines anderen Staates ersetzen. Ein in Berlin beheimatetes Schiedsgericht müßte dann nach dem einvernehmlich gewählten ausländischen Schiedsverfahrensrecht verfahren. Genauso sollen die Parteien auch dem Schiedsgericht in Paris vorschreiben können, deutsches Schiedsgerichtsrecht (§§ 1125 ff. ZPO) anzuwenden[75]. Aus der Befugnis, für private Schiedsverfahren auch ausländisches Verfahrensrecht wählen zu können, folge aber auch im Umkehrschluß, daß den Parteien jeder Einfluß über das Verfahrensrecht vor staatlichen Gerichten entzogen sei. Vor staatlichen Gerichten komme deshalb nur inländisches Verfahrensrecht in Betracht[76].

---

[71] So bleibt z.B. das Kreuzverhör nach *common-law*-Vorschriften ausgeschlossen, *Juncker* (Fn. 25), S. 338 ff. m.w.N.; liberaler *Geimer*[2], IZPR, Rdz. 2505 m.w.N.

[72] *Böhm* (Fn. 68), S. 108 f.

[73] *Schlosser*[2], RipS, Rdz. 229 ff.

[74] *Baumbach-Lauterbach*[53], ZPO, § 1044 Rdz. 3; *Nagel*[3], IZPR, Rdz. 1090; *Riezler*, IZPR, S. 617 f.; *Schlosser*[2], RipS, Rdz. 209, 229 f., 631; *Schütze*, IZPR, S. 218, 223; *Schwab / Walter*[4], Schiedsgerichtsbarkeit, S. 424; *Zöller-Geimer*[18], ZPO, § 1044 Rdz. 4; BGH KTS 1970, 24 (27); BGHZ 21, 356 (367 ff.); einschränkend neuerdings *Sandrock*, FS Glossner, S. 281 (285 ff.).

[75] Hiergegen krit. *Sandrock* (Fn. 74), S. 281 ff.

[76] *Böhm* (Fn. 68), S. 109.

Dieser Gedanke enthält keine eigene Begründung für den Vorrang des heimischen Verfahrensrechts und damit für die Geltung der lex fori. Die Parteiautonomie über das Verfahrensrecht in Schiedssachen besitzt nicht jene unverbrüchliche Ausschließlichkeit, die einen Umkehrschluß rechtfertigen könnte[77]. Auch im Schiedsverfahrensrecht kann ein Rückgriff auf nationales Verfahrensrecht unerläßlich sein[78]. Denkbar ist etwa, daß das von den Parteien in Bezug genommene Verfahrensrecht, sei es nun ein staatliches Verfahrensrecht oder eine vorformulierte Schiedsgerichtsordnung, trotz der vielleicht detaillierten Regelung des Schiedsverfahrensrechts einige prozessuale Fragen nicht regelt, die für die Entscheidung des Sachverhalts unentbehrlich sind. Es wäre dann im einzelnen zu untersuchen, welche neben der Parteivereinbarung geltenden Anknüpfungspunkte das dann anwendbare Verfahrensrecht ausweisen[79]. Dabei kommt sicherlich dem Ort, an dem das Schiedsverfahren schwerpunktmäßig betrieben wird eine gewisse Indizfunktion zu. Das soll hier im einzelnen nicht weiterverfolgt werden, belegt aber, daß die von der überwiegenden Meinung[80] gewährte Parteiautonomie über das Schiedsverfahrensrecht nicht immer zum Ausschluß des Verfahrensrechts der lex fori führen muß. Auch vor Schiedsgerichten kann es demnach zur Anwendung von staatlichem Verfahrensrecht kommen, das nicht von den Parteien gewählt wurde.

III. Die Prozeßfähigkeit des Ausländers

Für die Maßgeblichkeit der lex fori wurde teilweise § 55 ZPO, der die Prozeßfähigkeit des Ausländers regelt, in Anspruch genommen[81]. Aus der Formulierung dieser Vorschrift folgt unmittelbar, daß zunächst das Recht des Staates, dem der Ausländer angehört, über seine Prozeßfähigkeit entscheidet, wobei der Gesetzgeber ausdrücklich auf die Prozeßfähigkeit nach dem Heimatrecht ab-

---

[77] *Larenz*[6], Methodenlehre, S. 390.

[78] *Schlosser*[2], RipS, Rdz. 453.

[79] *Sandrock* (Fn. 74), S. 298 f.; *Schlosser*[2], RipS, Rdz. 457 f.; *Schwab / Walter*[4] (Fn. 74), S. 425 f.

[80] *Baumbach-Lauterbach*[53], ZPO, § 1044 Rdz. 3; *Nagel*[3], IZPR, Rdz. 1090; *Riezler*, IZPR, S. 617 f.; *Schlosser*[2], RipS, Rdz. 209, 229 f., 631; *Schütze*, IZPR, S. 218, 223; *Schwab / Walter*[4] (Fn. 74), S. 424; *Zöller-Geimer*[18], ZPO, § 1044 Rdz. 4.

[81] *Stein-Jonas-Pohle*[19], ZPO, Einl. N I 2; *Rosenberg / Schwab*[11], ZPR, S. 28.

stellt[82]. Dabei besteht heute weitgehend Einigkeit, daß sich die Prozeßfähigkeit des Ausländers weder nach dem Personalstatut des Art. 7 Abs. 1 EGBGB noch nach der materiellrechtlichen Verpflichtungsfähigkeit, wie sie in § 52 ZPO vorgesehen ist, richtet[83]. Darüber hinaus fingiert § 55 ZPO die Prozeßfähigkeit des Ausländers, wenn ihm nach deutschem Recht die Prozeßfähigkeit zusteht, selbst wenn sie ihm nach seinem Heimatrecht fehlt. Aufgrund dieser Auffangfunktion müsse § 55 ZPO deshalb nach Meinung einiger Autoren als Ausfluß eines allgemeinen Prinzips verstanden werden, nach dem für den deutschen Richter immer nur deutsches Verfahrensrecht maßgeblich sein könne[84].

Diese Argumentation ist zur Begründung der lex fori wenig einsichtig. Denn die Vorschrift kann gleichfalls für die gegenteilige Ansicht herhalten. Im dem Fall nämlich, in dem die Prozeßfähigkeit nach ausländischem Recht besteht, während sie nach deutschem Recht zu versagen wäre, herrscht Einigkeit, daß damit auch die Prozeßfähigkeit vor deutschen Gerichten angenommen werden muß, also ausländischem Recht im Inland umfassende Geltung zugesprochen wird[85]. Namentlich Grunsky sieht in der darin liegenden unmittelbaren Bezugnahme auf ausländisches Verfahrensrecht eine Durchbrechung des lex-fori-Prinzips[86]. § 55 ZPO läßt damit nicht erkennen, ob er eine gesetzliche Ausprägung des lex-fori-Grundsatzes enthält oder nur ausnahmsweise die Prozeßfähigkeit des Ausländers fingiert, die ihm sein Heimatrecht versagt[87].

IV. Begründung mit Hilfe des Beweisrechts

Ähnlich verhält es sich mit § 369 ZPO. Die Vorschrift schneidet den Einwand mangelhafter ausländischer Beweiserhebung für das inländische Verfahren

---

[82] *Geimer*[2], IZPR, Rdz. 2212; *MünchKommZPO-Lindacher*, § 55 Rdz. 1; *MünchKomm-Sonnenberger*[2], EGBGB, Einl. Rdz. 310; *Nagel*[3], IZPR, Rdz. 271; *Pagenstecher* ZZP 64 (1950 / 51), S. 249 (278); *Schack*, IZVR, Rdz. 535; *Soergel-Kegel*[11], EGBGB, Art. 7 Rdz. 9; *Stein-Jonas-Bork*[21], ZPO, § 55 Rdz. 1.

[83] Anstatt vieler *Stein-Jonas-Bork*[21], ZPO, § 55 Rdz. 1; a.A. *Baumbach-Lauterbach*[53], ZPO, § 55 Rdz. 1; *Thomas-Putzo*[18], ZPO, § 52 Rdz. 1; a.A. BGH JZ 1956, 535 m. abl. Anm. *Neuhaus*, S. 537.

[84] *Stein-Jonas-Pohle*[19], ZPO, Einl. N I 2; *Rosenberg / Schwab*[11], ZPR, S. 28.

[85] Das bestreiten auch nicht *Stein-Jonas-Pohle*[19], ZPO, § 55 Anm. I 1; *Baumbach-Lauterbach*[53], ZPO, § 55 Rdz. 1 wenn auch unter Hinweis auf Art. 7 EGBGB; *Thomas-Putzo*[18], ZPO, § 52 Rdz. 1.

[86] *Grunsky*, ZZP 89 (1976), S. 241 (243).

[87] *Grunsky*, ZZP 89 (1976), S. 241 (242).

ab[88], wenn die ausländische Beweisaufnahme den für das Prozeßgericht geltenden Vorschriften entspricht. Auch daraus wollte Pohle schließen, daß es in allen anderen Verfahrensfragen auf die deutschen Verfahrensvorschriften ankomme[89].

Auch dieser Begründung ist zu widersprechen. Die Überlegung, daß auch eine ausländische Beweisaufnahme der Wahrheitsfindung eines deutschen Gerichts dienen kann[90], bedingt den Verzicht auf die Förmlichkeiten des ausländischen Rechts. Zwar ist zuzugeben, daß die Entsprechung der ausländischen Beweisaufnahme mit den Gesetzen des Prozeßgerichts ein Hinweis auf die uneingeschränkte Geltung des deutschen Verfahrensrechts enthalten kann. Die Norm kann aber genauso auch den Inhalt einer Ausnahmevorschrift annehmen. Dafür spricht, daß das ausländische Beweismittel, sofern die ausländische Behörde die Beweisaufnahme fehlerfrei vorgenommen hat, auch im deutschen Verfahren Verwendung findet[91]. Diesem kleinen Ausschnitt ausländischen Verfahrensrechts wird somit auch Gültigkeit vor deutschen Gerichten zuerkannt. Die Aussagekraft dieser Vorschrift, wie auch die des § 55 ZPO, leidet also unter den verschiedenen Möglichkeiten ihrer Auslegung. § 369 ZPO vermag in gleicher Weise Zweifel an der Maßgeblichkeit der lex fori für das Verfahrensrecht hervorzurufen.

V. Der Geltungsgrund des ordre public

Einen weiteren Geltungsgrund für die lex fori im internationalen Zivilprozeßrecht sehen einige Autoren im ordre-public-Vorbehalt[92]. Den Normen des deutschen Verfahrensrechts sei auch aufgrund des verfahrensrechtlichen ordre public gegenüber abweichendem ausländischen Recht Vorrang einzuräumen.

Ein ordre-public-Verstoß liegt vor, wenn das konkrete Ergebnis einer ausländischen Entscheidung in auffälligem Widerspruch zu den rechtsstaatlichen Grundprinzipien des deutschen Rechts steht und ein hinreichender Inlandsbezug

---

[88] *MünchKommZPO-Musielak*, § 369, Rdz. 3.

[89] *Stein-Jonas-Pohle*[19], ZPO, Einl. N I 2.

[90] *Böhm* (Fn. 68), S. 111.

[91] *Baumbach-Lauterbach*[53], ZPO, § 369 Rdz. 1; *Zöller-Greger*[18], ZPO, § 369 Rdz. 1.

[92] *Coester-Waltjen* (Fn. 58), S. 54; *Weiss, A.*, Traité de droit international privé, Bd. 5, S. 474 f.; Bd. 3, S. 142 f.

besteht[93]. Im Anerkennungsrecht (§ 328 Abs. 1 Nr. 4 ZPO) und im Exequaturverfahren (§ 723 Abs. 2 S. 2 ZPO) führt nach herrschender Auffassung sowohl ein Verstoß gegen den materiellrechtlichen als auch gegen den verfahrensrechtlichen ordre public[94] zu einer Anerkennungsversagung[95]. Im Unterschied zum in Art. 6 EGBGB normierten internationalprivatrechtlichen ordre public entfaltet der verfahrensrechtliche ordre public jedoch nur eine abgeschwächte Wirkung[96]. Im Verfahrensrecht gilt ein eingeschränkter Kontrollmaßstab, weil das sachliche Ergebnis der ausländischen Entscheidung auf der Anwendung ausländischen Rechts durch das ausländische Gericht beruht und nicht von der Anwendung durch einen deutschen Richter abhängt[97]. Die Vorbehaltsklausel ist jedoch mit einigen Anwendungsproblemen behaftet, die ihren Wert als besondere Rechtfertigung des lex-fori-Prinzips in Frage stellen.

F. Baur weist auf die praktischen Schwierigkeiten hin, mit denen die Anwendung der verfahrensrechtlichen Vorbehaltsklausel verbunden ist[98]. Häufig lasse sich gar nicht feststellen, ob der Verfahrensverstoß überhaupt den Inhalt des Urteils beeinflußt habe. Oft liege bei der Anwendung ausländischen Verfahrensrechts die Tatsachenfeststellung, aus der ein Verstoß abgeleitet werden könne, im Dunkeln[99]. Einige Autoren vertreten, daß die Beurteilungsgrundlage für einen ordre-public-Verstoß nur zwingendes Recht sein könne[100]. Diese Normengruppe weise im Gegensatz zum dispositiven Recht die engsten Bindungen zu unverzichtbaren Grundprinzipien des Forumstaates auf. Sie bildeten den

---

[93] *v. Bar, C.*, IPR II, S. 631 ff.; *Kropholler*[2], IPR, S. 225 f.; *MünchKommZPO-Gottwald*, § 328 Rdz. 84 f.; *MünchKomm-Sonnenberger*[2], EGBGB, Art. 6 Rdz. 50 ff.; BGHZ 48, 372 (333 f.) = BGH ZZP 82 (1969), 149 f. m. zust. Anm. *Roth, G.H.*, S. 153.

[94] Die Teilbarkeit des ordre public setzt sich allmählich durch, *Bungert*, ZIP 1992, S. 1707 (1711); *Guldener* (Fn. 1), S. 102; *Zöller-Geimer*[18], ZPO, § 328 Rdz. 152; *Spellenberg*, in: Stellungnahmen und Gutachten, S. 183 (184); a.A. *Schütze*, RIW 1993, S. 139 (140).

[95] *Linke*, IZPR, Rdz. 422; *Martiny* (Fn. 25), Rdz. 1039-1119; *MünchKommZPO-Gottwald*, IZPR, Art. 27 Rdz. 8 f.; *Schack*, IZVR, Rdz. 862.

[96] *Bungert*, ZIP 1992, S. 1707 (1711); *Linke*, IZPR, Rdz. 420; *Martiny* (Fn. 25), Rdz. 1014; *MünchKomm-Sonnenberger*[2], EGBGB, Art. 6 Rdz. 21; vorsichtiger *Zöller-Geimer*[18], ZPO, § 328 Rdz. 152.

[97] *Bungert*, ZIP 1993, S. 1707 (1711); *Kropholler*[2], IPR, S. 545 f.; *Martiny* (Fn. 25), Rdz. 1014; vorsichtiger *Zöller / Geimer*[18], ZPO, § 328 Rdz. 152.

[98] *Baur*, in: Beiträge zu ausgewählten Problemen des Verfahrensrechts, S. 328 f.; *ders.*, FS Tübinger Juristenfakultät, S. 159 f.

[99] *F. Baur* (Fn. 98), S. 328, 329; *Spellenberg* (Fn. 94), S. 187 f.

[100] *Roth, G.H.*, NJW 1967, S. 134 (135); *Wengler*, Anm. zu BGH JZ 1968, 593 (597); krit. *Baur* (Fn. 98), S. 335 f.

Grundbestand eines geordneten rechtsstaatlichen Verfahrens, woran sich ausländisches Verfahrensrecht in seiner konkreten Anwendung messen lassen müsse.

Die herrschende Lehre will den Verstoß gegen zwingende Normen des positiven Rechts bestenfalls als Indiz werten; der Forumsrichter habe nach den dem positiven Recht vorgegebenen Grundwerten zu forschen und auf ihrer Grundlage eine Gesamtwertung des ausländischen Urteils vorzunehmen[101]. Nach herrschender Meinung ist Prüfungsobjekt der ordre-public-Klausel dabei nicht die abstrakte ausländische Vorschrift als Grundlage der Entscheidung, vielmehr sei maßgeblich, ob das konkrete Ergebnis der Anwendung ausländischen Rechts zu den Grundgedanken der deutschen Regelung in einem so starken Widerspruch stehe, daß es nach inländischen Vorstellungen untragbar erscheine[102]. Die Verfahrensvorschriften des ausländischen Rechts und des inländischen Rechts seien also nicht abstrakt einander gegenüberzustellen.

Diesen Weg hat auch der BGH beschritten[103]. Aus Anlaß der Vollstreckbarerklärung einer U.S.-amerikanischen Entscheidung stellte er fest, daß ein in den Vereinigten Staaten durchgeführtes Beweis- und Beweisermittlungsverfahren zwischen Klageerhebung und mündlicher Verhandlung (*pre-trial-discovery*) noch keinen Verstoß gegen den ordre public im Sinne des § 328 Abs. 1 Nr. 4 ZPO begründe[104]. In Übereinstimmung mit der herrschenden Lehre hält er einen Gesamtvergleich der prozessualen Vorlagepflichten nach amerikanischem Recht und der materiellrechtlichen Auskunftsansprüche des deutschen Rechts für geboten. Entscheidend sei dann, ob das konkrete Ergebnis bei Anwendung des ausländischen Rechts mit den ermittelten wesentlichen Grundsätzen des deutschen Rechts unvereinbar sei[105]. Freilich wurde der U.S.-amerikanischen Entscheidung teilweise die Anerkennung aus Gründen des materiellen ordre public (§ 328 Abs. 1 Nr. 4 ZPO) versagt, die auf dem Strafschadensersatzcha-

---

[101] *Roth, G.H.*, Anm. zu BGH ZZP 82 (1969), S. 149 (155) u. NJW 1967, S. 134 (136); *Zöller-Geimer*[18], ZPO, § 328 Rdz. 152.

[102] *Kegel*[6], IPR, S. 695; *Schack*, IZVR, Rdz. 867.

[103] BGH EuZW 1994, 29 (31); BGHZ 118, 312 (320 f.) = BGH ZZP 106, 79 (85 f.); BGHZ 48, 327 (333); BGHZ 22, 162 (166).

[104] BGHZ 118, 312 (320 f.) = BGH ZZP 106, 79 (85 f.).

[105] BGHZ 118, 312 (324) = BGH ZZP 106 (1993), 79 (88) m. zust Anm. *Schack*, S. 104 (107); schon BGHZ 48, 327 (333); 39, 173 (177); *Schack*, IZVR, Rdz. 740, 865.

rakter und der Höhe der im ausländischen Urteil zugesprochenen *punitive damages* beruhten[106].

Demnach gibt es nach dem Verständnis der herrschenden Meinung und der Rechtsprechung keinen universellen verfahrensrechtlichen ordre public, der die Anerkennung einer Entscheidung, die auf ausländischem Verfahrensrecht beruht, schlechthin verböte. Die verfahrensrechtliche Vorbehaltsklausel vermag deshalb keinesfalls einen unbegrenzten Vorrang des deutschen Zivilprozeßrechts zu begründen. Die zurückhaltende Anwendung des verfahrensrechtlichen ordre public beläßt vielmehr auch ausländischen Entscheidungen, die aufgrund ausländischer Verfahrensnormen zustandegekommen sind, ihre Wirksamkeit und läßt sie kraft inländischer Anerkennung neben die Urteile deutscher Zivilgerichte treten.

Zudem ist der Anwendungsbereich des verfahrensrechtlichen ordre public auf das vom Gesetzgeber vorgegebene Programm der Anerkennung von ausländischen Urteilen in § 328 Abs. 1 Nr. 4 ZPO, ausländischen Schiedssprüchen in § 1044 Abs. 2 Nr. 2, 4 ZPO und ausländischen Entscheidungen der freiwilligen Gerichtsbarkeit in § 16 a Nr. 4 FGG beschränkt. Für die Anerkennung von Entscheidungen der EuGVÜ- und LuganoÜ-Vertragsstaaten sind Art. 27 Nr. 1 EuGVÜ und Art. 27 Nr. 1 LuganoÜ zu beachten. Die Gesamtschau der Normen verdeutlicht den Ausnahmecharakter des ordre public im Prozeßrecht[107]. Die deutschen Vorschriften gehen tendenziell von der Anerkennung aus. Der Rückgriff auf die Vorbehaltsklausel soll die Ausnahme bleiben.

Weiterhin haben Angriffe gegen die Richtigkeit der ausländischen Entscheidung, wie auch solche, die nur mit der Verschiedenheit des ausländischen Verfahrens begründet werden, in aller Regel keine Aussicht auf Erfolg. Mit Eintritt der formellen Rechtskraft kann wegen des Verbots der *révision au fond* die Anerkennung aufgrund etwaiger Unrichtigkeit der Entscheidung nicht mehr verhindert werden[108]. Die neuere BGH-Rechtsprechung zum verfahrensrechtlichen ordre public belegt zudem, daß selbst wesentliche Abweichungen des ausländischen Prozeßrechts vom deutschen Recht hinzunehmen sind, so-

---

[106] BGHZ 118, 312 (334) = BGH ZZP 106 (1993), 79 (94 ff.); zum Charakter der punitive damages *Junker* (Fn. 25), S. 255; *Großfeld*, Die Privatstrafe, S. 49 f.; *Stürner / Stadler*, IPRax 1990, S. 157 (158).

[107] *Kropholler*[4], Europ.ZPR, Art. 27 Rdz. 5; *Martiny* (Fn. 25), Rdz. 980; *MünchKommZPO-Gottwald*, IZPR, Art. 27 Rdz. 7; *Möllers*, Durchgriffshaftung, S. 9.

[108] *Martiny* (Fn. 25), Rdz. 1106 f.

lange sie nicht in einer krassen Abweichung bestehen[109]. Einen generellen Vorbehalt gegen die Anerkennung einer U.S.-amerikanischen Entscheidung, die auf der Beweisgewinnung durch ein *pre-trial-discovery*-Verfahren beruht, gibt es deshalb nicht. Die konkrete, am jeweiligen Einzelfall orientierte Betrachtung der Anwendung ausländischer Rechtsregeln führt dazu, daß nur einer geringen Zahl von ausländischen Urteilen die Anerkennung wegen eines Verstoßes gegen die Vorbehaltsklausel versagt wurde[110].

VI. Praktische Erwägungen

Für die Geltung der lex fori im internationalen Zivilprozeßrecht sollen schließlich Praktikabilitäts- und Zweckmäßigkeitsgründe sprechen. Gegenstand dieser Überlegungen ist, daß dem Gericht nur die Anwendung seines Prozeßrechts zumutbar sei, weil es mit dem Prozeßrecht seines Sitzstaates am besten vertraut sei und sich in ausländischen Zivilverfahrensrechten nicht genügend auskenne[111].

Hinter den Praktikabilitäts- und Zweckmäßigkeitsgründen verbergen sich Gedanken der Rechtssicherheit und der Prozeßökonomie. Fragen, die ausschließlich den Fortgang des Verfahrens betreffen, müssen vom Gericht ohne Aufschub und Verzögerung entschieden werden können. Unbestreitbar gibt es Kernbereiche des Verfahrensrechts, die ungeachtet der Intensität eines Auslandsbezugs niemals nach der ausländischen lex causae beurteilt werden können. Die Besetzung der Zivilgerichte nach dem GVG, die Streitwertgrenzen, das Zustellungswesen, die Prozeßmaximen, die Klagerücknahme und -erweiterung, die Arten der statthaften Rechtsmittel und die Rechtsmittelfristen müssen nach deutschem Zivilprozeßrecht beurteilt werden, um das Prozeßgericht vor einer unnötigen Vergeudung von Zeit und Mühe zu schützen[112]. Die Bindung der Prozeßparteien und des Gerichts an ein bestimmtes Verfahrensrecht allein aus

---

[109] BGH EuZW 1994, 29 (31); BGHZ 118, 312 (320 f.) = BGH ZZP 106, 79 (85 f.).

[110] BGHZ 118, 312 = BGH ZZP 106, 79; BGHZ 48, 327 (331) kein Verstoß gegen ordre public, wenn Parteiverhalten durch *contempt of court*-Strafe sanktioniert wird; OLG Saarbrücken IPRax 1989, 37 f.; die Anerkennung versagt BGH IPRax 1987, 236 f.; für Schiedssprüche: *Kornblum*, KTS 1968, S. 143 (145); BGH NJW 1986, 30, 27.

[111] *Böhm* (Fn. 68), S. 117 f.; *Geimer*², IZPR, Rdz. 322 f.; *Kropholler*², IPR, S. 487 f.; *Neuhaus*, RabelsZ 20 (1955), S. 201 (245 f.); *Sandrock* (Fn. 74), S. 281 (300, 302 f.); dagegen *Schack*, IZVR, Rdz. 41.

[112] *v. Bar, C.*, IPR I, S. 314.

den Gesichtspunkten der Rechtssicherheit und der Prozeßökonomie herzuleiten, kann jedoch nur unvollständig sein. In der Vielzahl der auslandsbezogenen Sachverhalte bestünde die Gefahr, daß das Gebot der Prozeßökonomie jede Berücksichtigung ausländischen Verfahrensrechts pauschal ausschlösse, weil die dem Gericht obliegende Ermittlungspflicht nach § 293 ZPO den Verfahrensablauf stört und verzögert.

Ausländisches Verfahrensrecht wird sich nämlich unabhängig von derartigen Erwägungen durchsetzen, wenn es das aufgrund des internationalen Privatrechts berufene Sachrecht verlangt[113]. Die deutsche Rechtsordnung verbindet vereinzelt Rechtsinstitute des inländischen materiellen Rechts mit den dazugehörigen speziellen Verfahrensrechten (§§ 323, 748, 728 Abs. 2, 782 ZPO). Verweist das internationale Privatrecht auf das ausländische Sachstatut, ist äußerst zweifelhaft, ob nicht das Verfahrensrecht gänzlich seiner Funktion beraubt ist und dementsprechend ausländisches Verfahrensrecht seinen Platz einnehmen muß[114].

Zudem kennt die ZPO Vorschriften, die ausdrücklich oder stillschweigend auf ausländisches Verfahrensrecht verweisen. Dem bereits erwähnten § 55 ZPO soll nach Ansicht einiger Stimmen in der Literatur eine ungeschriebene Verfahrenskollisionsnorm vorgelagert sein[115]. Ihr Inhalt, nach dem in erster Linie die Prozeßfähigkeit nach dem Heimatrecht des Ausländers beurteilt wird, enthalte einen ausdrücklichen Hinweis auf ausländisches Verfahrensrecht. Auch § 606 a Abs. 1 Nr. 4 ZPO verweise zur Bestimmung der internationalen Aufenthaltszuständigkeit für Ehesachen auf die nach ausländischem Verfahrensrecht vorzunehmende negative Anerkennungsprognose[116]. Die an dieser Stelle noch nicht eingehend zu bewertenden Durchbrechungen der lex-fori-Regel lassen erkennen, daß die zweckmäßige Arbeitserleichterung mittels eines möglichst einfachen und durch ausländische Verfahrensrechte unverfälschten Prozesses bereits durch die ZPO selbst in Frage gestellt sein könnte.

Zu diskutieren wäre deshalb im Einzelfall, welche schutzwürdigen Interessen der Parteien oder des Gerichts an der Anwendung der lex fori tatsächlich vor-

---

[113] *Schack*, IZVR, Rdz. 44.

[114] *Berenbrok*, Int. Nachlaßabwicklung, S. 130 ff.; *v. Craushaar* (Fn. 1), S. 12 ff.; *Heldrich*, Int. Zuständigkeit, S. 209; *Müller, H.*, JbIntR 5 (1954), S. 239 ff.

[115] *Pagenstecher* ZZP 64 (1950 / 51), S. 249 (278); *Schack*, IZVR, Rdz. 535, 536; *Szászy*, ICP, S. 152; a.A. *v. Bar, C.*, IPR I, S. 321.

[116] *Zöller-Geimer*[18], ZPO, § 606 a Rdz. 53 ff.

handen sind[117]. So ist etwa ein Parteiinteresse denkbar, die Gefahr einander widersprechender Entscheidungen über denselben Streitgegenstand zu vermeiden. Das Gericht hätte es zu beachten, wenn sich der Kläger für den rechtskräftigen Abschluß des Inlandsverfahrens bereiterklärt hat, seine im Ausland anhängige Klage zurückzunehmen. Ein Interesse des Gerichts kann darin bestehen, Entscheidungseinklang herstellen zu wollen, um gleichartige Fälle auf der gleichen materiellen und prozessualen Grundlage zu beurteilen. Worauf es also in diesem Zusammenhang ankommt, ist die Handhabung der Vorschriften in der gerichtlichen Praxis[118]. Praktische Erwägungen können hierbei gewisse Indizwirkungen entfalten; alleiniger Maßstab für die Geltung der lex-fori-Regel freilich sollten sie nicht sein.

§ 5 Ergebnis und Zusammenfassung

Der Überblick über die dogmatischen Begründungsversuche der lex fori konnte zeigen, wie die am öffentlichen Recht ausgerichteten Argumente ihren Wert eingebüßt haben. Die Zugehörigkeit des Zivilprozeßrechts zum öffentlichen Recht legt zwar nahe, staats- und völkerrechtliche Gedanken zur Legitimation der lex-fori-Regel heranzuziehen. Die Argumente aus der räumlichen Begrenztheit des Rechts und seiner Teilhabe am Souveränitätsprinzip erweisen sich jedoch als allzu formal und undifferenziert. Aus dem Territorialitätsprinzip läßt sich für die Geltung der lex-fori-Regel nichts ableiten. Es übernimmt nur die Aufgabe einer ungeschriebenen einseitigen Kollisionsnorm, indem es die Grenzen der innerstaatlichen Geltung des deutschen Verfahrensrechts aufzeigt. Eine weitergehende Funktion, wie die eines pauschalen Ausschlusses fremden Rechts, kann daraus jedoch nicht hergeleitet werden.

Auch dem Souveränitätsprinzip kann diese Aufgabe nicht zugedacht werden. Einige Staaten haben sich unter dem Einfluß vornehmlich wirtschaftsrechtlicher Entwicklungen bereits veranlaßt gesehen, den Geltungsbereich ihrer Gesetze auf außerhalb ihres Staatsgebiets liegende Sachverhalte auszudehnen[119]. Beispielhaft steht für das Zivilprozeßrecht die Auffassung des *U.S.-Supreme Court*,

---

[117] Aus dem Blickwinkel des internationalen Zuständigkeitsrechts *Flessner*, Interessenjurisprudenz, S. 82; *Heldrich* (Fn. 114), S. 102 ff.

[118] *Geimer*², IZPR, Rdz. 333; *Schack*, IZVR, Rdz. 44.

[119] Zur U.S.-amerikanischen Entwicklung *Born / Hausmaninger*, IPRax 1992, S. 192 (194); außerdem *Schnyder*, Wirtschaftskollisionsrecht, S. 39 f.

den *pre-trial-discovery*-Bestimmungen der *Fed.R.Civ.P. 26 ff.* einen extraterritorialen Anwendungsbereich zuzuerkennen[120]. Die deutsche Wissenschaft und Praxis bemühen sich dagegen, mit ausländischen Sachverhalten in Verbindung stehende Verfahrensakte auf das eigene Hoheitsgebiet zu begrenzen, indem ihnen jede unmittelbare Wirkung für das Ausland abgesprochen wird[121]. Auch gegenüber ausländischen Aufforderungen und Geboten auf ausländischer prozessualer Grundlage wird der Vorwurf der Souveränitätsverletzung nicht erhoben[122], weil sich die hoheitsrelevanten ausländischen Verfahrensakte im Ausland vollziehen, so daß keine Berührungspunkte mit einem deutschen Souveränitätsvorbehalt bestehen[123]. Für die Maßgeblichkeit der lex-fori-Regel ist die Einordnung der Prozeßrechtssätze als öffentlich-rechtlich demnach ohne eigenen Aussagewert[124].

Auch die Begründungsversuche mit Hilfe des geltenden deutschen Verfahrensrechts können nicht abschließend überzeugen. Die zitierten Vorschriften des multilateralen Rechtshilferechts können das Prinzip noch am ehesten rechtfertigen. Hingegen ist das an der privatautonomen Verweisungsbefugnis im Schiedsverfahrensrecht angelehnte Argument wenig stichhaltig. Ihm fehlt die Unverbrüchlichkeit, auf dem der Umkehrschluß aufbauen muß. Die Argumentation mit Hilfe der §§ 55, 369 ZPO schließlich leidet unter den verschiedenen Interpretationsmöglichkeiten der Vorschriften. Sie können sowohl für als auch gegen die Maßgeblichkeit der lex fori sprechen. Auch die Begründung mittels der verfahrensrechtlichen Vorbehaltsklausel ist nicht überzeugend. Als Anerkennungshindernis verhilft sie besonderen Ordnungsvorstellungen im Verfahrensrecht zu Beachtung. Eingedenk ihres im Vergleich zum internationalprivatrechtlichen ordre public (Art. 6 EGBGB) nur fragmentarischen Charakters im

---

[120] Société Internationale pour Participations Industrielles et Commerciales S.A. v. Rogers, 357 U.S. 197 (1958); Société Nationale Industrielle Aérospatiale v. U.S. District Court, 482 U.S. 522 (1987).

[121] Vgl. oben § 3, II. 2.

[122] Zurückhaltend auch *Stürner / Stiefel*, VersR 1987, 829 (831 f.); *Schütze*, FS Stiefel, S. 697 (702).

[123] In dieser Hinsicht wurde die englische Entscheidung in der Rechtssache *Derby v. Weldon (no. 6)*, [1990] 1 W.L.R. 1139 kritisiert; vgl. *Dohmann-Briggs*, in: Schlosser, Materielles Recht und Prozeßrecht, S. 157 (160). Danach kann ein Antragsgegner im Rahmen einer *Mareva Injunction* verpflichtet werden, seine Vermögenswerte in ein Land zu verbringen, in dem die Vollstreckung des gegen ihn ergangenen Urteils unter erleichterten Bedingungen erfolgen kann. Er wird damit aufgefordert, sich unter Umständen einer fremden Gerichtsbarkeit zu unterwerfen; die Entscheidung ist jedoch in personam ergangen und deshalb unter Souveränitätsgesichtspunkten nicht bedenklich.

[124] *Stein-Jonas-Schumann*[20], ZPO, Einl. Rdz. 95.

Verfahrensrecht geht ein universeller Vorbehalt gegenüber ausländischem Verfahrensrecht damit jedoch nicht einher.

Hinter den Praktikabilitäts- und Zweckmäßigkeitsgründen stehen Gedanken der Rechtssicherheit und der Prozeßökonomie. Unbestreitbar trägt es zur Rechtssicherheit und Verfahrensbeschleunigung bei, dem Gericht die rechtlichen Instrumente zum Betreiben des Verfahrens an die Hand zu geben, ohne es auf eine langwierige Ermittlung ausländischen Verfahrensrechts zu verweisen. Die Prozeßparteien und das Gericht ausschließlich aus diesen Gründen an ein bestimmtes Verfahrensrecht zu binden, ist aber aufgrund der Vielfalt der auslandsbezogenen Sachverhalte eine zu pauschale Antwort. Schon eher können schutzwürdige Interessen der Parteien oder des Gerichts an der Anwendung der lex fori vorhanden sein, die freilich jeweils im Einzelfall festgestellt werden müßten.

3. Kapitel

Methodische Grundlagen des lex-fori-Prinzips

Das lex-fori-Prinzip ist in seiner Wirkkraft und Geltung derart umfassend, daß es unter dem Blickwinkel einiger ausgewählter Bereiche des deutschen Verfahrensrechts kaum erschöpfend behandelt werden kann. Um so bedeutsamer ist es, den eigentlichen Sinngehalt des für die zivilgerichtliche Praxis wichtigen Rechtsprinzips aufzudecken. Der Grundsatz der lex fori ist – in den Kategorien des Kollisionsrechts gedacht – eine gewohnheitsrechtlich anerkannte[1], ungeschriebene einseitige Verweisungsnorm, die jeweils das Verfahrensrecht des Gerichtsstaates für maßgeblich erklärt[2].

Dieser Ausgangspunkt rückt das Prinzip in die Nähe der Kollisionsnormen des internationalen Privatrechts. Ähnlich wie dieses Rechtsgebiet das auf einen Auslandssachverhalt anwendbare materielle Recht bezeichnet, trifft das lex-fori-Prinzip eine Rechtsanwendungsentscheidung für das eigene Verfahrensrecht. Damit ist jedoch die im internationalen Prozeßrecht bereits anzutreffende Vielfalt nicht einmal annähernd beschrieben[3]. Das Prinzip bildet tatsächlich nur den Ausgangspunkt einer sich fortlaufend verfeinernden Systematik. Das deutsche internationale Zivilprozeßrecht kennt ebenso wie das autonome Prozeßrecht keine eigenständige Methode[4]. Die Auslegung der Prozeßrechtssätze muß deshalb in Anlehnung an die allgemeine Methodenlehre der Rechtswissenschaft vorgenommen werden. Die kollisionsrechtliche Anknüpfung des Verfahrensrechts an das von der lex fori bestimmte Prozeßstatut könnte außerdem dazu veranlassen, einzelne Elemente des internationalen Privatrechts auch im internationalen Prozeßrecht nutzbringend anzuwenden.

Bevor die Untersuchung auf die verfahrensrechtlichen Einzelheiten eingeht, müssen die beiden Grundstrukturen erläutert werden, auf denen das verfahrens-

---

[1] Siehe dazu oben für den deutschsprachigen Rechtsraum § 2.

[2] *Basedow*, in: Schlosser, Materielles Recht und Prozeßrecht, S. 131 (144); Heldrich, Int. Zuständigkeit, S. 18; *Roth, H.*, FS Stree / Wessels, S. 1045 (1046).

[3] *Roth, H.* (Fn. 2), S. 1046.

[4] *Stein-Jonas-Schumann*[20], ZPO, Einl. Rdz. 46.

rechtliche lex-fori-Prinzip aufbaut. Es ist im deutschen Recht eng mit dem Trennungsdenken und der aus dem internationalen Privatrecht entlehnten Qualifikationsmethode verknüpft. Die mit der Historischen Rechtsschule beginnende Abkehr vom aktionenrechtlichen Denken bereitete den Weg für die generelle Scheidung von Privatrecht und Prozeßrecht[5]. Die Qualifikation stellt seit ihrer Entdeckung im Jahre 1891[6] eine besondere Methode bereit, Gesetzeskollisionen im internationalen Privatrecht zu beheben.

§ 6 Das Trennungsdenken

Die Trennung von materiellem Recht und Prozeßrecht ist eine Errungenschaft der deutschen Prozeßrechtswissenschaft in der 2. Hälfte des vorigen Jahrhunderts. Das römische Recht war noch von der Einheit zwischen dem Anspruch und dem Klagerecht der *actio* bestimmt, die in einer feststehenden Spruchformel und einem nach römischem Recht typisierten Klagerecht bestand, mit dem der Kläger vor Gericht das Verfahren einleitete und den weiteren Verfahrensverlauf vorgab. Bereits im Recht des Mittelalters gab es erste Anzeichen, das materielle Recht von der *actio* abzulösen und so allmählich ein neues Ordnungsgefüge im System der aktionenrechtlichen Klagemöglichkeiten zu schaffen. Anhand der Frage, ob eine Rechtsordnung auch für Orts- und Landesfremde gelte, wurde zwischen der Prozeßführung (*ad litem ordinandam*) und der Prozeßentscheidung (*ad litem decidendam*) unterschieden[7]. Für die *ordinatoria litis*, also den Vorschriften, die der ordnungsgemäßen Einleitung des Rechtsstreits und damit insbesondere der Gerichtsstandsbestimmung dienten, galt das Prozeßrecht desjenigen Staates, in welchem der Prozeß stattfand, demnach die lex fori. Der Inhalt der Privatrechte, von denen die Entscheidung des Rechtsstreits, die *decisioria litis* abhing, wurde dagegen nach der Statutenlehre bestimmt[8], die es sich zur Aufgabe gemacht hatte, anwendbare Rechtsordnungen mit Hilfe einer kollisionsrechtlichen Methode voneinander abzugrenzen[9].

---

[5] Vgl. sogleich § 6.

[6] *Kahn*, JherJb 30 (1891), S. 107 ff.; *Kropholler*², IPR, S. 97; *Weber*, Die Theorie der Qualifikation, S. 24 ff.; *MünchKomm-Sonnenberger*², EGBGB, Einl. Rdz. 340.

[7] *Meili*, IZPR, S. 10 ff.; *Riezler*, IZPR, S. 65 f.

Das Hochmittelalter blieb jedoch im Grundsatz beim aktionenrechtlichen Denken[10]. Das Verständnis des französischen Gelehrten *Placentin* aus dem 12. Jahrhundert, das die römischrechtliche *actio* in Abgenzung zur *petitio* auf ihren mit der *obligatio* identischen materiellrechtlichen Gehalt reduzierte, deutete zwar eine Trennung von materiellem Recht und Prozeßrecht an, sollte aber zunächst nur eine singuläre Randerscheinung bleiben[11]. Die in der *actio* des römischen Rechts verkörperten Spruchformeln waren ihrer ursprünglichen Funktion der klageweisen Rechtsdurchsetzung beraubt, als die Gerichte annahmen, der Kläger wolle unabhängig von der Bezeichnung seiner Klage immer die ihm günstigste Klageform geltend machen[12]. Das veranlaßte die Historische Rechtsschule unter v. Savigny, der die *actio* weiterhin als Kernstück des zivilistischen Rechtssystems betrachtete[13], ein materiellrechtliches Aktionenrecht zu schaffen.

v. Savigny ging noch von der systematischen und seiner Meinung nach auch methodisch richtigen Einheit von Privatrecht und Prozeßrecht aus, weil im Zivilprozeß nur um die materielle Befugnis, die Beseitigung einer Rechtsverletzung verlangen zu können, gestritten werde[14]. Demnach ist das Klagerecht v. Savignys als subjektives Privatrecht zu begreifen, dessen Mißachtung nur mit Hilfe des Prozeßrechts zu beheben sei[15]. Diese Befugnis bezeichnete er als Klagerecht im materiellen Sinn[16], womit er den Aktionenbegriff bereits um ei-

---

[8] Die *ordinatio litis* bezeichnet in den Digesten die Anordnung oder Einleitung eines Rechtsstreits, die *decisio litis* kann von *decernere* in der Wortbedeutung von entscheiden oder beschließen abgeleitet werden, weitere Hinweise bei *Heumann / Seckel*[10], Handlexikon jeweils unter den Stichworten; *Riezler*, IZPR, S. 65 f.; *v. Bar, L.*[2], Theorie und Praxis des IPR, Bd. 1, S. 30 ff., krit. S. 47; zur Überwindung der Statutenlehre siehe *Kegel*[6], IPR, S. 107 ff.; *Keller / Siehr*, IPR, S. 25 f.

[9] *v. Bar, C.*, IPR I, S. 18, 380 ff.

[10] *Kaufmann*, JZ 1964, S. 482 (485 f., insbes. 487).

[11] *Kaufmann*, JZ 1964, S. 482 (485).

[12] *Kaufmann*, JZ 1964, S. 482 (487 f.).

[13] *v. Savigny*, System des heutigen Römischen Rechts, Bd. V., S. 5 f.

[14] *v. Savigny* (Fn. 13), Bd. V, S. 6, 281 f.

[15] Zu der Kontroverse, ob *v. Savigny* eher der Erhaltung des Aktionenrechts zuneigte oder der entscheidende Wegbereiter des Trennungsdenkens war, *Kaufmann* JZ 1964, S. 482 (488) u. *Nörr*, FS Tübinger Juristenfakultät, S. 73 (80 ff.); unter dem Blickwinkel der Einrede vgl. *Roth, H.*, Die Einrede des Bürgerlichen Rechts, S. 22.

[16] *v. Savigny* (Fn. 13), S. 5 f.

ne materiellrechtliche Funktion erweiterte. Die Eigenständigkeit von materiellem Recht und Prozeßrecht begründete aber Windscheid[17]. Sein Verdienst ist die Herausbildung des Anspruchsbegriffs, der eine Folge der Unterscheidung von materiellem Recht und Prozeßrecht ist.

Indem Windscheid den Anspruch als ein materiellrechtliches Gebilde auffaßte, legte er die Grundlage für die Beseitigung der römischen *actio*. Als einflußreiches Mitglied der ersten Kommission zur Beratung des BGB[18] konnte er sein Anspruchskonzept in Gesetzesform gießen und damit für das deutsche Recht eine Trennung des Prozeßrechts vom Privatrecht vollziehen. Es war gleichzeitig der Beginn einer eigenständigen Prozeßrechtswissenschaft. Sie erkannte, daß das Privatrecht ein Klagerecht als solches nicht mehr zur Verfügung stellte und versuchte dem durch öffentlich-rechtliches Gedankengut zu begegnen[19].

Die Trennung von Verfahrensrecht und materiellem Recht hat für das autonome deutsche Recht bis heute Gültigkeit behalten. Es haben sich aber auch Stimmen zu Wort gemeldet, die eine Rückbesinnung des Prozeßrechts auf das materielle Recht zum Gegenstand ihrer Forschungen gemacht haben[20]. Trotz des Trennungsdenkens kann es erforderlich sein, einige verfahrensrechtliche Normen von ihrer Privatrechtsbezogenheit her zu bestimmen[21]. Bisweilen gibt es Beziehungen und Sinnzusammenhänge zwischen materiellem Recht und Prozeßrecht, die einer Trennung widerstreben[22]. Hinzu kommt, daß bei der Auslegung einer Norm nach ihrem Zweck eine interessengerechte und wertungsjuristische Entscheidung verlangt wird, die auf die formale Zuordnung nicht unbedingt Rücksicht nehmen muß[23].

---

[17] *Windscheid*, Die actio des römischen Zivilrechts, S. 7 f., 15 ff.; zu der Kontroverse, ob vor der *actio* als materiellem Klagerecht ein formelles Klagerecht vorhanden sein mußte, *Muther*, Zur Lehre von der römischen actio, S. 40 ff.; Replik *Windscheid*, Die actio, S. 23 f., 26, 29; *Geimer*[2], IZPR, Rdz. 343; zu den Auswirkungen auf das Recht der Einrede, *Roth, H.* (Fn. 15), S. 24.

[18] *Schubert*, Materialien, S. 86.

[19] *Goldschmidt*[2], Zivilprozeßrecht, S. 53; *ders.*, Der Prozeß als Rechtslage, S. 261; *Hellwig*, Anspruch und Klagrecht, S. 148 f.; *Wach*, Der Feststellungsanspruch, S. 15 f., 32; dazu *Jauernig*[24], ZPR, S. 130 f.; zu den Folgen für das Recht der Einrede *Roth, H.* (Fn. 15), S. 293 f.

[20] *Bucher*, AcP 186 (1986), S. 1 (10 f., 18 ff.); *Henckel*, Prozeßrecht und materielles Recht, S. 26 f.; *Zöllner*, AcP 190 (1990), S. 471 (476 ff.).

[21] *Henckel* (Fn. 20), S. 252 ff., 355 ff.; *Zöllner*, AcP 190 (1990), S. 471 (474).

[22] *Zöllner*, AcP 190 (1990), S. 471.

[23] *Meier, I.*, in: Schlosser, Materielles Recht und Prozeßrecht, S. 1 (41); *Stein-Jonas-Schumann*[20], ZPO, Einl. Rdz. 51.

Insgesamt spricht im autonomen Zivil- und Verfahrensrecht die Einzelfallgerechtigkeit für den Wert der Ausdifferenzierung. Das Prozeßrecht selbst verfolgt teilweise Schutzanliegen, die nicht den Kern des Verfahrensrechts berühren, sondern vielmehr auf das materielle Recht einwirken. Die Freistellung des Arbeitseinkommens des Vollstreckungsschuldners bis zur Pfändungsgrenze (§ 850 c ZPO), die beschränkte Erbenhaftung (§§ 780, 781 ZPO) sowie die generelle Unpfändbarkeit lebenserhaltender und -notwendiger Gegenstände (§ 811 ZPO) sind nur einige Beispiele für die Einwirkung des Prozeßrechts auf das materielle Recht. Sie nehmen die Prozeßpartei oder den Vollstreckungsschuldner vor der vollen Härte des materiellen Rechts, das grundsätzlich das Bestehen des Anspruchs und nicht die Leistungsfähigkeit[24] des Schuldners bewertet, in Schutz.

Im internationalen Zivilverfahrensrecht wirkt sich das Trennungsdenken zudem unmittelbar praktisch aus, weil es ein Erfordernis der Rechtsanwendung bildet[25]. Prozessuale Vorschriften werden grundsätzlich nach der lex fori behandelt, materielle Vorschriften können nur angewendet werden, wenn sie aufgrund kollisionsrechtlicher Verweisung als maßgebliches Sachstatut berufen sind. In aller Regel werden bei Anwendung der ausländischen lex causae die ausländischen Verfahrensnormen grundsätzlich zugunsten der eigenen lex fori verdrängt. Die Zuordnung einer Vorschrift zum Privat- oder Prozeßrecht beinhaltet demnach eine Vorentscheidung über das anwendbare Recht und damit unter Umständen auch über den Prozeßausgang.

Die eigentliche Schwierigkeit der Rechtsanwendung im internationalen Verfahrensrecht besteht darin, daß die Nahtstellen zwischen materiellem und prozessualem Recht nicht ohne weiteres offenliegen. Vorschriften, die das Prozeßrecht mit dem materiellen Recht verzahnen, finden sich bei den prozessualen Gestaltungsklagen (§§ 323, 767, 771 ZPO). Auch das Parteiverhalten stellt zuweilen besondere Anforderungen. Wenn eine Prorogationsvereinbarung (§§ 38 ff. ZPO) mit einem schuldrechtlichen Vertrag verbunden wird, der einem ausländischen Sachrecht unterliegt, oder die Prozeßparteien einen Vergleich mit prozeßbeendender Wirkung schließen, dann sind sowohl das Prozeßrecht als auch das materielle Recht davon berührt. Davon sind wiederum Fälle zu unterscheiden, bei denen Tatbestandsmerkmale verfahrensrechtlicher Normen eventuell durch ausländisches materielles Recht bestimmt werden. Denkbar ist

---

[24] Siehe aber die Ausnahmen im Unterhaltsrecht, *Palandt-Heinrichs*[54], BGB, § 1603 Rdz. 2.

[25] *Roth, H.* (Fn. 2), S. 1045 f.; *Stalev*, Der Fremde im Prozeß, S. 54; *Stein-Jonas-Schumann*[20], ZPO, Einl. Rdz. 28.

auch, daß materielle Normen durch verfahrensgebundene Auslandstatsachen[26], etwa durch eine ausländische Verjährung und die Streitverkündung nach ausländischem Recht ausgestaltet werden. Schließlich ist die Abgrenzung zwischen Privatrecht und Prozeßrecht nicht unbedingt zwingend für die Anwendung der lex fori oder der lex causae, wenn Rechtsinstitute im internationalen Zivilverfahrensrecht mehr von ihrer Funktion her verstanden werden. Die Anleihe am Trennungsmodell bedarf für das internationale Zivilprozeßrecht deshalb der Präzisierung.

I. Die „Primärqualifikation"[27]

Der deutsche Zivilrichter, der in einem Fall mit Auslandsberührung auf verfahrensrechtliche Probleme stößt, muß sich der Frage annehmen, nach welcher Rechtsordnung und unter Zuhilfenahme welcher Mittel er die Grenze zwischen Prozeßrecht und materiellem Recht ziehen will[28]. Magdalene Schoch hat als erste erkannt, daß die bis in die Mitte der dreißiger Jahre lebhafte Diskussion, nach welcher Rechtsordnung die Qualifikation für die Bedürfnisse des internationalen Privatrechts vorzunehmen sei, sich auch bei der Abgrenzung des Privatrechts vom Prozeßrecht stellt[29]. Vorhergegangen waren Arbeiten von M. Schochs Lehrer Mendelssohn-Bartholdy und von Neuner[30], die beide jedoch nicht den Schritt von der Abgrenzungsfrage zu einer eigenständigen Qualifikationsaufgabe vollzogen. Anhand rechtsvergleichender Untersuchungen kommt die Autorin zu dem Ergebnis, daß dem Richter nur seine heimische Rechtsordnung als lex fori zur Verfügung stehe, um vorurteilsfrei zu entscheiden, welcher Normkategorie eine Frage zugerechnet werden müsse[31]. Damit werden Ansätze für die Einordnung der Rechtsbegriffe verworfen, die die Maßgeblichkeit der

---

[26] *Ferid*, GRUR Int. 1973, S. 472 (477); *Kudlich*, Die privatrechtlichen Nebenwirkungen, S. 68 f.

[27] Zur Begrifflichkeit wie hier *Schoch, M.*, Klagbarkeit, Prozeßanspruch und Beweis im Licht des internationalen Rechts, S. 155 f.; *Kropholler*², IPR, S. 98; krit. *Weber* (Fn. 6), S. 143.

[28] *v. Bar, C.*, IPR I, S. 319; *MünchKomm-Sonnenberger*², EGBGB, Einl. Rdz. 297; *Roth, H.* (Fn. 2), S. 1050 f.

[29] *Schoch, M.* (Fn. 27), S. 52 f.

[30] *Mendelssohn-Bartholdy*, RheinZ 12 (1923), S. 448 (457), RheinZ 1 (1909), S. 177 (181 ff.); *Neuner*, Privatrecht und Prozeßrecht, S. 2 f.

[31] *Schoch* (Fn. 27), S. 155.

lex causae[32] oder eine rechtsvergleichende[33] bzw. autonome[34] Methode bevorzugen.

Die gegen die lex-fori-Lösung erhobene Kritik, Systemvorstellungen der ausländischen lex causae nicht zu berücksichtigen und auf diese Weise die Interessen der Beteiligten zu mißachten[35], kann nicht überzeugen. Das mit einem Auslandssachverhalt befaßte Zivilgericht muß nämlich logisch vorrangig entscheiden, ob die zu beurteilende Frage dem Prozeßrecht oder dem Privatrecht zugerechnet wird, bevor es Regeln des internationalen Privat- oder Verfahrensrechts oder in Ermangelung von Kollisionsnormen schlicht Sachnormen anwendet[36].

1. Beispiel: Ausländische Gestaltungsklagerechte

Ein Beispiel für die Bedeutung der Primärqualifikation läßt sich anhand des französischen Zivilrechts bilden[37]. Die Vertragsauflösung bei verschuldeter Nichterfüllung kann nach Art. 1184 Abs. 3 code civil nur gerichtlich durchgesetzt werden[38]. Die französische Rechtspraxis verhalf aber auch einer materiellrechtlichen Auflösung des Vertragsverhältnisses zur Anerkennung. Im Recht der Dauerschuldverhältnisse sahen sich die französischen Gerichte genötigt, bei offenbaren Verstößen gegen Treu und Glauben und bei augenfälligen Störungen des Synallagmas eine Vertragsauflösung durch einseitige materielle Erklärung zuzulassen[39], obwohl dies im Gegensatz zum Wortlaut des Art. 1184 Abs. 3 code civil steht. Der französische Zivilrichter kann bei teilweiser Nichterfüllung des Vertrages außerdem nach freiem nicht revisiblem Ermessen entscheiden, ob

---

[32] *Wolff*[3], IPR, S. 54; dagegen *v. Bar, C.*, IPR I, S. 501 f.; *Süß*, in Anm. zu RG JW 1937, 1974 (1976).

[33] *Rabel*, RabelsZ 5 (1931), S. 241 (282); *Zweigert*, Die dritte Schule im IPR, FS Raape, S. 42 ff.; *Dölle*, RabelsZ 16 (1951), S. 361 (369).

[34] *Kegel*[6], IPR, S. 210 ff.; *Radtke*, Der Grundsatz der lex fori, S. 45.

[35] *Radtke* (Fn. 34), S. 44.

[36] Diese logische Vorrangigkeit betonen *v. Bar, C.*, IPR I, S. 319; *Roth, H.* (Fn. 2), S. 1050; *Schoch, M.* (Fn. 27), S. 155 f.

[37] Eine Aufzählung prozessualer Regeln des code civil bei *Riezler*, IZPR, S. 105.

[38] Art. 1184 Abs. 3 code civil bestimmt: „La résolution doit être demandée en justice, et il peut être accordé au défendeur un délai selon les circonstances."

[39] *Cassin*, Rev.trim.dr.civ. 1945, S. 159 (177 f.); *Storck*, Contrats et obligations in: Jur. Class., Code civil, Fasc. 49-1 (Art. 1184), S. 26 f. (unter: exception: résolution unilaterale).

er die Vertragsauflösung unter Berücksichtigung aller Umstände nach dem Parteiwillen für angemessen hält[40].

Nach ihrem Rechtsschutzziel, nämlich der Umgestaltung der materiellen Rechtslage durch Richterspruch, handelt es sich bei der französischen Auflösungsklage um ein Beispiel einer engen Verschränkung materieller und prozessualer Elemente. Das mittels Klage geltend gemachte subjektive Recht auf Gestaltung sowie die Möglichkeit einseitiger Vertragsauflösung gehören dem materiellen Recht an. Prozessualen Charakter besitzt demgegenüber die Durchführung des Verfahrens zur Durchsetzung dieses subjektiven Rechts sowie die Rechtsgestaltung als Rechtsfolge der Auflösungsklage[41]. Auch die Inanspruchnahme des Gerichts zur Auflösung des Vertrages und das richterliche Ermessen deuten auf ein prozessuales Verständnis des Instituts hin. Mit der Übernahme der fremden Zuordnung je nach Fallgestaltung wäre aber nichts gewonnen.

Angenommen, der deutsche Zivilrichter hätte aufgrund eines Rechtsanwendungsbefehls seines internationalen Privatrechts als Schuldstatut das französische Zivilrecht anzuwenden, dann müßte er die gerichtliche Auflösung des Vertrages verweigern, weil sie nach seinem Verständnis als prozessual zu qualifizieren ist. Gehörte die Auflösungsklage dagegen überwiegend zum materiellen Recht, dann könnte er sie kraft der internationalprivatrechtlichen Verweisung berücksichtigen[42]. Um dem französischen Kläger die Durchsetzung seiner subjektiven Rechte auch im Inland zu ermöglichen, muß der Verweisungsinhalt der deutschen internationalprivatrechtlichen Kollisionsnorm deshalb grundsätzlich auch Sachnormen mit prozessualen Elementen umfassen, wenn es um die Frage der Einordnung von Gestaltungsrechten oder diesen entsprechenden Klagerechten geht[43]. Eine andere hier nicht zu vertiefende Frage ist, welche Korrekturen durch die Institute der Rück- und Weiterverweisung eintreten können[44].

---

[40] *Cassin*, Rev.trim.dr.civ. 1945, S. 159 (178); *Landfermann*, Auflösungsklage, S. 53 f.; *Storck* (Fn. 39), S. 28.

[41] *Cassin*, Rev.trim.dr.civ. 1945, S. 159 (178).

[42] Typischer Fall des Normenmangels: Das fremde Recht kennt eine Auflösungsklage, das heimische nicht. Insofern ist dieses Problem identisch mit dem berühmten Wechselfall, der die Qualifikation der Verjährung nach dem Recht des U.S.-Bundesstaates Tennessee betraf. RGZ 7, 21 (23 f.); den Fehler der Doppelqualifikation aufdeckend *v. Bar, C.*, IPR I, S. 502 f.; *Kegel*[6], IPR, S. 211; *Linke*, IZPR, Rdz. 50 f.; *Schack*, IZPR, Rdz. 521 f.; *MünchKomm-Martiny*[2], EGBGB, Art. 32 Rdz. 45; *Zöller-Geimer*[18], ZPO, IZPR Rdz. 14.

Im Ergebnis besteht deshalb Einigkeit, daß jeweils die eigene Rechtsordnung über die Zuordnung zum materiellen Recht oder zum Prozeßrecht entscheidet[45]. Der Typus einer Vorschrift im ausländischen Recht kann nicht Maßstab für die gerechte Urteilsfindung sein. Sieht das deutsche Zivilrecht also nur ein materiellrechtliches gesetzliches Rücktrittsrecht bei Unmöglichkeit und Verzug im gegenseitigen Vertrag (§§ 325, 326 BGB) vor, dann muß die wohl überwiegend verfahrensrechtliche französische Regelung ebenfalls als eine materiellrechtliche qualifiziert werden. Das damit angesprochene Interesse am inneren Entscheidungseinklang, bei dem es darum geht, ein Recht möglichst geschlossen anzuwenden, kann durch eine weite Auslegung der internationalprivatrechtlichen Kollisionsnormen erreicht werden. Die funktionale Auslegung der Normgruppenbegriffe des deutschen internationalen Privatrechts ermöglicht es, auch ausländische Verfahrensregeln ohne Rücksicht auf das deutsche Trennungsdenken zu erfassen und eine sachgerechte Subsumtion anzuschließen[46]. Der sachrechtliche Gehalt der ausländischen Verfahrensnorm, sich aus einem Schuldverhältnis aus Anlaß schuldhafter Nichterfüllung durch Gestaltungsklage lösen zu können, bleibt somit auch im deutschen Recht nicht unbeachtet[47].

---

[43] *Geimer*[2], IZPR, Rdz. 1987; *MünchKomm-Sonnenberger*[2], EGBGB, Einl. Rdz. 297 f., 362 f.; weitere Einzelfälle bei *Linke*, IZPR, Rdz. 40; *Zöller-Geimer*[18], ZPO, IZPR Rdz. 12 ff. m.w.N.

[44] Das gilt insbesondere bei einer versteckten Rückverweisung, bei der die zunächst berufene ausländische Rechtsordnung ihre Kollisionsnorm in eine Zuständigkeitsregel kleidet, wie das beim Begriff der *jurisdiction* im anglo-amerikanischen Recht der Fall ist. *Heldrich* (Fn. 2), S. 158; *Kropholler*[2], IPR, S. 147 f.; *Palandt-Heldrich*[54], EGBGB, Art. 4 Rdz. 2; krit. *Schwimann*, FS Bosch, S. 909 (912 f.); für die Prozeßaufrechung wird teilweise eine hypothetische Rückverweisung angenommen, *Habscheid*, FS Neumayer, S. 263 (268); dagegen *MünchKomm-Martiny*[2], EGBGB, Art. 32 Rdz. 38.

[45] Heute herrschende Meinung: *Geimer*[2], IZPR, Rdz. 314; *Kropholler*[2], IPR, S. 105; *Linke*, IZPR, Rdz. 49; *MünchKomm-Sonnenberger*[2], EGBGB, Einl. Rdz. 297; *Niederländer*, RabelsZ 20 (1955), S. 1 (18, Fn. 67); *Riezler*, IZPR, S. 104; *Roth, H.* (Fn. 2), S. 1051; *Schack*, IZVR, Rdz. 47; *Stein-Jonas-Schumann*[20], ZPO, Einl. Rdz. 737; *Zöller-Geimer*[18], ZPO, IZPR Rdz. 2.

[46] *MünchKomm-Sonnenberger*[2], EGBGB, Einl. Rdz. 362; *Stein-Jonas-Schumann*[20], ZPO, Einl. Rdz. 737.

[47] Ein weiteres Beispiel: Bei Maßgeblichkeit der anglo-amerikanischen Rechtsordnung wird die Aufrechnung und die Verjährung ohne Rücksicht auf die Qualifikation des Rechtsinstituts im fremden Recht einheitlich dem Schuldstatut unterworfen. Das ist für das deutsche Recht durch den in Ausführung des Art. 10 EVÜ ergangenen Art. 32 Abs. 1 Nr. 4 EGBGB seither auch normativ entschieden; *Habscheid* (Fn. 44), S. 264; *MünchKomm-Martiny*[2], IPR, Art. 32 Rdz. 1, 38.

2. *Die Zuordnungskriterien*

Die vorhergehenden Ausführungen haben ergeben, daß die eigene Rechtsordnung über die Zuordnung von Vorschriften zum Privat- oder Prozeßrecht entscheidet. Sie lassen die Frage unbeantwortet, nach welchen Kriterien die Unterscheidung vorgenommen werden soll. Im deutschen Recht besteht wegen der dem Trennungsdenken zugemessenen Bedeutung seit jeher ein starkes Bemühen, handliche Abgrenzungskriterien zu entwickeln[48]. Der Standort einer Vorschrift im Bürgerlichen Gesetzbuch oder in der Zivilprozeßordnung freilich ist ein unsicheres Zuordnungsmerkmal[49]. So kann etwa eine Vorschrift wie § 1564 S. 1 BGB, die eine Ehescheidung nur durch Urteil zuläßt, also zum überwiegenden Teil prozessuale Funktionen erfüllt, nicht immer nach dem Anschein ihrer äußeren Stellung dem materiellen Recht unterworfen werden[50].

Die für das autonome Recht diskutierten Merkmale der Unterscheidung zwischen Privat- und Prozeßrecht sind sehr vielfältig. Henckel sieht etwa ein Charakteristikum der Unterscheidung darin, daß der Prozeß die Rechtsausübung gestatte, ihr aber gleichzeitig Grenzen setze, die in ihren Wirkungen den materiellrechtlichen Schranken der Rechtsausübung vergleichbar seien[51]. Böhmer erblickt im materiellen Recht die Erkenntnis-, Anwendungs- und Wertungsquelle der amtlichen Justiztätigkeit, während die Verfahrensordnung nur ein Verhaltensmuster gewähre, nach dem die richterliche Tätigkeit vonstatten gehe[52]. Weitgehende Einigkeit besteht heute darüber, daß das Prozeßrecht in erster Linie eine dienende Funktion besitze, um die materiellrechtlichen Geltungsanordnungen zu verwirklichen[53].

---

[48] Vgl. etwa: *Böhmer*[4], Grundlagen, S. 95; *Grunsky*, Grundlagen, S. 7; *Henckel* (Fn. 20), S. 5 ff.

[49] *v. Bar, L.* (Fn. 8), Bd. 2, S. 364; für das Recht der Gerichtsstandsvereinbarung *Kropholler*, Hdb. IZVR, Bd. I, Kap. III, Rdz. 479; *Riezler*, S. 104; *Roth, H.* (Fn. 2), S. 1051; *Schoch* (Fn. 27), S. 54.

[50] Die Vorschrift besitzt zugleich einen materiellrechtlichen und verfahrensrechtlichen Inhalt, BGHZ 82, 34 (46 f.) m.w.N = BGH IPRax 1983, 37 (39); BayObLG IPRax 1982, 104 (105), dazu *Henrich*, IPRax 1982, S. 94 (95); OLG Koblenz IPRax 1988, 178; OLG Stuttgart, IPRax 1981, 213 (215); a.A. *Kegel*, IPRax 1983, S. 22 (23); *Stein-Jonas-Schlosser*[20], ZPO, vor § 606, Rdz. 16.

[51] *Henckel* (Fn. 20), S. 41 f.

[52] *Böhmer* (Fn. 48), S. 95.

[53] *Gaul*, AcP 168 (1968), S. 27 (46 f.); *Jauernig*, JuS 1971, S. 329 (331); *Neuner* (Fn. 30), S. 3; *Stein-Jonas-Schumann*[20], ZPO, Einl. Rdz. 4; *Zöllner*, AcP 190 (1990), S. 471 (476).

Die zahlreichen Abgrenzungsversuche für das autonome Recht[54], von denen hier nur zwei beispielhaft aufgeführt wurden, besitzen letztlich jedoch nur geringe Aussagekraft für das internationale Zivilverfahrensrecht[55]. Für die Frage, welcher Grad der Verzahnung zwischen materiellem Recht und Prozeßrecht vorliegen muß, um ausländisches Prozeßrecht als Annex des als Sachstatut berufenen ausländischen Rechts anzuwenden, enthalten sie wenig. Als eine der vordringlichsten Aufgaben hat es deshalb die Literatur angesehen, Kriterien herauszubilden, um der Zweiteilung der Normen in prozessuale und materiellrechtliche auch für die Bedürfnisse des internationalen Rechtsverkehrs gerecht zu werden. Gemeinsam ist allen Überlegungen, daß sie den Kernbereich des materiellen Rechts oder des Prozeßrechts zum Ausgangspunkt wählen, um für die Sonderbehandlung der Randbereiche, in denen das Verfahrensrecht mit dem materiellen Recht eng verzahnt ist, entsprechende Zuordnungsmerkmale zu entwickeln.

a) Weite Geltung der lex causae

Welche Gesichtspunkte die sachgerechte Anknüpfung materiellrechtlicher Verschränkungen des Verfahrensrechts vorgeben können, behandelt Niederländer auf der Grundlage von Beurteilungs- und Verhaltensnormen[56]. Kennzeichen der Beurteilungsnorm sei, daß sie den Streit zwischen den Parteien inhaltlich entscheide, während die Verhaltensnorm das Verfahren der gerichtlichen Entscheidungsfindung betreffe. Die Beurteilungsnorm, die den Maßstab für den Inhalt der richterlichen Entscheidung bilde, solle dem ausländischen Recht entnommen werden[57], die Verhaltensregel dagegen der lex fori[58]. Diese Unterscheidung eröffnet der lex causae einen weiten Anwendungsbereich, denn die Rechtsschutznormen können für den Ausgang eines Rechtsstreits ebenso streitentscheidend sein, wie die materiellen Beurteilungsnormen, die dem ausländi-

---

[54] *F. Baur*, FS Tübinger Juristenfakultät, S. 159 (161 f.); *Grunsky* (Fn. 48), S. 1 ff.; *Gaul*, AcP 168 (1968), S. 27 (28 ff., 55 ff.); *Jauernig*, JuS 1971, S. 329 ff.

[55] Wie hier für das schweizerische Recht: *Meier, I.*, in: Schlosser, Materielles Recht und Prozeßrecht, S. 1 (41); a.A. *Guldener*, IZPR, S. 8 f.; für den Ansatz von *Henckel, Radtke* (Fn. 34), S. 34.

[56] *Niederländer*, RabelsZ 20 (1955), S. 1 ff.

[57] *Niederländer*, RabelsZ 20 (1955), S. 1 (19); das erinnert an die Unterscheidung zwischen *decisoria litis* und *ordinatoria litis*, dazu oben § 6; ähnlich *Böhm*, FS Fasching, S. 107 (120 am Beispiel des Rechtsschutzbedürfnisses); *Geimer*², IZPR, Rdz. 326.

[58] *Niederländer*, RabelsZ 20 (1955), S. 1 (30).

schen Recht entnommen werden[59]. Niederländer gelangt deshalb folgerichtig zu dem Ergebnis, prozessuale Sachurteilsvoraussetzungen als umgewidmete materiellrechtliche Beurteilungsnormen kollisionsrechtlich anzuknüpfen. Das Rechtsschutzbedürfnis, das Feststellungsinteresse sowie die Zulässigkeit einer Widerklage seien nach der ausländischen lex causae zu beurteilen[60].

Auch Neuhaus spricht sich für die großzügige Anwendung ausländischen Prozeßrechts aus[61]. Als Ausgangspunkt wählt er den funktionellen Zusammenhang der Prozeßnorm mit dem materiellen Recht[62]. Die prozessualen Schadensersatzpflichten (§§ 89 Abs. 1 S. 3 a.E., 302 Abs. 4 S. 3, 717 Abs. 2, 641 g, 945 ZPO) seien originär an die Vornahme von Prozeßhandlungen geknüpft und deshalb dem Prozeßrecht zuzuschlagen. Andererseits seien die Regeln über die Partei- und Prozeßfähigkeit, die Prozeßführungsbefugnis, die Klagbarkeit eines Rechts, die Beweislast sowie der Umfang der Rechtskraft wegen ihrer funktionellen Verbundenheit als Zubehör des materiellen Rechts zu behandeln und damit der ausländischen lex causae zuzuweisen[63].

b) Sachrechtsbezogene Verfahrensregeln

Weitere Gesichtspunkte zur Abgrenzung des materiellen Rechts vom Prozeßrecht finden sich in der Diskussion um die Sachrechtsbezogenheit einiger Verfahrensnormen. H. Müller vertritt eine auf der richterlichen Entscheidungsfindung aufbauende Lösung[64]. Anhand von Scheidungsstreitigkeiten unterscheidet er zwischen abstrakten und sachrechtsverbundenen Regelungen, um feststellen zu können, inwieweit Verfahrensnormen aufgrund ihres funktionellen Zusammenhangs mit dem materiellen Recht der ausländischen lex causae unterfallen. Kennzeichen der sachrechtsverbundenen Regelung sei deren enge Verknüpfung mit dem materiellen Recht, die erfordere, beide internationalrechtlich gleichzubehandeln.

---

[59] *Niederländer*, RabelsZ 20 (1955), S. 1 (41 f.).

[60] *Niederländer*, RabelsZ 20 (1955), S. 1 (51).

[61] *Neuhaus*, RabelsZ 20 (1955), S. 201 (237 f.); *ders.*, *IPR*², S. 130.

[62] *Neuhaus*, RabelsZ 20 (1955), S. 201 (237).

[63] *Neuhaus*, RabelsZ 20 (1955), S. 201 (238 f.).

[64] *Müller, H.*, JbIntR 5 (1954), S. 239 (247 ff.).

Mit Blick auf das ausländische Recht soll das Gericht den Systemzusammenhang erforschen. Nur wenn sich im ausländischen Recht die gleiche Regelung finde, die die deutsche Verfahrensnorm voraussetze, könne auch die lex fori das ausländische Recht verwirklichen[65]. Dieser Normengruppe stellt er das prozeßrechtsverbundene Sachrecht gegenüber, das immer der lex fori unterfalle[66]. Bei H. Müller findet sich erstmals eine zweigeteilte Klassifizierung der gegenseitigen Verschränkung beider Normengruppen für das internationale Zivilverfahrensrecht nach ihrem materiellen oder prozessualen Verweisungsgehalt[67].

Auf dem von Neuhaus und H. Müller eingeschlagenen Weg einer Klassifizierung nimmt v. Craushaar am Beispiel internationaler Nachlaßstreitigkeiten eine Unterteilung in sachrechtsentsprechende, sachrechtsergänzende und technische Verfahrensnormen vor[68]. Die sachrechtsentsprechenden Prozeßnormen des deutschen Rechts seien nicht zu berücksichtigen, wenn einem Rechtsstreit ausländisches materielles Recht zugrundezulegen sei[69]. Zu diesen Vorschriften zählt v. Craushaar die Prozeßführungsbefugnis oder die Rechtskrafterstreckung, die notwendiges Zubehör eines materiellen Rechts sein sollen. Ebenso sei bei den sachrechtsergänzenden Verfahrensnormen vorzugehen, die im Kontext mit materiellrechtlichen Vorschriften den Typus einer privatrechtlichen Institution bestimmten[70]. Die technischen Verfahrensnormen, zu denen v. Craushaar beispielhaft die Unterbrechungsvorschriften (§§ 240, 241, 242 Abs. 3, 246 ZPO) zählt, verdankten ihre Entstehung prozeßökonomischen und sozialen Erwägungen sowie Gesichtspunkten prozessualer Zweckmäßigkeit[71].

Bei der Maßgeblichkeit des ausländischen Erbstatuts sollen die verdrängten sachrechtsentsprechenden und -ergänzenden Verfahrensnormen durch allgemeine Verfahrensgrundsätze des deutschen Prozeßrechts ersetzt werden, sofern nicht eine Anpassung der ausländischen Verfahrensnorm in Betracht komme[72]. Die technischen Verfahrensnormen, die der lex fori unterfielen, behielten dagegen ihre uneingeschränkte Geltung, weil sie auf spezifischen prozessualen Erwägungen beruhten, die im öffentlichrechtlichen Charakter des Prozeßrechts

---

[65] *Müller, H.*, JbIntR 5 (1954), S. 239 (251).

[66] *Müller, H.*, JbIntR 5 (1954), S. 239 (250).

[67] *Müller, H.*, JbIntR 5 (1954), S. 239 (247 ff.).

[68] *v. Craushaar*, Die internationalrechtliche Anwendbarkeit deutscher Prozeßnormen, S. 30 ff.

[69] *v. Craushaar* (Fn. 68), S. 44.

[70] *v. Craushaar* (Fn. 68), S. 46.

[71] *v. Craushaar* (Fn. 68), S. 61.

[72] *v. Craushaar* (Fn. 68), S. 44 f.

lägen. Ihre Anpassung wird aber auch nach Ansicht v. Craushaars, der sich hierin an H. Müller anlehnt, erforderlich, sofern der Systemzusammenhang eine ausländische Rechtsinstitution zutage fördere, die der technischen Norm entspreche[73].

Am weitesten reicht der Vorschlag von Grunsky. Seine These, daß es überhaupt nur sachrechtsbezogene Verfahrensnormen gebe, bei denen allenfalls über den Grad der Sachnähe gestritten werden könne, belegt er anhand einiger Beispiele des Zivilprozeßrechts[74]. Das Beweisrecht, die vorläufige Vollstreckung aus einem Vorbehaltsurteil nach § 302 ZPO, die dem ausländischen Sachstatut unbekannt sei, sowie die Interventionswirkung aufgrund einer Streitverkündung rechtfertigten es beispielsweise, im Interesse einer weitestgehenden Verwirklichung des ausländischen materiellen Rechts das jeweils dazugehörende ausländische Verfahrensrecht anzuwenden. Anderenfalls würden dem Beklagten etwa Beweisanforderungen nach der lex fori abverlangt, denen er nach der lex causae nicht nachkommen müßte; bei der Vorbehaltsverurteilung ginge ihm möglicherweise das materielle Aufrechnungsrecht verloren, obwohl diese Entscheidungsmöglichkeit nach dem Recht des ausländischen Aufrechnungsstatuts gar nicht bestehe. Freilich erkennt auch Grunsky, daß es Bereiche im Verfahrensrecht gibt, deren Regelungen mit dem materiellen Recht nur lose verknüpft sind. Seiner Meinung nach kann in diesen Fällen der Anwendungsbereich der lex fori mit Hilfe des Kriteriums der Zumutbarkeit bestimmt werden. Soweit es der ausländischen Partei möglich sei und ihr ein entsprechendes Verfahren zugemutet werden könne, müsse sie ihr Verhalten am deutschen Prozeßrecht ausrichten[75].

c) Die materiellrechtsfreundliche Qualifikation

Einen weiteren Gesichtspunkt zur Bewältigung der im Randbereich zwischen materiellem Recht und Verfahrensrecht auftretenden Auslegungskonflikte bietet die materiellrechtsfreundliche Qualifikation[76]. Danach sollen Qualifikationszweifel möglichst zugunsten des materiellen Rechts entschieden werden, um die

[73] *v. Craushaar* (Fn. 68), S. 65.

[74] *Grunsky*, ZZP 89 (1976), S. 241 (248 ff.).

[75] *Grunsky*, ZZP 89 (1976), S. 241 (258).

[76] *Geimer*², IZPR, Rdz. 313; *Grunsky*, ZZP 89 (1976), S. 241 (246 f.); *Niederländer*, RabelsZ 20 (1955), S. 1 (19); *Schütze*, DIZPR, S. 16.

Geltungsanordnungen des ausländischen Sachrechts weitgehend zu berücksichtigen[77]. Diese Methode ist bereits Gegenstand reichsgerichtlicher Entscheidungen gewesen[78]. So mußte das Reichsgericht etwa in einem das Wechselrecht des U.S.-Bundesstaates Tennessee betreffenden Falle entscheiden, ob es wegen des prozessualen Verständnisses der Verjährung im anglo-amerikanischen Recht der Unverjährbarkeit des Anspruchs, der substituierenden Anwendung deutscher Verjährungsvorschriften oder den ausländischen Prozeßnormen als nach deutscher Auffassung materiellrechtlichen Bestimmungen den Vorzug geben sollte[79]. Das Gericht sprach sich für die letzte Variante aus. Besitzt die ausländische prozessuale Vorschrift einen sachrechtlichen Inhalt, der dem der deutschen Vorschrift gleicht, dann konnte die ausländische Prozeßnorm in Abweichung vom lex-fori-Prinzip der Entscheidung zugrunde gelegt werden[80]. Seither ist diese Methode im Vordringen begriffen[81].

Eine Besonderheit der materiellrechtsfreundlichen Qualifikation besteht darin, daß sie das Trennungsdenken für die Bedürfnisse des internationalen Privat- und Verfahrensrechts überwindet[82]. Ist ein ausländisches Prozeßinstitut erst einmal auf der Grundlage der Wertmaßstäbe der eigenen Rechtsordnung als materiellrechtlich gedeutet, entziehen sich die ursprünglich prozessualen Fragen der Maßgeblichkeit der ausländischen lex fori processualis. Ausländische Verfahrensnormen werden mit Hilfe ihrer materiellrechtlichen Ausdeutung in das System des deutschen Rechts übertragen. Als materiellrechtliche Frage, die an der Kollisionsnorm des internationalen Privatrechts angeknüpft werden kann, wird die Ausdifferenzierung in materielles Recht oder Verfahrensrecht damit insoweit hinfällig.

---

[77] *Stein-Jonas-Schumann*[20], ZPO, Einl. Rdz. 738.

[78] RGZ 145, 121 (131) englischem Recht unterliegender Wechsel; RGZ 2, 13 (14) New Yorker Wechselrecht; RGZ 7, 21; zu letzterer Entscheidung krit. *v. Bar, C.*, IPR I, S. 503; *Linke*, IZPR, Rdz. 49 f.; *Schütze*, DIZPR, S. 16 f.; der BGH hat sich dem RG angeschlossen: BGHZ 44, 121 (124); 29, 137 (139); BGH NJW 1960 1961; 1959, 1317.

[79] RGZ 7, 21 (23 f.).

[80] RGZ 145, 121 (131); 2, 13 (14).

[81] *Geimer*[2], IZPR, Rdz. 314.

[82] *Linke*, IZPR, Rdz. 49 meint, daß hierdurch die Qualifikation lege fori eingeschränkt wird, was nichts anderes bedeutet, als die Belanglosigkeit des Trennungsdenkens für diesen speziellen Fall.

3. Exkurs: Die Unterscheidung von substantive law und procedure im U.S.-amerikanischen Recht

In ähnlicher Weise wie im deutschen Recht nehmen sich fremde Rechtsordnungen der Unterscheidung des materiellen Rechts vom Prozeßrecht an. Einen Eindruck, wie problematisch sich die genaue Abgrenzung auch im fremden Recht darstellen kann, vermittelt die U.S.-amerikanische Rechtsprechung. Sie mußte wegen des weiten Vorrangs der lex fori[83] Kriterien für interlokale und internationale Kollisionsrechtsfälle entwickeln.

Im Jahre 1938 begründete der *Supreme Court* in der Rechtssache *Erie R.R. Co. v. Tompkins*[84] die Lehre, daß Bundesgerichte verpflichtet seien, das materielle Recht eines Einzelstaates anzuwenden, unabhängig davon, nach welchem Prozeßrecht sie verfahren. Die Entscheidung markiert den Wendepunkt in der bis dato geübten Rechtspraxis, die es Bundesgerichten überließ, das materielle Recht und das Prozeßrecht desjenigen Staates anzuwenden, in welchem das Gericht seinen Sitz hatte[85]. Ziel dieser Entscheidung war die Herstellung der Entscheidungsgleichheit zwischen einem bundesgerichtlichen Urteil und demjenigen des Einzelstaatsgerichts[86]. Die *Erie*-Entscheidung hatte erstmals den Blick für die Unterscheidung des materiellen Rechts vom Prozeßrecht im amerikanischen Recht geschärft[87]. Unversehens war es auch für die Bundesgerichte von Interesse, die beiden Rechtsmaterien voneinander abzugrenzen.

Das erwies sich jedoch weiterhin als schwierig, weil die *Erie*-Entscheidung jegliche Aussage zu den Kriterien vermied, die darüber befinden sollten, eine Rechtsfrage als prozessuale oder materielle zu behandeln. In der darauffolgenden Entscheidung bemüht sich der *Supreme Court* um handliche Abgrenzungskriterien. Ob eine Regel eines Einzelstaates als materiellrechtlich zu charakterisieren sei, sollte nach dem *outcome-determinative-test*[88] davon abhängen,

---

[83] Zur Erheblichkeit der U.S.-amerikanischen Lehren für die Eingrenzung des Anwendungsbereichs der lex fori, *Coester-Waltjen*, Int. Beweisrecht, S. 181, Fn. 812; oben § 1, II. 2.

[84] Erie R.R. Co. v. Tompkins, 304 U.S. 64 (1938); bestätigt in: Cities Serv. Oil Co. v. Dunlap, 308 U.S. 208, 212 (1939); Palmer v. Hoffmann, 318 U.S. 109, 116 f. (1943).

[85] Swift v. Tyson, 41 U.S. (16 Pet.) 1 (1842).

[86] *Coester-Waltjen* (Fn. 83), Rdz. 157.

[87] *Born / Westin*², Int.Civ.Lit., S. 19 f.; *Carrington*, Duke L.J. 1989, S. 281 (293 f.); *Gerber*, in: Schlosser, Materielles Recht und Prozeßrecht, S. 113 (122); *Kane*, Notre Dame L.R. 1988, S. 671 (672).

[88] Guaranty Trust Co. v. York, 326 U.S. 99 (1945).

ob sie das Ergebnis des Rechtsstreits präge. Für die interlokalen und internationalen Kollisionsfälle entwickelten sich im Anschluß an diese Entscheidung zahlreiche theoretische Ansätze[89], die das ausländische Recht anwenden wollten, soweit die Vorschrift das Ergebnis des Rechtsstreits beeinflussen konnte. Der Test erwies sich jedoch im Ergebnis als zu wenig aussagefähig, weil tatsächlich jede Vorschrift eines Einzelstaates bzw. eines ausländischen Staates auf das Ergebnis eines Rechtsstreits Einfluß nehmen konnte[90]. Der rechtsvergleichende Ausblick auf das U.S.-amerikanische Recht beweist, das auch ausländische Rechtsordnungen Schwierigkeiten haben, verallgemeinerungsfähige Kriterien für die Unterscheidung des materiellen Rechts vom Prozeßrecht zu erarbeiten.

4. Bewertung der Lösungsvorschläge

Die vorgeschlagenen Kriterien, die die im Randbereich zwischen materiellem Recht und Verfahrensrecht auftretenden Auslegungsfragen lösen sollen, können nicht abschließend überzeugen. Die Vorschläge von Niederländer und Neuhaus verwischen die Grenze zwischen materiellem Recht und Prozeßrecht eher, als sie zu beschreiben. Niederländers Unterscheidung zwischen Beurteilungs- und Verhaltensnormen ist insoweit unzureichend, als letztlich alle Normen Maßstab der richterlichen Beurteilung sein können[91].

So führen z.B. die Präklusionsvorschriften der §§ 296, 528, 796 Abs. 2 ZPO aus rein prozessualen, in der unentschuldigten Verzögerung des Rechtsstreits liegenden Erwägungen zur Zurückweisung von Angriffs- und Verteidigungsmitteln[92]. Nach Niederländer müßte es sich hierbei um Verhaltensnormen handeln, die an die lex fori anzuknüpfen wären. Zugleich können diese Vorschriften wegen der Präklusionswirkung auch den Maßstab der richterlichen Beurteilung erheblich verändern, was für ihre Einordnung als Beurteilungsnormen spräche. Die Ausführungen enthalten darüber hinaus keine Aussage über die Voraussehbarkeit und Berechenbarkeit des Verfahrens unter Berücksichtigung

---

[89] Vgl. dazu im einzelnen die Ausführungen bei *Coester-Waltjen* (Fn. 83), Rdz. 231 f.; *Kane*, Notre Dame L.R. 1988, S. 671 (675 f.).

[90] Darauf wies der *Supreme Court* in *Hanna v. Plumer*, 380 U.S. 460, 468 (1965) hin; die Entscheidung lehnt sich an einen Aufsatz von *W.W.Cook*, 42 Yale L.J. 333 (1933), S. 337 an.

[91] *Coester-Waltjen* (Fn. 83), Rdz. 228.

[92] *Rosenberg / Schwab / Gottwald*[15], ZPR, S. 378.

ausländischer Prozeßnormen. Der gerichtlichen Entscheidungseffizienz sind aber sicherlich Grenzen gesetzt, die im verfahrensrechtlichen ordre public und der wesenseigenen Zuständigkeit konkretisiert sind[93].

Auch Neuhaus bleibt eine Antwort auf die Frage schuldig, welche Qualität der funktionelle Zusammenhang im einzelnen aufweisen muß, um das ausländische Sachrecht zu Lasten der lex-fori-Geltung zu stärken oder die Rechtsanwendung dem heimischen Verfahrensrecht zu überlassen. So findet sich beispielsweise keine nähere Begründung, warum die Schadensersatznormen für prozessuale Handlungen zum Prozeßrecht gerechnet werden müssen[94]. Seinen Entscheidungen muß etwas Zufälliges anhaften, weil die tragenden Beweggründe nicht unbedingt zwingend sind.

Die an der Sachrechtsbezogenheit orientierten Lösungen sagen ebenfalls nichts über das Spannungsverhältnis zwischen materiellem Recht und Prozeßrecht aus[95]. Die von v. Craushaar und von H. Müller vorgenommenen Unterscheidungen betreffen die kollisionsrechtliche Behandlung materiellrechtlicher Verschränkungen des Verfahrensrechts, die im Erb- und Scheidungsrecht von besonderer Natur sind. Sie geben nur bedingt Auskunft über das Vorgehen im internationalen Privat- und Verfahrensrecht insgesamt und sind nicht verallgemeinerungsfähig. v. Craushaar will zudem an der grundsätzlichen Geltung der lex fori festhalten. Die Anwendung der eigenen Verfahrensnormen soll lediglich zugunsten ihrer allgemeinen Rechtsgrundsätze ausgeschlossen bleiben[96]. Im Ergebnis trägt v. Craushaar demnach keine echte Abgrenzungslösung vor[97]. Außerdem ist dem Einwand zuzustimmen, daß die Unterscheidung in sachrechtsergänzende und -entsprechende Verfahrensnormen angesichts ihrer wesentlichen Gleichbehandlung nicht notwendig ist, vielmehr die Gerichte mit Begrifflichkeiten überfordert[98].

---

[93] *Booss*, Wesenseigene Zuständigkeit, S. 10 ff.; *Coester-Waltjen* (Fn. 83), S. 179 f.; *Roth, H.* (Fn. 2), S. 1051; *Schlechtriem*, Ausländisches Erbrecht im deutschen Verfahren, S. 43; *Stein-Jonas-Schumann*[20], ZPO, Einl. Rdz. 783.

[94] *Neuhaus*, RabelsZ 20 (1955), S. 201 (237).

[95] *Coester-Waltjen* (Fn. 83), Rdz. 226.

[96] *v. Craushaar* (Fn. 68), S. 31 ff., 44 ff., 56 ff.

[97] *Coester-Waltjen* (Fn. 83), Rdz. 226.

[98] *Schima*, AcP 163 (1964), S. 294 (296 f.); *Habscheid*, ZZP 76 (1963), S. 138 (143).

Das Abgrenzungskriterium der Zumutbarkeit[99] schließlich ist zu unbestimmt[100]. Grunsky selbst vermag nicht zu erklären, warum er einen Gleichlauf zwischen materiellem Recht und Prozeßrecht bei den Gestaltungsklagen nach ausländischem Recht favorisiert. Ihm ist entgegenzuhalten, daß die im deutschen Recht unbekannten Vertragsauflösungen durch richterlichen Gestaltungsakt (z.B. Art. 1427 ital. Codice civile[101], Art. 1184 Abs. 3 franz. code civil[102]), wie Grunsky selbst sieht[103], vom Verweisungsgebot der deutschen internationalprivatrechtlichen Kollisionsnorm erfaßt werden[104]. Diese kollisionsrechtliche Entscheidung sollte aber nicht ihrerseits durch eine unmittelbare Anwendung der richterlichen Gestaltungsrechte im Inland entwertet werden. Die viel sachnähere Angleichung oder Anpassung[105] des ausländischen Gestaltungsaktes an das deutsche Verfahrensrecht, etwa durch eine entsprechende Formulierung des Urteilstenors, berücksichtigt sowohl die Parteiinteressen als auch die Ordnungsinteressen des Gerichts. Der sachrechtliche Gehalt, sich aus einem Schuldverhältnis aus Anlaß schuldhafter Nichterfüllung (Art. 1184 Abs. 3 franz. code civil) oder aus Irrtumsgründen (Art. 1427 ital. codice civile) lösen zu können, bleibt zudem auch unter der Herrschaft der lex fori nicht unbeachtet.

Die Verschränkung zwischen materiellem Recht und Prozeßrecht im konkreten Einzelfall zum Kriterium der kollisionsrechtlichen Anknüpfung an die lex causae zu machen, weist m.E. in die richtige Richtung. Die Grenzen zwischen dem verdrängten Prozeßrecht der lex fori und dem kraft kollisionsrechtlicher Verweisung zu berücksichtigenden materiellen Sachrecht kann nämlich nicht starr und unveränderlich sein[106]. Jeweils im einzelnen die funktionelle Verbundenheit aufzudecken, verspricht, dem materiellen Recht und dem Prozeßrecht in ihrer internationalen Anwendung gleichermaßen gerecht zu werden. Freilich sollten zunächst die Möglichkeiten des internationalen Privatrechts ausgeschöpft werden. Wo das Kollisionsrecht vom ausländischen Verfahrens-

---

[99] *Grunsky*, ZZP 89 (1976), S. 241 (258).

[100] *Radtke* (Fn. 34), S. 30 f.

[101] Art. 1427 ital. Codice civile lautet in der deutschen Übersetzung: „Der Vertragsteil, dessen Einwilligung infolge eines Irrtums abgegeben, durch Gewalt erzwungen oder mit Arglist erschlichen wurde, kann die Nichtigerklärung des Vertrages nach den folgenden Bestimmungen verlangen."

[102] Vgl. oben Fn. 38.

[103] *Grunsky*, ZZP 89 (1976), S. 241 (258).

[104] *Zöller-Geimer*[18], IZPR Rdz. 12; dazu oben bereits § 6, I. 1.

[105] Dazu ausführlich unten § 12.

[106] *Geimer*[2], IZPR, Rdz. 54 f.; *Radtke* (Fn. 34), S. 27.

recht aufgeworfene Probleme umfaßt[107], muß die lex-fori-Regel weichen. Die mit den Kollisionsnormen verfolgten Ordnungsziele ermöglichen freilich nur dann eine funktionsgerechte Anknüpfung ausländischer Verfahrensrechte[108], wenn die ausländische Verfahrensnorm unter Zugrundelegung des deutschen Rechtsverständnisses einen sachrechtlichen Inhalt besitzt.

Allerdings sind die Grenzen der materiellrechtsfreundlichen Qualifikation zu beachten. Sie kann nur dann sinnvoll angewendet werden, wenn die deutsche Kollisionsnorm auf das Recht der lex causae verweist[109]. Zudem muß die betreffende Frage auch vom Regelungsbereich der Kollisionsnorm erfaßt sein, wenn die ausländische prozessuale Norm kraft materiellrechtlicher und damit von ihr umfaßter Qualifikation durchgesetzt werden soll. Der Normanwender kann sich hierzu der funktionellen Auslegung der Normgruppenbegriffe bedienen, die auch ausländische Verfahrensregeln ohne Rücksicht auf die Unterscheidung zwischen materiellem Recht und Prozeßrecht erfassen können[110].

Freilich müssen die ausländischen Verfahrensnormen, die aufgrund ihrer Abstimmung mit ihrem jeweiligen materiellen Recht eigene Ordnungsinteressen verfolgen, gleichzeitig auch dem Regelungsbereich und Ordnungsziel der deutschen Kollisionsnorm zugeordnet werden können. Das muß aber von Fall zu Fall entschieden werden. Eine prinzipielle Vorgabe, daß die Vorschriften an den Randzonen zwischen lex fori und lex causae immer der lex causae unterfallen müssen, um das ausländische Recht entsprechend dem Verweisungsinhalt der deutschen Kollisionsnorm weitgehend durchzusetzen, kann es deshalb nicht geben[111]. Die Vielfalt der fremden Prozeßordnungen schließt es aus, in der materiellrechtsbezogenen Qualifikation eine allseitig verwendbare Formel zu vermuten, die die auftretenden Probleme im internationalen Prozeßrecht bewältigt.

---

[107] Vgl. dazu die funktionelle Anknüpfung der ausländischen Gestaltungsklagerechte sowie zur materiellrechtlichen Qualifikation der Verjährung und Aufrechnung im anglo-amerikanischen Rechtskreis, oben § 6, I. 1.

[108] *Geimer*[2], IZPR, Rdz. 313; *MünchKomm-Sonnenberger*[2], EGBGB, Einl. Rdz. 361, 361 a.

[109] *Rabel*, RabelsZ 5 (1931), S. 241 (278 f.).

[110] *Linke*, IZPR, Rdz. 50; *MünchKomm-Sonnenberger*[2], EGBGB, Einl. Rdz. 361 f.; vgl. das Beispiel zu den ausländischen Gestaltungsklagerechten, § 6, I. 1 und *Geimer*[2], IZPR, Rdz. 1987.

[111] So aber *Stein-Jonas-Schumann*[20], ZPO, Einl. Rdz. 738.

II. Ergebnis

Der Gehalt der Trennungslehre für das internationale Zivilverfahrensrecht besteht vor allem darin, ein Ordnungsgefüge bereitzustellen, das den Zugang zur juristischen Bearbeitung der Probleme erleichtert. Es steuert über das Verhältnis zwischen Prozeßrecht und materiellem Recht die Reichweite der lex fori[112]. Die Zuordnung zum materiellen Recht führt über das internationale Privatrecht zur Anwendung der lex causae, während eine prozessuale Qualifikation den Normanwender in das Zivilprozeßrecht des Forumstaates leitet.

Es mag in der Vielzahl der zu entscheidenden Fälle durchaus hilfreich sein, sich jeweils Klarheit darüber zu verschaffen, ob eine Vorschrift mehr dem materiellen Recht oder dem Prozeßrecht zugehört. Allerdings gilt es, das Verhältnis zwischen den beiden Normkategorien fortlaufend zu überdenken. Ausländische Rechtsinstitute des Prozeßrechts und ihre Einordnung im deutschen Recht stellen je nach Sach- und Rechtslage jeweils unterschiedliche Anforderungen an die Rechtsanwendung. Dabei kann sich der Rechtsanwender aufgrund der Komplexität der Materie nicht auf griffige Abgrenzungskriterien stützen. Auch ist nicht ersichtlich, wie sich die von der Wissenschaft bereits erarbeiteten Kriterien zu einer einheitlichen Abgrenzungsformel verdichten könnten. M.E. kann es eine umfassende Methode zur Durchführung des Trennungsdenkens für die Bedürfnisse des internationalen Zivilprozeßrechts deshalb nicht geben[113].

In einigen Fällen indes ist der Normanwender von einer Abgrenzung des materiellen Rechts vom Prozeßrecht bereits befreit. Die materiellrechtsfreundliche Qualifikation der ausländischen Verfahrensvorschrift überwindet die Unterscheidung von subjektivem materiellen Recht und seiner Durchsetzung im Verfahren, wo der Forumsstaat ihre Anknüpfung an das internationale Privatrecht vorgibt. Sinn und Zweck einer Vorschrift können nämlich dazu führen, sie auch bei prozessualer Einordnung im ausländischen Recht kraft materiellrechtlicher Zuordnung und damit von der internationalprivatrechtlichen Verweisungsnorm umfaßter Qualifikation durchzusetzen. Im Ergebnis wird also mit Hilfe der Kollisionsrechtsordnung die Anwendung der lex causae zulasten der lex fori gestärkt. Der Funktion einer Vorschrift sollte bei dieser Auslegungsaufgabe die

[112] *Roth* (Fn. 2), S. 1046; *Stein-Jonas-Schumann*[20], ZPO, Einl. Rdz. 28, 737 f.

[113] *Schlechtriem* (Fn. 93), S. 43.

größte Bedeutung zukommen, weil sie den jeweiligen Zusammenhang zwischen materiellem Recht und Verfahrensrecht offenlegt[114].

§ 7 Die Qualifikations- und Vorfragenmethode[115]

Das internationale Privatrecht versteht unter der Qualifikation die Zuordnung einer Rechtsfrage oder eines Rechtssatzes zu dem Anknüpfungsgegenstand einer Verweisungsnorm[116]. Der Normanwender muß sowohl auf der Tatbestands- als auch auf der Rechtsfolgenseite qualifizieren. Zunächst können die Sammel- und Systembegriffe der Kollisionsnorm auf der Tatbestandsseite auslegungsbedürftig sein. Die zweite Qualifikationsaufgabe stellt sich auf der Rechtsfolgenseite. Dabei muß entschieden werden, welche Normen der fremden Rechtsordnung die heimische Kollisionsregel beruft, m.a.W. welchen Umfang das Regelungsstatut besitzt[117]. Die der Qualifikationsmethode übertragene Aufgabe besteht nun darin, diese Rechtsfragen durch eindeutige Zuordnungsentscheidungen zu lösen. In diesem Sinne ist die Qualifikation gleichbedeutend mit der Subsumtion unter die Anknüpfungsgegenstände der Kollisionsnorm[118].

Die Qualifikationsmethode ist bis heute Gegenstand kontroverser Diskussionen[119], die ihren Grund in der Vielgestaltigkeit der Qualifikationskonflikte haben. Trotz ihrer Fähigkeit, möglichst viele in den einzelnen Rechtsordnungen auftretende Sachverhalte zu erfassen und einer einheitlichen Lösung zuzuführen, entstehen Probleme, wenn internationales Privatrecht und berufenes Sachrecht im konkreten Einzelfall mit den Interessen der Parteien oder der Allgemeinheit kollidieren.

---

[114] *Geimer*², IZPR, Rdz. 56 f.

[115] Die Darstellung aller mit der Qualifikation und der Vorfrage zusammenhängenden Fragen würde den Rahmen dieser Arbeit verlassen. Es wird deshalb nur der Ausschnitt aus der Methodenlehre angesprochen, der für die internationalen zivilverfahrensrechtlichen Fragen von Bedeutung ist; *MünchKomm / Sonnenberger*², EGBGB, Einl. Rdz. 339.

[116] *v. Bar, C.*, IPR I, S. 499 ff.; *Basedow* (Fn. 2), S. 132; *Dörner*, StAZ 1988, S. 345 (349 li.Sp.); *Kropholler*², IPR, S. 101 f.

[117] *v. Bar, C.*, IPR I, S. 499 f.; *MünchKomm-Sonnenberger*², EGBGB, Einl. Rdz. 342.

[118] *Dörner*, StAZ 1988, S. 345 (348); *Kegel*⁶, IPR, S. 197 ff.; *Kropholler*², IPR, S. 101 f.; *Soergel-Kegel*¹¹, EGBGB, Vor Art. 7 Rdz. 59 ff.

[119] *v. Bar, C.*, IPR I, S. 501 f.; *Dörner*, StAZ 1988, S. 345 (345 li.Sp.); *Kegel*⁶, IPR, S. 210 f.; *MünchKomm-Sonnenberger*², EGBGB, Einl. Rdz. 342; *Weber* (Fn. 6), S. 215.

So müssen die Instanzgerichte etwa aufgrund der Spanier-Entscheidung des BVerfG das Allgemeininteresse an der Institution Ehe (Art. 6 Abs. 1 GG) genauso beachten, wie das Eheschließungsinteresse der Parteien[120], was dazu führte, Art. 13 Abs. 1 EGBGB a.F. nur eine Verweisung auf das deutsche Recht zu entnehmen. Ebenso wurde die Legitimation eines Kindes nach § 1719 BGB durch nachfolgende Eheschließung als die praktikabelste Lösung angesehen, wenn das tunesische Heimatrecht des Vaters zum Vaterschaftsanerkenntnis nicht sicher ermittelt werden konnte[121]. Der legitime Status des Kindes überwog den Normanwendungsbefehl des Art. 22 EGBGB.

Weitere Qualifikationskonflikte treten auf, wenn sich die Parteien auf ausländische Rechtsnormen und -institutionen berufen, die dem inländischen Recht unbekannt sind. Diesen Konflikt kann der Normanwender nur mit Hilfe der funktionellen Qualifikation auflösen, die den Sinn und die Bedeutung der ausländischen Vorschrift unter Würdigung ihres Zweckes und ihrer Wirkung untersucht, um sie mit der eigenen Rechtsordnung zum Zwecke der Anpassung zu vergleichen[122].

I. Die Qualifikation im internationalen Prozeßrecht

Die Qualifikation reicht über die Zuordnung von Sachnormen des Privatrechts in Systembegriffe des internationalen Privatrechts hinaus. Auch im internationalen Prozeßrecht geht es um Fragen der sachgerechten Zuordnung und der interessengerechten Klassifizierung[123]. Aus diesem Grunde etabliert sich die Qualifikationsmethode zunehmend auch im internationalen Zivilprozeßrecht. Von einer Qualifikationsentscheidung sprechen einige deshalb auch dann, wenn die bereits diskutierte[124] Grundfrage des internationalen Zivilprozeßrechts geklärt werden muß, ob Rechtsinstitute, wie etwa die Beweislast oder die Aufrechnung, als materiellrechtlich oder prozeßrechtlich anzusehen sind[125].

---

[120] BVerfGE 31, 58 (67 ff., 78 ff.).

[121] BGHZ 69, 387 (393 f.).

[122] BGHZ 47, 324 (336) = RabelzZ 32 (1968), 313 (318 f.) m. zust. Anm. *Jayme*, S. 323 f.

[123] *Riezler*, IZPR, S. 103; *Roth, H.* (Fn. 2), S. 1052; *Schack*, IZVR, Rdz. 47; *Schütze*, DIZPR, S. 15 ff.

[124] Vgl. dazu oben § 6, I.

[125] *Basedow* (Fn. 2), S. 136; *Roth, H.* (Fn. 2), S. 1051 f.; *Schack*, IZVR, Rdz. 47; *Schütze*, DIZPR, S. 16; für das französische Recht etwa *Mayer*[4], Droit international privé, S. 305 f.

Der Qualifikationsbegriff findet darüber hinaus Verwendung bei der Bestimmung der streitigen und freiwilligen Gerichtsbarkeit als Gerichtszweigen des Zivilverfahrensrechts[126]. Gleichermaßen wird die Qualifikation als Methode zur Auslegung von Begriffen in internationalen verfahrensrechtlichen Konventionen und Übereinkommen[127] sowie zur Inhaltsbestimmung von Tatbestandsmerkmalen inländischer Sachnormen, die zur Lösung internationaler Sachverhalte dienen können, herangezogen[128]. Hinter der Methode verbirgt sich ein derart schillerndes Hilfsmittel, daß jeweils im einzelnen überprüft werden muß, ob es die ihm zugedachte Aufgabe im internationalen Zivilprozeßrecht tatsächlich erfüllen kann.

1. Das Trennungsdenken

Ein Gegenstand der Qualifikation soll die Unterscheidung von materiellem Recht und Prozeßrecht sein. Das ist begrifflich ungenau, wenn darunter, in Anlehnung an das internationale Privatrecht, nur die Subsumtion unter eine ungeschriebene Verweisungsnorm des internationalen Zivilverfahrensrechts, die auf die lex fori verweist[129], gefaßt wird. Die Unterscheidung besitzt als solche noch keinen kollisionsrechtlichen Inhalt, sondern repräsentiert nur einen Ordnungsgedanken im Recht. Erst die Subsumtion der als verfahrensrechtlich erkannten Norm aus Anlaß eines Auslandsbezugs unter die verfahrenskollisionsrechtliche lex-fori-Regel deckt sich mit dem Begriff der Qualifikation, wie er dem internationalen Privatrecht entstammt[130].

Freilich ist der kollisionsrechtliche Normanwendungsbefehl der lex-fori-Regel erst zu beachten, wenn es sich bei der Vorschrift um eine solche des Verfahrensrechts handelt. Damit sind aber wieder die Kriterien der Zuordnung der Normen zum materiellen Recht oder zum Verfahrensrecht von Bedeutung. Deren Untersuchung hat ergeben, daß die Bestimmung einer Rechtsnorm nach der gesetzessystematischen Stellung, nach der Sachrechtsbezogenheit oder infolge einer an der lex causae orientierten Interpretation wenig ergiebig ist[131].

---

[126] *Geimer*[2], IZPR, Rdz. 341; *Riezler*, IZPR, S. 111; *Zöller-Geimer*[18], IZPR, Rdz. 5.

[127] *Basedow* (Fn. 2), S. 140; *Kropholler*[4], Europ.ZPR, Art. 1 Rdz. 3 f.; *Schütze*, DIZPR, S. 17 f.

[128] *Schack*, IZVR, Rdz. 49 f.; *Schütze*, DIZPR, S. 17 f.; *Taupitz*, ZZP 102 (1989), S. 288 (298).

[129] Zu Ausnahmen aufgrund des Einheitsprivatrechts, oben § 2.

[130] A.A. *Basedow* (Fn. 2), S. 136; wie hier *Martiny*, RabelsZ 45 (1981), S. 427 (431).

[131] Vgl. oben § 6 I, 2.

Die stattdessen erforderliche Einzelfallbetrachtung unter Beachtung des funktionellen Zusammenhangs zwischen materiellem Recht und Verfahrensrecht geht der Subsumtion unter die lex-fori-Regel aber in jedem Fall voraus.

2. Die Begriffsbestimmung in Prozeßübereinkommen

Auch bei der Auslegung von Begriffen in internationalen verfahrensrechtlichen Konventionen findet die Qualifikationsmethode Verwendung. Die Konventionsnormen sind in ihrer universalen Bedeutung den Sammelbegriffen der Kollisionsnormen ähnlich[132]. Wie diese beabsichtigen sie, Rechtsinstitute der eigenen und der fremden Rechtsordnungen durch übergreifende, allgemein gehaltene Begriffe zu umschreiben.

Beispielsweise grenzen die europäischen Prozeßrechtsübereinkommen ihren sachlichen Anwendungsbereich mit Hilfe von Sammelbegriffen, wie etwa dem der Zivil- oder Handelssache oder dem des Erbrechts (vgl. Art. 1 EuGVÜ, Art. 1 LuganoÜ), ein. Hier entstand aufgrund des Vorabentscheidungsverfahrens des EuGH eine eigenständige autonome Auslegungsmethode für die Grenzziehung zwischen öffentlichem Recht und Privatrecht[133], die abgelöst von den nationalen Rechtsordnungen die weitgehende Einheitlichkeit des Rechtsbegriffs der Zivil- und Handelssachen herstellt[134]. Auch im Streit um die Auslegung des Begriffes des Erfüllungsortes in Art. 5 Nr. 1 EuGVÜ, stehen sich die vertragsautonome Qualifikation[135], die Qualifikation nach der materiellen lex fori und die von der derzeit noch herrschenden Meinung bevorzugte Qualifikation lege causae gegenüber[136]. Die rechtsvergleichende Qualifikation, wie sie Ra-

---

[132] *Basedow* (Fn. 2), S. 140; *Kropholler*, Hdb.IZVR, Bd. I, Kap. III, Rdz. 79.

[133] *Basedow* (Fn. 2), S. 142; *ders.*, Hdb.IZVR, Bd. I, Kap. II, Rdz. 47 ff.; *Martiny*, RabelsZ 45 (1981), S. 427 (437 ff.).

[134] *Basedow* (Fn. 2), S. 142; *Kropholler*[4], Europ.ZPR, Art. 1 Rdz. 3 f.; zum Protokoll betreffend die Auslegung des Übereinkommens durch den Gerichtshof, *ders.*, Einl. Rdz. 16 ff.; *Martiny*, RabelsZ 45 (1981), S. 436.

[135] *Linke*, IZPR, Rdz. 155; für den Streitgegenstand EuGH, 22.3.1983 – *Peters / Zuid Nederlandse Aannemers Vereniging*, 34 / 82 – Slg. 1983, 987 (1002).

[136] Überblick über den Meinungsstand bei *Schack*, IZVR, Rdz. 269 ff.; *Schlosser*, in: Gedächtnisschrift *Bruns*, 1980, S. 45 (56 f.); *Spellenberg*, ZZP 91 (1978), S. 38 (41); *Martiny*, RabelsZ 45 (1981), S. 427 (433); für Streitigkeiten aus einem Arbeitsverhältnis stellt der EuGH auf die Erbringung der vertragscharakteristischen Leistung des Arbeitnehmers ab, EuGH, 26.5.1982 – *Ivenel / Schwab*, 133 / 81 – Slg. 1982, 1891 (1901).

bel für das internationale Privatrecht vertreten hat[137], findet dagegen im internationalen Prozeßrecht kaum Anklang[138].

Die Subsumtion von Rechtsfragen unter die Sammelbegriffe der Prozeßübereinkommen stimmt mit der Subsumtion unter die Sammelbegriffe des IPR überein. Ein Beispiel für das methodische Vorgehen gibt der deutsch-israelische Vollstreckungsvertrag vom 20.7.1977[139]. Wie zahlreiche Verträge dieser Art ist er in seinem sachlichen Anwendungsbereich auf Zivil- und Handelssachen beschränkt (Art. 1). Der Normanwender kann gezwungen sein, sich die Frage vorzulegen, ob auch das in §§ 403 ff. StPO geregelte Adhäsionsverfahren unter den Begriff der Zivil- und Handelssache subsumiert werden kann.

An einer Zivilsache könnten insofern Zweifel bestehen, weil der Verletzte seine zivilrechtlichen Ersatzansprüche gegen den Straftäter bereits vor dem Strafgericht geltend machen kann, obwohl er sie nach § 13 GVG an sich vor dem Zivilgericht verfolgen müßte. Zudem richtet sich das Verfahren im wesentlichen nach der Strafprozeßordnung und kennt nur in Spezialfragen eine Gemengelage zwischen Strafverfahrens- und Zivilverfahrensrecht[140]. Liegt der Schwerpunkt hingegen auf der gerichtlichen Entscheidung, in der nach dem Ergebnis der Hauptverhandlung (§ 261 StPO) auch über den zivilrechtlichen Anspruch mitentschieden wird, dann überwiegt für den schadensrechtlichen Teil der Entscheidung der zivilrechtliche Gehalt[141]. Bei der Subsumtion unter den Sammelbegriff der Zivilsache wird also nach dem gleichen Prinzip verfahren, wie bei der Subsumtion unter den Anknüpfungsgegenstand einer Kollisionsnorm[142]. Die Auslegung und Subsumtion des Rechtsbegriffes bilden hier wie dort die Vorentscheidung für die Anknüpfung eines speziellen Rechtsproblems,

---

[137] *Rabel*, RabelsZ 5 (1931), S. 241 (282).

[138] Ein Versuch, sie auf das internationale Zivilprozeßrecht zu übertragen, findet sich bei *Serick*, ZZP 55 (1968), S. 278 (286 f.).

[139] Vertrag zwischen der Bundesrepublik Deutschland und dem Staat Israel über die gegenseitige Anerkennung und Vollstreckung gerichtlicher Entscheidungen in Zivil- und Handelssachen vom 20.7.1977, BGBl. 1977 II, 925 (auch abgedr. bei *Bülow / Böckstiegel*, Int. Rechtsverkehr, B II, 625 / 5 f.).

[140] Zu den Einzelheiten s. *Kleinknecht / Meyer-Goßner*[41], StPO, § 404 Rdz. 10 f.

[141] Wer das Anhangsverfahren nicht als Zivilsache ansehen will, muß auf Art. I Abs. 6 des deutsch-britischen Vollstreckungsabkommens vom 14.7.1960 verwiesen werden; BGBl. 1960 II, 301 (auch abgedr. bei *Jayme / Hausmann*[7], Nr. 96). Laut Denkschrift wurden die Erfahrungen zu diesem Abkommen bei der Abfassung des deutsch-israelischen Vollstreckungsvertrages berücksichtigt, BT-Drucks. 8 / 3866, S. 11; *Bülow / Böckstiegel* (Fn. 140), B II, 625 / 2, 701 / 4; zu der gleichen Frage anhand von Art. 1 EuGVÜ, EuGH EuZW 1993, S. 417 f.; *Kropholler*[4], Europ. ZPR, Art. 1 Rdz. 1.

[142] *Basedow* (Fn. 2), S. 141; *Martiny*, RabelsZ 45 (1981), S. 427 (431, 433).

wobei die Beschränkung auf bestimmte Streitgegenstände einen Bündelungs- und Abschichtungseffekt hat[143].

Indes enthalten die Abgrenzungsnormen der Übereinkommen im Unterschied zu klassischen Kollisionsnormen keine Normanwendungsbefehle. Zwar werden die Vorschriften des autonomen Rechts durch die Konventionsnormen verdrängt. An deren Stelle tritt jedoch keine Norm, die eine Verweisungsanordnung enthält. Vielmehr wird unmittelbar aus der Konvention heraus eine sachrechtliche Entscheidung getroffen. Im Ergebnis handelt es sich bei all diesen Normanwendungen nur um Auslegungsentscheidungen. An dem Begriff der Qualifikation kann man angesichts der Gemeinsamkeiten festhalten, solange der fehlende Normanwendungsbefehl als Unterschied zu klassischen Kollisionsnormen bewußt bleibt.

3. Die Qualifikation zur Inhaltsbestimmung

Die Anknüpfung der Tatbestandsmerkmale einer Verfahrensvorschrift mit Hilfe der Qualifikation stößt auf methodische Bedenken[144]. Die Qualifikationsmethode setzt Kollisionsnormen voraus, bei denen Rechtsfragen einem Anknüpfungsgegenstand zugeordnet werden müssen. Die Vorschriften des internationalen Zivilprozeßrechts danach zu befragen, welches Recht für die Inhaltsbestimmung berufen ist, orientiert sich aber grundsätzlich an Sachnormen, weil es ein eigenes Rechtsanwendungsrecht für zivilprozessuale Fälle grundsätzlich nicht gibt[145]. Kollisionsnormen lösen zudem einen Konflikt zwischen mehreren sich für anwendbar erklärenden Rechtsordnungen. Bei der Bestimmung des anwendbaren Rechts geht es indes in erster Linie um eine Auslegung von Vorschriften des Prozeßrechts wie des materiellen Rechts der lex fori.

Das zu Recht bestehende Unbehagen an der Übertragung der Qualifikationsmethode auf das internationale Zivilprozeßrecht hat sich deshalb gerade bei dieser methodischen Aufgabe ausgedrückt. So meint etwa Schack, daß es sich bei der Frage, nach welchem Recht Tatbestandsmerkmale auszulegen sind, nur

---

[143] *Basedow* (Fn. 2), S. 140.

[144] *Kropholler*, Hdb.IZVR, Bd. I, Kap. III, Rdz. 79; *Riezler*, IZPR, S. 111; *Schack*, IZVR, Rdz. 49; *Schütze*, DIZPR, S. 17; vorsichtiger für die verfahrensverbundenen Auslandstatsachen *Taupitz*, ZZP 102 (1989), S. 288 (298).

[145] Dazu ausführlicher unten §§ 13 f.

um „eine Art Qualifikation" handelt[146], weil die Sachnormen nicht wie Kollisionsnormen behandelt werden könnten. Nach Basedow verdeckt die mit der Qualifikation suggerierte übergreifende Begrifflichkeit den grundlegenden Unterschied zwischen Verweisungs- und Sachnormen[147]. Die Sachnormen dienten nur der Ausgestaltung des deutschen Zivil- und Zivilprozeßrechts und damit gänzlich anderen Regelungszwecken als die Kollisionsnormen[148]. H. Roth möchte die Inhaltsbestimmungen deshalb „in die Nähe der Auslegung von prozeßrechtlichen Normen" stellen[149]. Neuere Forschungen kennzeichnet deshalb das Bemühen, die gestellte Aufgabe außerhalb der Qualifikation zu lösen.

Neben der Entscheidung, welches Recht für die Inhaltsbestimmung prozessualer Sachnormen berufen ist, steht freilich die davon zu unterscheidende Frage, wie Tatsachen, die in einem Auslandsverfahren begründet werden, bei der Behandlung *materieller* Sachnormen zu berücksichtigen sind. Bei den Verjährungsvorschriften gilt es z.B. der Frage nachzugehen, ob Prozeßhandlungen und deren Rechtsfolgen vor ausländischen Gerichten als Tatsachen im Rahmen des deutschen Sachstatuts zu berücksichtigen sind[150]. Hier freilich ist nicht mehr das Verfahrensrecht Ausgangspunkt der Untersuchung. Diese nur bei Maßgeblichkeit des deutschen Sachstatuts relevante Normengruppe kann deshalb zur Methodik des internationalen Zivilverfahrensrechts nichts beitragen. Sie unterstreicht aber die Unterschiede in der Normanwendung, die die kollisionsrechtliche Behandlung des Verfahrensrechts und des materiellen Rechts mit sich bringen.

---

[146] *Schack*, IZVR, Rdz. 49.

[147] *Basedow* (Fn. 2), S. 146; *Kropholler*², IPR, S. 103 weist zutreffend darauf hin, daß man eine Sachnorm nicht zum Gegenstand der Qualifikation erklären kann.

[148] *Basedow* (Fn. 2), S. 146.

[149] *Roth, H.* (Fn. 2), S. 1052.

[150] Nach der h.M. wird die Verjährung durch eine Auslandsklage nur unterbrochen, wenn das ausländische Urteil anzuerkennen ist, wobei die Meinungen voneinander abweichen, in welchem Umfang die Anerkennungsprüfung an § 328 ZPO anzulehnen ist; strenger: *Ferid*, GRUR Int. 1973, S. 472 f.; *MünchKomm-v.Feldmann*², BGB, § 209 Rdz. 29; *Martiny*, Hdb.IZVR, Bd.III / 1, Kap. I, Rdz. 400; *Nagel*³, IZPR, Rdz. 724; *Palandt-Heinrichs*⁵⁴, § 209 Rdz. 3, 20; *Riezler*, IZPR, S. 461 f.; *Taupitz*, ZZP 102 (1989), S. 288 (307 f.); liberaler: *Geimer*², IZPR, Rdz. 2828; *MünchKomm-Sonnenberger*², EGBGB, Vor Art. 11 Rdz. 211; *Schack*, IZVR, Rdz. 780; *Schlosser*, FS Bosch, S. 859 (865 ff.); *Linke*, FS Nagel, S. 209 (221 f.); eingehende Behandlung der Rechtsprechung bei *Linke*, a.a.O, S. 210 ff.

II. Die Vorfragenmethode

Für eine methodisch sachgerechte Lösung der Frage, welches Recht für die Auslegung der Tatbestandsmerkmale des anwendbaren Verfahrensrechts berufen ist, bietet sich die Vorfragenmethode des IPR an[151]. Sie ist verwandt mit der Bestimmung des Norminhalts durch einen verweisenden oder erläuternden Hinweis auf eine andere Gesetzesvorschrift[152]. Auch das Zivilprozeßrecht bedient sich für den internen Normgebrauch der Gesetzestechnik der Erläuterung oder der Verweisung[153]. Mit Hilfe dieser Methode wird z.B. der prozessuale Begriff der Parteifähigkeit des § 50 Abs. 1 ZPO inhaltlich näher bestimmt. Über die Rechtsfähigkeit, die gleichzeitig Voraussetzung der Parteifähigkeit ist, wird der Normanwender auf die erläuternde Vorschrift des § 1 BGB verwiesen.

Diese Erläuterungs- und Verweisungstechnik findet in der Vorfrage für Fälle mit Auslandsbeziehungen ihr methodisches Gegenstück. Die Hauptfrage nach der Anwendung des eigenen Zivilprozeßrechts hängt infolge des Tatbestands einer Sach- oder Kollisionsnorm vom Vorliegen einer anderen Rechtsfolge, der Vorfrage, ab[154]. Im Vergleich zur erläuternden und verweisenden Normauslegung stellt sich die Vorfrage grundsätzlich erst nach einer vollzogenen *kollisionsrechtlichen* Anknüpfung der Hauptfrage[155]. Die Hauptfrage beantwortet im internationalen Zivilprozeßrecht die prozessuale lex-fori-Regel, die als maßgebliches Prozeßstatut das inländische Verfahrensrecht beruft[156]. Weil das Prozeßrecht als sachrechtliche Normenmenge neben der ungeschriebenen lex-fori-Regel grundsätzlich keine Kollisionsnormen als Rechtsanwendungsrecht für das Verfahren kennt[157], treten die Vorfragen in aller Regel als präjudizielle

---

[151] *Basedow* (Fn. 2), S. 145; *Böhm*, FS Fasching, S. 107 (138); *Roth*, H. (Fn. 2), S. 1051 f.; bereits *Pagenstecher*, ZZP 64 (1950 / 51), S. 249 (278); zum Verhältnis der Vorfrage zur Teilfrage *MünchKomm-Sonnenberger*[2], EGBGB, Einl. Rdz. 386.

[152] Für das Kollisionsrecht insgesamt, *Lorenz, E.*, FamRZ 1987, S. 645 (647 re. Sp.); zu der Gesetzestechnik der Verweisung *Larenz*[6], Methodenlehre, S. 260 f.

[153] *Larenz*[6] (Fn. 152), S. 249 f.

[154] *Basedow* (Fn. 2), S. 146; *Kropholler*[2], IPR, S. 199 ff.; anhand des Sozialversicherungsrechts *Samtleben*, RabelsZ 52 (1988), S. 466 (467 f.).; *Palandt-Heldrich*[54], EGBGB, vor Art. 3 Rdz. 29.

[155] *Kropholler*[2], IPR, S. 199; der BGH verwendet die internationalprivatrechtliche Begrifflichkeit der Vor- und Hauptfrage im Prozeßrecht eher zaghaft und ohne nähere Erläuterung; beispielhaft in BGH FamRZ 1992, 1060 (1062 sub 2.); FamRZ 1992, 298 (re.Sp); BGH IPRax 1984, S. 321 (sub 2.).

[156] *Basedow* (Fn. 2), S. 151.

[157] Dazu unten §§ 13 f.

Rechtsbegriffe oder Rechtsverhältnisse im Tatbestand der prozessualen Sachnorm auf.

Die Fragen aber, ob und unter welchen Voraussetzungen etwa ein Mahnverfahren nach ausländischem Recht oder die Anmeldung eines Anspruchs im ausländischen Konkurs die inländische Verjährung unterbrechen können (§ 209 Abs. 1 Nr. 1, 2 BGB), ist nur anhand der materiellen Sachnormen ermittelbar. Die dem ausländischen Verfahrensrecht entstammenden Tatsachen und ihre Bedeutung in materiellrechtlichen Normen der lex fori sind der Erläuterung mit Hilfe der Vorfrage entzogen, weil ihnen keine kollisionsrechtliche Anknüpfung einer zu erörternden Hauptfrage vorausgeht. Das beruht darauf, daß die Anwendbarkeit der materiellen Sachnormen des deutschen Rechts immer auf eine Berufung durch das IPR als maßgeblichem Sachstatut zurückgeht. Die kollisionsrechtliche Entscheidung ist bereits auf der Ebene des materiellen Rechts gefallen. Demnach kann die Frage, ob eine Streitverkündung nach ausländischem Recht die Verjährung genauso unterbrechen könne wie die nach inländischem Recht (§ 209 Abs. 2 Nr. 4 BGB), allein durch Auslegung der materiellen Sachnorm ermittelt werden.

Kritik könnte hervorrufen, daß die Vorfragen nicht, wie im internationalen Privatrecht üblich, vom ausländischen Privatrecht, sondern bei Anwendung der lex-fori-Regel von inländischen Vorschriften aufgeworfen werden. Indes beweist dies nur, daß die Methode im internationalen Privatrecht enger als im Prozeßrecht gefaßt wird. Es liegt im Wesen der lex-fori-Regel, die einen umfassenden Geltungsvorrang des eigenen Verfahrensrechts begründet, daß die Vorfrage von der inländischen prozessualen Sachnorm ausgeht. Daran sollte die Anlehnung an das internationale Privatrecht nicht scheitern. Sie verdeutlicht nämlich die innere Abhängigkeit der Vorfrage von der internationalverfahrensrechtlich, an der lex-fori-Regel angeknüpften Hauptfrage.

III. Ergebnis

Die Übertragung der Qualifikationsmethode auf das Zivilprozeßrecht ist nur zum Teil gerechtfertigt. Die weitgehende Herrschaft der lex fori über das Verfahrensrecht nimmt dem Qualifikationsbegriff einiges von seiner Bedeutung[158]. Die lex-fori-Regel gibt nämlich für die Prozeßnorm als Qualifika-

[158] *Linke*, IZPR, Rdz. 47.

tionsstatut nur das eigene Verfahrensrecht vor und begrenzt somit notwendig auch den Umfang der Qualifikationsmethode.

Die Unterscheidung von Normen des materiellen Rechts von solchen des Zivilprozeßrechts ist kein Gegenstand der Qualifikationsmethode. Die Unterscheidung beinhaltet nur eine Ordnungsfunktion im Recht, die dem Normanwender die Erfassung von Problemen erleichtert. Erst die nach der Ausdifferenzierung in materielles Recht oder Verfahrensrecht erforderliche Subsumtion der Verfahrensnormen unter die gewohnheitsrechtliche lex-fori-Regel entspricht der Zuordnung einer Rechtsnorm zum Anknüpfungsgegenstand einer Verweisungsnorm, wie sie aus dem internationalen Privatrecht als Qualifikation bekannt ist. Sind internationale Übereinkommen betroffen und Rechtsfragen unter die Abgrenzungsnormen zu subsumieren, dann gibt die Qualifikationsmethode wegen der funktionellen Ähnlichkeit mit den Sammelbegriffen in den Kollisionsnormen die wertende und zielgerichtete Ordnungsaufgabe zutreffend wieder. Den Übereinkommen fehlt aber, sofern sie selbst nicht einen kollisionsrechtlichen Charakter besitzen, jeglicher Normanwendungsbefehl.

Die Entscheidung, nach welchem Recht Tatbestandsmerkmale in einer Vorschrift des anwendbaren Verfahrensrechts auszulegen sind, geschieht hingegen außerhalb der Qualifikation mit Hilfe der Vorfragenmethode. Die Funktion der Hauptfrage, von der die Vorfrage abgeleitet wird, übernimmt im internationalen Zivilprozeßrecht die lex-fori-Regel, die als Statut der Hauptfrage in der Regel das inländische Verfahrensrecht beruft. Erst von dieser kollisionsrechtlichen Grundentscheidung her erhält die Vorfrage zur Inhaltsbestimmung der materiellen Einschlüsse in Verfahrensnormen ihr Gewicht. Grundsätzlich unschädlich ist dabei, daß die von inländischen Sachnormen vorausgesetzten Vorfragen keine kollisionsrechtlichen, sondern solche der Sachnormanwendung sind.

4. Kapitel

Rechtliche Behandlung prozessualer Normentypen

Der Maßstab der lex fori enthält einen allgemeinen Rechtsgedanken, aus dem sich unmittelbar noch keine Entscheidungen ergeben. Wie schließlich im Einzelfall bei der Anwendung einer deutschen Verfahrensnorm auf einen Auslandssachverhalt zu entscheiden wäre, erschließt sich deshalb nur aufgrund einer rechtlichen Analyse einiger Verfahrensnormen. Eine weitgehende Bestätigung der lex-fori-Regel selbst bei der Behandlung der materiellrechtlichen Einschlüsse im Verfahrensrecht böte freilich ein gewichtiges Argument für die vorrangige Geltung des eigenen Verfahrensrechts. Obwohl kaum eine Norm der anderen gleicht, läßt sich anhand der typischen Normen des Prozeßrechts annähernd der Geltungsumfang der lex-fori-Regel ermessen.

So gibt es zunächst reines Verfahrensrecht, das den ungestörten Ablauf der gerichtlichen Tätigkeit von der Einleitung des Verfahrens bis zum Abschluß der Urteilsvollstreckung sichert. Dazu gehören das Recht des GVG über die Gerichtsorganisation, die Prozeßkosten (§§ 91 ff. ZPO), die Vorschriften über die mündliche Verhandlung (§§ 128 ff. ZPO), Zustellungsnormen, Ladungen und Vorschriften über Termine und Fristen im Zivilprozeß. Sie dienen der Aufrechterhaltung eines geordneten und rechtsstaatlichen Verfahrens.

Daneben gibt es zahlreiche Verfahrensnormen, die materielle Einschlüsse enthalten. Nach § 50 Abs. 1 ZPO ist parteifähig, wer rechtsfähig ist. Nach § 13 ZPO bestimmt sich der allgemeine Gerichtsstand nach dem Wohnsitz einer Person. Andere Gerichtsstandsbestimmungen stellen auf Unterhaltssachen und Mietsachen ab (§§ 23 a, 29 a ZPO). Unterhaltspflichten grenzen die Zuständigkeit des Familiengerichts von den allgemeinen Abteilungen der Amtsgerichte in §§ 23 b Abs. 1 S. 2 Nrn. 5, 6 GVG, 621 Abs. 1 Nrn. 4, 5 ZPO ab. Gesamthandsanteile schließlich sind der Pfändung unterworfen (§ 859 ZPO). Diese Gruppe ließe sich noch um viele Beispiele erweitern[1].

Als weitere Kategorie kennt das Zivilprozeßrecht materiellrechtliche Anspruchsgrundlagen im Verfahrensrecht. §§ 89 Abs. 1 S. 3 a.E. ZPO, 302 Abs. 4 S. 3, 641 g, 717 Abs. 2, 945 ZPO begründen einen Schadensersatzanspruch gegen die Partei, die eine prozessuale Handlung erwirkt hat, die sich nachträglich als unberechtigt herausstellt. Aufgrund der engen Beziehungen zum jeweiligen Verfahren und historischer Gründe wurden sie innerhalb des prozessualen Normengefüges belassen[2]. Dieser Bereich unterfällt systematisch gedacht dem materiellen Recht, weil er materielles Schadensersatzrecht darstellt. Dies würde für eine Anknüpfung an das materielle Recht sprechen, das freilich nur bei Maßgeblichkeit des deutschen Sachstatuts anzuwenden wäre. Diese Vorschriften könnten jedoch auch als Annex zu der jeweiligen prozessualen Situation angesehen werden und damit der lex fori unterfallen.

§ 8 Die Anknüpfung des reinen Verfahrensrechts

Es besteht Übereinstimmung, die unmittelbar dem Verfahren gewidmeten Vorschriften der Zivilprozeßordnung keiner internationalprivatrechtlichen Anknüpfung zuzuführen[3]. Das Kostenrecht (§§ 91 ff. ZPO), die Sicherheitsleistung (§§ 108 ff. ZPO), die Anforderungen an die Schriftsätze (§§ 130 ff. ZPO), die Vorschriften über das Verfahren bei Säumnis der Parteien (§§ 331 ff. ZPO), schließlich die Voraussetzungen von Berufung und Revision (§§ 511 ff., 545 ff. ZPO) unterliegen deshalb der lex-fori-Geltung. Indes erweist sich schon bei der näheren Betrachtung einiger prozeßordnender und verfahrensleitender Vorschriften, daß die Berufung auf die lex-fori-Regel zu pauschal ist. In Einzelfällen können selbst die schutzwürdigen Interessen am ungestörten Verfahrensablauf eine Beurteilung nach ausländischem Verfahrensrecht rechtfertigen.

---

[1] Unberücksichtigt bleiben sollen Vorschriften, die auf andere Gesetze als diejenigen des bürgerlichen Rechts verweisen. So ist etwa die Straftat nach § 580 Nrn. 1-5 ZPO Restitutionsgrund, die rechtskräftige Bestrafung nach § 581 ZPO Prozeßvoraussetzung, s. *Zöller-Schneider*[18], ZPO, § 581 Rdz. 1. Für die strafgerichtliche Verurteilung genügt auch ein ausländisches Strafurteil, vgl. *Stein-Jonas-Grunsky*[20], ZPO, § 581 Rdz. 1.

[2] *Häsemeyer*, Schadenshaftung, S. 9 (zu § 945 ZPO); *Stein-Jonas-Münzberg*[20], ZPO, § 717 Rdz. 7.

[3] *Böhm*, FS Fasching, S. 107 (119 ff.); Beispiele bei *Geimer*[2], IZPR, Rdz. 334 ff.; *Linke*, IZPR, Rdz. 148, 161, 202; *Roth, H.*, FS Stree / Wessels, S. 1046 (1053); *Zöller-Geimer*[18], IZPR, Rdz. 5.

Anschaulich wird dies im internationalen Zivilprozeßrecht bei der Bestimmung der Rechtshängigkeit. Die Einrede anderweitiger Rechtshängigkeit soll den risikolosen Verlauf des Prozesses sichern und einen Wettlauf der Parteien um die früheste vollstreckungsfähige Entscheidung verhindern. Mehrfache Rechtshängigkeit begründet zudem die Gefahr sich widersprechender Entscheidungen, die in materielle Rechtkraft erwachsen würden und infolgedessen den Streit der Parteien weiterhin in der Schwebe halten würden[4]. In Literatur und Rechtsprechung besteht deshalb weitgehend Einigkeit, daß die Frage, ob und wann Rechtshängigkeit im Ausland eingetreten ist, nach der lex fori des ausländischen Gerichts beurteilt werden muß[5].

Der BGH hat die ausländische lex fori bevorzugt, weil der Zeitpunkt der Rechtshängigkeit im Interesse der internationalen Entscheidungsharmonie möglichst einfach zu bestimmen sein muß[6]. Weiterhin gelte es, die Ordnungsfunktion der Rechtshängigkeitseinrede, die auch im Falle der Auslandsbeziehung die Partei vor einem Parallelprozeß und sich widersprechenden Entscheidungen bewahren soll, zu berücksichtigen. Trotz Kritik[7] hat der BGH an seiner Rechtsprechung festgehalten[8]. Die in der Literatur geforderte und am Entwicklungsstand beider Verfahren orientierte Prioritätsprüfung[9], die die Überholung der inländischen Rechtshängigkeit durch eine spätere ausländische Klage, die den Rechtshängigkeitszeitpunkt vorverlegt, zu vermeiden sucht, hat der BGH erneut ausdrücklich verworfen[10].

Eine weitere Schwierigkeit der lex-fori-Geltung für das reine Verfahrensrecht besteht darin, festzustellen, wann eine Vorschrift nur dem ordnungsgemäßen Verfahren dient. Viele zivilprozessuale Vorschriften können als Normen gedeutet werden, die dem ordnungsgemäßen, reibungslosen und verfahrensökonomischen Prozeßverlauf dienen. Wollte man etwa das Kriterium der Verfahrensöko-

---

[4] *Grunsky*, Grundlagen, S. 362; *Zöller-Stephan*[18], ZPO, § 261 Rdz. 1.

[5] BGH FamRZ 1992, 1058 (1059 f.); BGH FamRZ 1987, 580 (581) m. zust. Anm. *Gottwald*, S. 582; *Siehr*, IPRax 1989, S. 93 (94).

[6] BGH NJW 1987, 3083 f. = FamRZ 1987, 580 (581).

[7] OLG Hamm NJW 1988, 3102 (3103) m. zust. Anm. *Geimer*, S. 3103; *ders.*, NJW 1987, S. 3085; ebenfalls krit. in *Geimer*[2], IZPR, Rdz. 2701; *Linke*, IPRax 1982, S. 229 (230 „Doppelqualifikation"); *Schack*, IZVR, Rdz. 757.

[8] BGH FamRZ 1992, 1058 (1059 f.).

[9] *Geimer*[2], IZPR, Rdz. 2699; *Linke*, IPRax 1982, S. 229 (230); *Schack*, IZVR, Rdz. 757.

[10] BGH FamRZ 1992, 1058 (1059 f.); bereits BGH NJW 1987, 3083 f. = FamRZ 1987, 580 (581).

nomie an die Gerichtsstandsvereinbarung anlegen, könnte selbst die Bestimmung über ihr Zustandekommen eine ordnungsrelevante Aufgabe haben. Die übereinstimmende und formgemäße[11] Gerichtswahl unterstellt das Rechtsverhältnis nämlich einem Forum und seinem Verfahrensrecht. Es verschafft damit den Parteien die Gewißheit, daß ihre Streitigkeiten im Gerichtswege gelöst werden und dem zuständigen Gericht die Garantie, über den Rechtsstreit auch abschließend entscheiden zu dürfen. Richtigerweise beurteilt aber die überwiegende Meinung das Zustandekommen der Gerichtsstandsvereinbarung anhand der ausländischen lex causae[12].

Die Beispiele beweisen, daß aus der verfahrensordnenden und -leitenden Funktion einer Vorschrift[13] nicht unbedingt auf die Maßgeblichkeit der heimischen lex fori zu schließen ist. Auch bei dieser Kategorie von Vorschriften kann aufgrund des Auslandsbezugs eine verfahrensrechtliche Sonderbehandlung erforderlich werden[14]. Bei der Bestimmung der Rechtshängigkeit ist zum einen zu beachten, daß eine mehrfache Rechtshängigkeit zu einer Überlastung der Gerichte führt. Zugleich besteht aber auch ein verfahrensrechtliches Parteiinteresse, wenn dem Beklagten nicht zugemutet werden soll, sich in mehreren Verfahren und zudem im Ausland verteidigen zu müssen. Insofern ist für eine sachgerechte Beurteilung eine genaue Analyse der Interessen des Gerichts und der Parteien erforderlich.

§ 9 Die Anknüpfung prozessualer Rechtsbegriffe

In bestimmten Fällen verlangt bereits das Prozeßrecht selbst, Vorfragen ausschließlich sachrechtlich ohne Berücksichtigung des Kollisionsrechts anzuknüpfen. So soll sich der Beklagtenwohnsitz in § 13 ZPO als prozessualer Begriff nach der überwiegenden Ansicht nur nach dem eigenen Prozeßrecht be-

---

[11] Die Form unterliegt nach herrschender Auffassung der lex fori, *Schack*, IZVR, Rdz. 444.

[12] *Schack*, IZVR, Rdz. 437, 444; ausführlicher dazu unten § 10, I.

[13] Zu dieser Funktion des § 261 ZPO, *Zöller-Stephan*[18], ZPO, § 261 Rdz. 1; *Siehr*, IPRax 1989, S. 93 (94).

[14] Vgl. auch die Kontroverse um die Ordnungsmäßigkeit der Zustellung in § 328 Abs. 1 Nr. 2 ZPO und die verweigerte entsprechende Anwendung der Heilungsvorschrift des § 187 S. 1 ZPO im Rahmen des HZÜ, BGHZ 120, 305 (311 f.) = BGH ZZP 106 (1993), 391 (393 f.) m. abl. Anm. *Geimer*, LM § 328, Nr. 42; zust. *Schütze*, ZZP 106 (1993), S. 396; zust. *Schack*, JZ 1993, S. 621 (622); a.A. BayObLGZ 1974, 471 (477); BayObLGZ 1978, 132 (133 f.); Heilung anhand der lex fori des Urteilsstaates im Rahmen des Art. 27 Nr. 2 EuGVÜ, EuGH Slg. 1990, 2725 ff.; BGH NJW 1991, 641 ff.; zust. *Stürner*, JZ 1992, S. 325 (331).

stimmen, das zur näheren Inhaltsbestimmung die Vorschriften des bürgerlichen Rechts für das Zuständigkeitsrecht übernimmt[15]. Andererseits hat die Rechtsprechung beispielsweise die im Rahmen der Prozeßfähigkeit des Ausländers (§ 55 ZPO) auftretende Vorfrage nach der Geschäftsfähigkeit einer kollisionsrechtlichen Lösung mit Hilfe des Art. 7 Abs. 1 EGBGB unterworfen[16]. Das verwundert und erscheint inkonsequent, weil beide Rechtsbegriffe, sowohl der des Beklagtenwohnsitzes als auch der der Prozeßfähigkeit des Ausländers an sich einer eigenständigen prozessualen Inhaltsbestimmung zugänglich sind.

I. Internationale Zuständigkeit

Die deutsche ZPO regelt die internationale Zuständigkeit nicht ausdrücklich, sondern nur mittelbar durch die Verweisung auf die Vorschriften der §§ 12 ff. ZPO, so daß die örtliche Zuständigkeit die internationale indiziert, es sei denn, der Gesetzgeber regelt nur die letztere (z.B. §§ 606 a, 640 a Abs. 2 ZPO)[17]. Soweit danach ein Gericht örtlich zuständig ist, ist es auch international im Verhältnis zu ausländischen Gerichten zuständig.

1. Die Wohnsitzbestimmmung des § 13 ZPO

Die herrschende Meinung im Schriftum[18] und der BGH[19] bestimmen den für § 13 ZPO maßgeblichen Wohnsitz streng nach der materiellen lex fori. Zur Inhaltsbestimmung des prozeßrechtlichen Wohnsitzbegriffes wird auf das materielle Recht zurückgegriffen, so daß in § 13 ZPO die §§ 7-11 BGB hineinzulesen sind. Der Wortlaut ließe an sich auch einen Bezug auf das internationale Privatrecht zu. So erscheint es ebenso sachgerecht, den Wohnsitzbegriff in § 13

[15] *v. Bar, C.*, IPR I, S. 319 f.; *Riezler*, IZPR, S. 186; *Roth, H.*, IPRax 1989, S. 279 (281); BGH FamRZ 1993, 47 (48); sogleich I.

[16] BGH JZ 1956, 535 m. abl. Anm. *Neuhaus*, S. 537; dazu sogleich II.

[17] *Geimer*[2], IZPR, Rdz. 943 f.; *Linke*, IZPR, Rdz. 115; *Zöller-Geimer*[18], ZPO, § 606 a Rdz. 9; BGHZ 94, 156 (157 f.); BGH IPRspr 1977 Nr. 124, S. 382 (384); BGHZ (GS) 44, 46 (47).

[18] *v. Bar, C.*, IPR I, S. 319 f.; *Kropholler*, Hdb. IZVR, Bd.I, Kap. III, Rdz. 67; *MünchKomm ZPO-Patzina*, § 13 Rdz. 4; *Riezler*, IZPR, S. 186; *Roth, H.*, IPRax 1989, S. 279 (281); *Schack*, IZVR, Rdz. 244; *Schütze*, DIZPR, S. 44; *Stein-Jonas-Schumann*[21], ZPO, § 13 Rdz. 1.

[19] Aus der umfangreichen Rechtsprechung zu § 36 FGG: BGH FamRZ 1993, 47 (48); FamRZ 1992, 794 (795); OLG Hamm FamRZ 1977, 132 (134); OLG Zweibrücken FamRZ 1975, 172 (174); bereits RGZ 67, 191 (193); KG NiemeyersZ 23 (1913), S. 338 (339).

ZPO kollisionsrechtlich zu bestimmen. Weil das EGBGB keine ausdrückliche Kollisionsnorm für den Wohnsitzbegriff bereithält, wäre an eine ungeschriebene Kollisionsnorm zu denken, die in Parallelität zum Personalstatut die Voraussetzungen für die Wohnsitznahme und -aufgabe dem Recht des Staates unterstellt, dem der Beklagte angehört[20].

Der Vorrang des deutschen materiellen Rechts vor einer kollisionsrechtlichen Anknüpfung erscheint mir für § 13 ZPO jedoch sachgerecht. Hierfür sprechen mehrere Erwägungen. Der Wohnsitzbegriff des § 7 BGB enthält keinen spezifisch materiellrechtlichen Wohnsitzbegriff. Dieses Verständnis legt jedenfalls die Entwurfsbegründung zur Zivilprozeßordnung nahe, nach der der prozeßrechtliche Wohnsitz mit dem zivilrechtlichen zusammenfällt[21]. Fallen aber zivil- und prozeßrechtlicher Wohnsitz zusammen, dann hat der Gesetzgeber aus diesem Grunde darauf verzichtet, eine eigene Wohnsitzbestimmung in die Zivilprozeßordnung aufzunehmen. Nun beinhaltet aber die Auslegung nach dem internen Recht nicht unbedingt eine Vorgabe für die Behandlung im internationalen Prozeßrecht. Es muß demnach für die Fälle, in denen eine Auslandsberührung besteht, noch einen anderen Grund für die ausschließliche Anknüpfung des prozessualen Wohnsitzbegriffs an das materielle Recht geben.

Während das Reichs- und das Kammergericht[22] diesen materiellen Grund in dem öffentlich-rechtlichen Charakter der Wohnsitzregelung erblickten, weil die von der ZPO in Bezug genommenen Vorschriften des materiellen Rechts mit der Zuständigkeitsvorschrift der ZPO eine Einheit bildeten, die an der öffentlich-rechtlichen Natur des Prozeßrechts teilnähmen, stehen heute Praktikabilitätserwägungen im Vordergrund[23]. Die Begründung mit Hilfe des öffentlichrechtlichen Inhalts[24] wird zu Recht nicht mehr als tragendes Argument angesehen. Die Vorschriften des materiellen Rechts werden zwar für die Zuständigkeitsregelung Bestandteile der verfahrensrechtlichen Norm[25]; zu ihrer Inhaltsbestimmung bleiben jedoch weiterhin materiellrechtliche Umstände von Bedeu-

---

[20] *MünchKomm-Sonnenberger*², EGBGB, Einl. Rdz. 301; *Serick*, ZZP 68 (1955), S. 278 (297).

[21] *Hahn / Mugdan*, Materialien, Bd. 8, S. 82.

[22] RGZ 67, 191 (193); KG JW 1937, 820 (821); JW 1936, 3570 (3571) m. krit. Anm. *Süß*; NiemeyersZ 23 (1913), 338 (339); auch OLG Dresden JW 1920, 660.

[23] *Kropholler* (Fn. 18), Rdz. 67; *Riezler*, IZPR, S. 186; *Roth, H.*, IPRax 1989, S. 279 (281); *Schack*, IZVR, Rdz. 244.

[24] Besonders deutlich in: KG JW 1936, 3570 (3571).

[25] *Roth, H.*, IPRax 1989, S. 279 (281).

tung. So bedarf die Person zur Begründung des Wohnsitzes immer noch eines rechtsgeschäftlichen Willens[26].

Für die Anknüpfung des prozeßrechtlichen Wohnsitzbegriffes an das BGB spricht aber, daß sich das internationale Zuständigkeitsrecht generell stärker an die Partei und den Sachverhalt anlehnt als an das auf den Sachverhalt anzuwendende Recht[27]. Schon in ihrem frühesten Entwurf[28] knüpfte die CPO die internationale Zuständigkeit unabhängig von der Staatsangehörigkeit an. Sie wollte damit auch der ausländischen Partei, sofern sie einen Wohnsitz im Inland besaß, einen Gerichtsstand zur Verfügung stellen. Für die Wohnsitzbestimmung muß dann aber zugunsten der prozeßrechtlichen Begriffsbestimmung das nach IPR berufene Recht zurücktreten. Das Personalstatut nach den Vorraussetzungen der Wohnsitznahme und -aufgabe zu befragen, würde die gesetzgeberische Absicht vereiteln, weil der Inlandswohnsitz von dem nach IPR bestimmten Wohnsitz abweichen kann. Die Frage, ob ein Ausländer im Inland seinen Wohnsitz hat, ist demnach ausschließlich nach den materiellen Regelungen der §§ 7 ff. BGB zu entscheiden[29].

Dieses Ergebnis stimmt im übrigen mit der Wohnsitzqualifikation im Geltungsbereich des EuGVÜ überein. Für die Bestimmung der internationalen Zuständigkeit, bei der es nach Art. 2 Abs. 1 EuGVÜ auf den Beklagtenwohnsitz ankommt, enthält das Übereinkommen eine eigene Kollisionsnorm in Art. 52 Abs. 1. Nach ihr wendet das deutsche Gericht sein eigenes Recht an. Die Frage, ob für den Geltungsbereich des EuGVÜ ein Wohnsitz besteht, beurteilt sich also auch hier nach §§ 7 ff. BGB[30].

Diese Qualifikation muß ausnahmslos auch für den abgeleiteten Wohnsitz gelten[31]. Die Frage, ob und wie der Wohnsitz eines Kindes durch das familienrechtliche Band zu seinen Eltern beeinflußt wird, könnte nur dann nach den Regeln des internationalen Privatrechts beantwortet werden, wenn der abhängige Wohnsitz der Kinder entgegen der obigen prozessualen Zuordnung nunmehr als

---

[26] Das folgt aus § 8 BGB; *Palandt-Heinrichs*[54], BGB, § 7 Rdz. 7, § 8 Rdz. 1.

[27] *Kropholler* (Fn. 18), Rdz. 19 ff., insbes. 22.

[28] *Hahn / Mugdan*, Materialen, Bd. 1, S. 150.

[29] *MünchKommZPO-Patzina*, § 13 Rdz. 4; *Schack*, IZVR, Rdz. 244; *Serick*, ZZP 68 (1955), S. 278 (281 f.).

[30] *Kropholler*[4], Europ.ZPR, Art. 52, Rdz. 7; *Schack*, IZVR, Rdz. 245.

[31] *Kropholler* (Fn. 18), Rdz. 67; *MünchKommZPO-Patzina*, § 13 Rdz. 5, 16; *Roth, H.*, IPRax 1989, S. 279 (281); *Schack*, IZVR, Rdz. 249; *Stein-Jonas-Schumann*[21], ZPO, § 13 Rdz. 6.

Institut des materiellen Rechts aufgefaßt wird[32]. Die Funktion des internationalen Zuständigkeitsrechts hat sich aber nicht dadurch grundlegend verändert, daß nunmehr ein abhängiger Wohnsitz zu bestimmen ist. Die Wohnsitzfrage des ausländischen ehelichen Kindes wird demzufolge nicht nach dem Heimatrecht des Kindes, sondern ebenfalls nach der materiellen lex fori entschieden werden[33]. Freilich bleibt das internationale Privatrecht auch bei der autonomen, an der materiellen lex fori orientierten Begriffsbestimmung maßgebend, sobald es auf familienrechtliche Verhältnisse, wie z.B. das gemeinsame Sorgerecht als Anknüpfungsmerkmal für den abgeleiteten Wohnsitz, ankommt[34]. Das aber ist keine Frage des internationalen Zivilverfahrensrechts mehr.

2. *Die Wohnsitzbestimmung des § 16 ZPO*

Indes kennt das Zuständigkeitsrecht mit § 16 ZPO einen Sonderfall, der der Behandlung nach der materiellen lex fori nicht unmittelbar zugänglich ist. Die Vorschrift legt auf den ersten Blick nahe, eine Inhaltsbestimmung nur nach der prozessualen lex fori vorzunehmen, weil ihr keine entsprechende Vorschrift über den Wohnsitz vagabundierender Personen im materiellen Recht gegenübersteht. Diese Interpretation wäre jedoch viel zu kurz gegriffen. Nach seinem Wortlaut begründet § 16 ZPO zwei Hilfsgerichtsstände, die sich vom Aufenthaltsort und vom letzten Wohnsitz her bestimmen. Die Vorschrift setzt nach allgemeiner Auffassung voraus, daß die Person weder im Ausland noch im Inland einen Wohnsitz hat[35]. Weil die Rechtsprechung das Bestehen eines inländischen oder ausländischen Wohnsitzes in der Regel bejaht hat, ist die Begrün-

---

[32] *Serick*, ZZP 68 (1955), S. 279 (293).

[33] Dieses Ergebnis wird heute auch für den Geltungsbereich des EuGVÜ nicht mehr durch die kollisionsrechtliche Vorschrift des Art. 52 Abs. 3 EuGVÜ (1968), der eine Beurteilung des abgeleiteten Wohnsitzes nach dem Heimatrecht vorsah, in Frage gestellt. Die Vorschrift wurde durch Art. 15 des Dritten Beitrittsübereinkommens von Donostia / San Sebastian vom 26.5.1989, ABl.EG 1989 L 285, 1 (5) (auch abger. bei *Jayme / Hausmann*[7], Nr. 76) gestrichen. Von den Beitrittsstaaten sowie den EFTA-Staaten wurde die Vorschrift wegen der Fortentwicklung des Wohnsitzes der verheirateten Frau in Frage gestellt, vgl. *Cruz / Real / Jenard*, Bericht zum 3. Beitrittsübereinkommen, ABl.EG 1990 Nr. C 189, 35 (48 f.) u. *Jenard / Möller*, Bericht zum Lugano-Übereinkommen, ABl.EG 1990 Nr. C 189, 57 (80).

[34] *MünchKomm-Sonnenberger*[2], EGBGB, Einl. Rdz. 301; *Riezler*, IZPR, S. 196; offen gelassen in OLG Hamm, FamRZ 1977, 132 (134).

[35] *Kropholler* (Fn. 18), Rdz. 274; *Stein-Jonas-Schumann*[21], ZPO, § 16 Rdz. 3; *MünchKomm ZPO-Patzina*, § 16 Rdz. 2; *Zöller-Vollkommer*[18], ZPO § 16 Rdz. 4.

dung der internationalen Zuständigkeit mit § 16 ZPO bisher erst selten in Erscheinung getreten[36].

Die Frage nach dem Inlandswohnsitz beantwortet einheitlich das deutsche Recht[37]. Dem ist die Literatur, namentlich in den Kommentaren gefolgt[38]. Immer noch uneinheitlich wird für § 16 ZPO die Frage beantwortet, nach welchem Recht der ausländische Wohnsitz einer Person zu bestimmen ist. Diese Entscheidung sollte nach der reichsgerichtlichen Rechtsprechung bei deutschen Staatsangehörigen nach deutschem Recht und bei Ausländern nach dem Recht des möglichen Wohnsitzstaats beurteilt werden[39].

Gegen diese Interpretation hat sich Serick gewandt, der den Wohnsitzbegriff zivilprozessual anknüpfen will und deshalb eine Abhängigkeit vom Staatsangehörigkeitsrecht ablehnt[40]. Er weist darauf hin, daß bei einer materiellrechtlichen Bestimmung des Wohnsitzbegriffs nur eine Kollisionsnorm darüber entscheiden könne, welches Recht die Voraussetzungen im einzelnen festlege[41]. Lösungen, die sich am internationalen Privatrecht orientierten, müßten deshalb zu der Frage Stellung nehmen, welche Kollisionsnorm, einerlei ob geschrieben oder ungeschrieben, die Zuordnungsfunktion übernehme. Diese Frage ließen aber diejenigen unbeantwortet, die unmittelbar das ausländische Recht anwenden wollen, für dessen Gebiet der Wohnsitz geprüft werden soll. Serick selbst folgt am Beispiel eines im Ausland wohnhaften Beklagten, der dort einem Wohnsitzverbot unterliegt[42], der lex fori.

M.E. werden nur bei einer Anknüpfung an die lex fori unstimmige Ergebnisse im Rahmen der Anerkennungsregel des § 328 Abs. 1 Nr. 1 ZPO vermieden[43]. Ist die Wohnsitzzuständigkeit eines ausländischen Gerichts nach dieser Vor-

---

[36] OLG Koblenz DA Vorm. 1977, 430 (434) = DA Vorm. 1976, 147 (151); LG Bayreuth DA Vorm. 1961, 110 (119): Gerichtsstand bestand noch während des Aufenthaltes infolge des NATO-Truppenstatus.

[37] *Baumbach-Lauterbach*[53], ZPO, § 16 Rdz. 1; *Stein-Jonas-Schumann*[21], ZPO, § 16 Rdz. 5; RG JW 1936, 3570 (3571).

[38] *MünchKommZPO-Patzina*, § 16 Rdz. 3; *Stein-Jonas-Schumann*[21], ZPO, § 16 Rdz. 9; *Soergel-Kegel*[11], EGBGB, vor Art. 7 Rdz. 26; *Staudinger-Gamillscheg*[11], EGBGB, § 606 b ZPO, Rdz. 109; *Zöller-Vollkommer*[18], ZPO, § 16 Rdz. 4.

[39] RGZ 102, 82 (86); RG JW 1937, 821; KG JW 1936, 3570 (3571) m. krit. Anm. *Süß*.

[40] *Serick*, ZZP 68 (1955), S. 278 (296); so auch *Schack* für § 13 ZPO, IZVR, Rdz. 244.

[41] *Serick*, ZZP 68 (1955), S. 278 (296).

[42] RGZ 34, 392 (399).

[43] *Kropholler* (Fn. 18), Rdz. 276; *Serick*, ZZP 68 (1955), S. 278 (298 f.).

schrift anhand des deutschen prozessualen Wohnsitzbegriffs zu beurteilen[44], dann ist es widersprüchlich, die internationale Zuständigkeit des § 16 ZPO mit Rücksicht auf den Wohnsitzbegriff eines ausländischen Rechts abzulehnen, wenn der fremden Entscheidung später im Inland die Anerkennung versagt werden muß, weil das Gericht nach den deutschen Vorschriften nicht zuständig war[45]. Wollte man beide Fragen unabhängig voneinander beurteilen, entstünde ein Widerspruch zwischen den Prüfungen der internationalen Zuständigkeit und der späteren Anerkennung der ausländischen Entscheidung. Das Bestehen eines in- oder ausländischen Wohnsitzes beurteilt sich demnach auch für § 16 ZPO nach den §§ 7-11 BGB.

II. Die Prozeßfähigkeit des Ausländers

Zweifelhaft ist auch die internationale Anknüpfung der Prozeßfähigkeit. Im Unterschied zu den Zuständigkeitsvorschriften enthält die Prozeßordnung aber mit § 55 ZPO eine Sondervorschrift, welche die Prozeßfähigkeit des Ausländers regelt. Sie bestimmt, daß ein Ausländer, dem nach seinem Heimatrecht die Prozeßfähigkeit mangelt, als prozeßfähig anzusehen ist, wenn ihm nach dem Recht des Prozeßgerichts die Prozeßfähigkeit zusteht. Der Begriff der Prozeßfähigkeit ist bei der Auslegung des § 55 ZPO demnach in zweierlei Hinsicht von Bedeutung.

Zunächst hat das zuständige Gericht zu untersuchen, ob der Ausländer nach seinem Heimatrecht die Prozeßfähigkeit besitzt. Die Maßgeblichkeit des Heimatrechts sagt jedoch noch nichts darüber aus, ob das jeweilige Heimatrecht die Prozeßfähigkeit ebenfalls anhand der Geschäftsfähigkeit bestimmt und ob diese wiederum nach dem Heimatrecht des Ausländers zu beurteilen ist. Ist nach dem Heimatrecht des Ausländers die Prozeßfähigkeit zu verneinen, kommt es darauf an, ob der Ausländer nach dem Recht des Prozeßgerichts prozeßfähig wäre. Auch diese Formulierung läßt zunächst offen, ob die Prozeßfähigkeit als prozessuales Institut aus sich heraus zu bestimmen ist oder eine Verweisung auf das materielle Recht enthält.

---

[44] *Geimer*[2], IZPR, Rdz. 2896 f.; *Nagel*[3], IZPR, Rdz. 659 f.

[45] *Kropholler* (Fn. 18), Rdz. 276; *Schack*, IZVR, Rdz. 247.

1. Prozessuale Lösung

Nach Ansicht der Literatur setzt § 55 ZPO eine ungeschriebene Verfahrenskollisionsnorm voraus, wonach sich die Prozeßfähigkeit des Ausländers zunächst nur nach dem Prozeßrecht seines Heimatstaates richte[46]. Weil das Gesetz ausdrücklich auf die Prozeßfähigkeit nach dem Heimatrecht abstelle, vermeide es jeden Bezug zur Geschäftsfähigkeit und materiellen Verpflichtungsfähigkeit nach ausländischem Recht[47]. Dahinter steht die Erwägung, die Prozeßfähigkeit als prozessualen Rechtsbegriff ohne Rückgriff auf die Geschäftsfähigkeit zu bestimmen. Wenn die Zivilprozeßordnung in §§ 51, 52 ZPO die Prozeßfähigkeit an die Vorschriften über die Geschäftsfähigkeit binde, so geschehe dies folglich nur in dem Interesse, die Prozeßfähigkeit mit den Vorschriften des bürgerlichen Rechts über die Geschäftsfähigkeit für die Bedürfnisse des deutschen Rechts in Einklang zu bringen[48]. Das aber sei für die Anknüpfung der Prozeßfähigkeit des Ausländers ohne Belang.

2. Kollisionsrechtliche Lösung

Gegen die Literatur wendet sich die Rechtsprechung[49]. Sie argumentiert, die Zivilprozeßordnung verlange in § 55 ZPO, die deutschen zivilprozessualen Sachnormen, nach denen sich die Prozeßfähigkeit nach der Geschäftsfähigkeit (§ 55 i.V.m. § 52 ZPO) richte, auch auf Ausländer anzuwenden. Nur soweit die Geschäftsfähigkeit betroffen sei, sei sie bei Ausländern gemäß Art. 7 Abs. 1 EGBGB nach deren Heimatrecht zu beurteilen. Diese Meinung bestimmt die Prozeßfähigkeit demzufolge nur im Einklang mit der Geschäftsfähigkeit, wobei das internationale Privatrecht die maßgebenden Sachnormen berufe[50]. Danach setze § 55 ZPO keine ungeschriebene Verfahrenskollisionsnorm voraus, sondern leite die Prozeßfähigkeit des Ausländers von der Geschäftsfähigkeit nach seinem Heimatrecht ab.

---

[46] *MünchKomm-Sonnenberger*², EGBGB, Einl. Rdnr. 310; *MünchKommZPO-Lindacher*, § 55 Rdz. 1; *Schack*, IZVR, Rdz. 535; *Stein-Jonas-Bork*²¹, ZPO, § 55 Rdz. 1.

[47] *Stein-Jonas-Bork*²¹, ZPO, § 55 Rdz. 1.

[48] *Pagenstecher*, ZZP 1964 (1950 / 51), S. 276 (278); *Rosenberg*³, Lehrbuch ZPR, S. 123; *MünchKommZPO-Lindacher*, § 55 Rdz. 1.

[49] BGH JZ 1956, 535 m. abl. Anm. *Neuhaus*, S. 537.

[50] BGH JZ 1956, 535 (536).

Gegen die Auslegung der Literatur wurde vorgebracht, daß sie den im Privatrecht hoch bewerteten Minderjährigenschutz vernachlässige[51]. Die im deutschen Recht bestehende Abhängigkeit der Prozeßfähigkeit von der materiellrechtlichen Geschäftsfähigkeit (§ 52 ZPO) werde durch die § 55 ZPO angeblich vorgelagerte ungeschriebene Verfahrenskollisionsnorm aufgegeben, wenn ein nach seinem Heimatrecht geschäftsunfähiger Ausländer nach den Vorschriften des deutschen Rechts und ohne Zustimmung seines gesetzlichen Vertreters[52] sämtliche Prozeßhandlungen nach deutschem Recht vornehmen könne[53]. Den Rang, den der Minderjährigenschutz im Privatrecht von Gesetzes wegen genieße, würde im internationalen Prozeßrecht leichtfertig hintangestellt.

3. Eigene Stellungnahme

Insgesamt ist der Literatur der Vorzug zu geben, wobei allerdings zweifelhaft ist, ob es tatsächlich einer dem § 55 ZPO vorgeschalteten Verfahrenskollisionsnorm bedarf[54]. Schon die Motive zur Civilprozeßordnung von 1877 bemerken, daß § 53 CPO, der spätere § 55 ZPO, im Anschluß an § 35 der Einl. zum Allgemeinen Preußischen Landrecht und Art. 84 der Wechselordnung für die Prozeßfähigkeit des Ausländers genügen ließ, daß er entweder nach dem Recht seines Staates oder nach dem Recht des Prozeßgerichts prozeßfähig war[55]. Dabei stand die verfahrensökonomische Absicht im Vordergrund, das Gericht von einer Prüfung der Prozeßfähigkeit der ausländischen Partei im gerichtlichen Verfahren weitestgehend zu entheben[56]. Danach erscheint es nicht sachgerecht, bereits die Zulässigkeitsprüfung einer zivilgerichtlichen Klage mit komplexen, an das internationale Privatrecht anknüpfenden Rechtsprüfungen zu überfrachten.

Der Literatur kann auch nicht entgegengehalten werden, sie vernachlässige den Minderjährigenschutz. Die die Minderjährigen betreffenden Vorschriften

---

[51] *Kralik*, ZfRV 11 (1970), S. 161 (176).

[52] Zur Einschaltung des gesetzlichen Vertreters vgl. die Hinweise auf die Diskussion im Reichstag bei *Förster*, Die Civilprozeßordnung für das Deutsche Reich, S. 89 f.; *Struckmann / Koch*, Die Civilprozeßordnung für das Deutsche Reich, S. 62.

[53] *Kralik*, ZfRV 11 (1970), S. 161 (176); *Hepting*, FamRZ 1975, S. 451 (458).

[54] Dazu ausführlich unten § 13, VI.

[55] *Struckmann / Koch* (Fn. 52), S. 61 f.

[56] *Förster* (Fn. 52), S. 89 f.; *Struckmann / Koch* (Fn. 52), S. 61.

des ausländischen Rechts gewähren oder verweigern diesem Personenkreis rechtsgeschäftliche Handlungsmöglichkeiten, die mit den prozessualen Handlungsmöglichkeiten nicht notwendig übereinstimmen müssen. Das materielle Recht kann durchaus andere Wege gehen als das Prozeßrecht. Den Minderjährigenschutz des deutschen Rechts stellt dagegen auch die Literatur nicht in Abrede. Soweit es um die Beurteilung der Prozeßfähigkeit nach § 55 ZPO geht, der aus Verkehrsschutzgründen die Prozeßfähigkeit nach der lex fori genügen läßt, ist die Prozeßfähigkeit mit den Vorschriften über die Geschäftsfähigkeit mühelos in Einklang zu bringen[57].

Hinkende Rechtsverhältnisse lassen sich jedoch auch nach der Literaturmeinung nicht gänzlich vermeiden. Nach § 55 ZPO kann der nach seinem Heimatrecht prozeßunfähige Ausländer alle prozessualen Handlungen vornehmen, wenn ein Deutscher an seiner statt prozeßfähig wäre. Bei dieser hypothetischen Prüfung kommt es ausschließlich auf die Vorschriften der §§ 51, 52 ZPO an, wonach zur Beurteilung der Prozeßfähigkeit die Geschäftsfähigkeitsvorschriften des bürgerlichen Rechts heranzuziehen sind[58]. Bei diesem von § 55 selbst vorgegebenen Ergebnis besteht die Gefahr, daß das Urteil im Heimatstaat des Ausländers oder in einem Drittstaat nicht anerkannt wird, weil der Minderjährigenschutz des Heimatrechts mißachtet wurde[59].

Indes kann auch die Rechtsprechung hinkende Rechtsverhältnisse nicht ausschließen. Ein Rückgriff auf Art. 7 Abs. 1 EGBGB mit der Folge der Maßgeblichkeit des Personalstatuts und eventuell des materiellen Heimatrechts des Ausländers läßt jedwede Rücksicht auf ein Auseinanderfallen von Geschäftsfähigkeit und Prozeßfähigkeit nach dem Heimatrecht außer acht[60]. Die Literatur muß sich dieses Problems gar nicht annehmen, weil sie für die Prüfung der ausländischen Prozeßfähigkeit nur das Prozeßrecht maßgebend sein läßt. Damit stellt sie im Vergleich zur Rechtsprechung den Ausländer bei der Inanspruchnahme staatlichen Rechtsschutzes stärker mit dem Inländer gleich. Die Prüfung der Prozeßfähigkeit wird nicht unnötig durch eine kollisionsrechtliche Ver-

---

[57] *Pagenstecher*, ZZP 64 (1950-51), S. 276 (278); *Rosenberg*[3] (Fn. 48), S. 123; *MünchKomm ZPO-Lindacher*, § 55 Rdnr. 1.

[58] *Stein-Jonas-Bork*[21], ZPO, § 55 Rdz. 6; *Staudinger-Beitzke*[12], EGBGB, Art. 7 Rdz. 33; *MünchKommZPO-Lindacher*, § 55 Rdz. 1.

[59] *Hepting*, FamRZ 1975, S. 451 (458); *Kralik*, ZfRV 11 (1970), S. 161 (178 f.), der freilich eine über die materielle Lösung hinausgehende Prozeßfähigkeitsnorm ablehnt, weil § 55 ZPO durch die „Rechtsentwicklung gegenstandslos geworden" sei.

[60] *v. Bar, C.*, IPR I, S. 321; *MünchKomm-Sonnenberger*[2] EGBGB, Einl. Rdnr. 310.

weisung auf das ausländische Privatrecht erschwert, dem Ausländer im Ergebnis der Zugang zum Gericht also erleichtert. Die Prozeßfähigkeit des Ausländers ergibt sich demnach vorrangig aus dem Besitz der Prozeßfähigkeit seines Heimatlandes, die sich nach dem Prozeßrecht des Heimatstaates unabhängig von der Geschäftsfähigkeit beurteilt[61].

III. Zusammenfassung

Die Vorschriften des Zuständigkeitsrechts enthalten Begriffe, deren Auslegung die Prozeßordnung selbst bestimmt, indem sie auf Sachnormen Bezug nimmt. Den Beispielen läßt sich entnehmen, daß allein die Vorschrift und ihre sachgerechte Anwendung im Prozeß den Inhalt der Verweisung näher zu erläutern vermag. Dabei bestimmen jeweils unterschiedliche Motive die ausschließliche Berufung der Sachnormen ohne Berücksichtigung des Kollisionsrechts.

Die interessengerechte Lösung im Zuständigkeitsrecht orientiert sich dabei an eigenen internationalprozessualen Gerechtigkeitsvorstellungen. Die engere Anlehnung des Zuständigkeitsrechts an die Parteien bedingt die prozessuale Beurteilung des Wohnsitzbegriffs in § 13 ZPO. Die inhaltliche Übereinstimmung zwischen internationalem Zuständigkeits- und Anerkennungsrecht verlangt auch in § 16 ZPO, den Wohnsitzbegriff prozessual unter Rückgriff auf die entspechende Regelung der §§ 7 ff. BGB zu bestimmen.

Zur Inhaltsbestimmung der Prozeßfähigkeit von Ausländern ist zunächst vom Heimatrecht des Ausländers auszugehen. Der Ausländer ist im Inlandsprozeß prozeßfähig, wenn er nach seinem Heimatrecht in einem entsprechenden Verfahren ebenfalls prozeßfähig wäre. Dabei kann nur ein Verweis auf die prozessuale lex fori unter Verzicht auf eine kollisionsrechtliche Anknüpfung der Prozeßfähigkeit an die Geschäftsfähigkeit den verfahrensökonomischen Interessen des Gericht, nicht bereits die Zulässigkeitsprüfung mit Rechtsfragen zu überfrachten, entsprechen. Diese der Literaturmeinung folgende Lösung stellt den Ausländer bei der Inanspruchnahme deutscher Gerichte dem Inländer gleich.

Zudem stellt § 55 ZPO durch einen Verweis auf die inländische lex fori eine Regel für den Fall auf, daß dem Ausländer die Prozeßfähigkeit nach dem Recht

---

[61] *Geimer*[2], IZPR, Rdz. 2217; *MünchKomm-Sonnenberger*[2], EGBGB, Einl. Rdz. 310; *MünchKommZPO-Lindacher*, § 55 Rdz. 1; *Staudinger-Beitzke*[12], EGBGB, Art. 7 Rdz. 32; *Pagenstecher*, ZZP 1964 (1950 / 51), S. 276 (278); *Rosenberg / Schwab / Gottwald*[15], ZPR, S. 225; *Schack*, IZVR, Rdz. 535; *Stein-Jonas-Bork*[21], ZPO, § 55 Rdz. 1.

seines Heimatstaates fehlt. Auch in diesem Fall ist die Prozeßfähigkeit ein prozessualer Begriff, zu dessen inhaltlicher Bestimmung auf die Vorschriften der §§ 51, 52 ZPO zurückgegriffen wird, die ihrerseits auf die Geschäftsfähigkeit des Zivilrechts verweisen. Den Nachteil, hinkende Rechtsverhältnisse nicht vermeiden zu können, weil die Prozeß- und Geschäftsfähigkeit nach inländischem Recht nicht notwendig mit denen nach fremdem Recht übereinstimmen müssen, wiegt der Vorteil auf, dem Ausländer in gleichem Umfang wie Inländern Rechtsschutz vor deutschen Gerichten zu gewähren[62].

§ 10 Anknüpfung sachrechtbezogener Prozeßrechtsbegriffe

Im Mittelpunkt des internationalen prozeßrechtlichen Interesses stehen wegen ihrer Janusköpfigkeit die Verfahrensvorschriften, die als Vorfragen materiellrechtliche Tatbestandmerkmale enthalten oder auf materielle Rechtsverhältnisse Bezug nehmen. Ihnen ist gemeinsam, daß zur Bestimmung eines Tatbestandsmerkmals oder eines Rechtsverhältnisses, das Grundlage des prozessualen Tatbestandes ist, Begriffe des bürgerlichen Rechts verwendet werden oder zumindest terminologisch daran angelehnt sind[63]. Infolgedessen könnte das internationale Privatrecht für materiellrechtliche Normeinschlüsse das Privatrecht eines fremden Rechts berufen. Dann wäre eine zweifachen Qualifikation denkbar, bei der ein Teil der Norm verfahrensrechtlich, ein anderer materiellrechtlich zu beurteilen wäre.

Versuche, sich über die allgemeinen Auslegungsmethoden einer Entscheidung zu nähern, sind für die Bedürfnisse des internationalen Zivilprozeßrechts nur bedingt tauglich[64]. Die ZPO ist in sich vieldeutig[65] und aufgrund ihrer historischen Vorzeitigkeit nicht einheitlich und systematisch auf das bürgerliche Recht abgestimmt[66]. Sie enthält zum Teil noch veraltete Formulierungen[67],

---

[62] *Staudinger-Beitzke*[12], EGBGB, Art. 7 Rdz. 33.

[63] *MünchKomm-Sonnenberger*[2], EGBGB, Einl. Rdz. 300; *Stein-Jonas-Schumann*[20], ZPO, Einl. Rdz. 55.

[64] Über die Geltung der juristischen Auslegungsmethode auch in der ZPO vgl. *Stein-Jonas-Schumann*[20], ZPO, Einl. Rdz. 40 f.; *Rosenberg / Schwab / Gottwald*[15], ZPR, S. 32 f.

[65] Sog. Relativität der Rechtsbegriffe, vgl. *Stein-Jonas-Schumann*[20], ZPO, Einl. Rdz. 53 m.w.N in Fn. 62.

[66] Beispiele bei *Stein-Jonas-Schumann*[20], ZPO, Einl. Rdz. 55.

die neben moderner Gesetzgebungs- und Reformarbeit stehen. Der Blick auf den Entstehungszeitpunkt der Vorschrift und das seinerzeitige Sprachverständnis[68] helfen ebenfalls nicht weiter, weil in der Regel weder bei Abschluß der Gesetzgebungsarbeiten noch bei der textlichen Abfassung eine internationale Beziehung bedacht wurde[69].

Zu methodischen Lösungsversuchen haben sich unlängst Basedow und H. Roth geäußert. Basedow will in Anlehnung an die Vorfragenproblematik im internationalen Privatrecht[70] der Sachnorm auch bei Auslandsberührung des Sachverhalts zur Geltung verhelfen. Knüpfe die Verfahrensnorm ausdrücklich oder stillschweigend an zivilrechtliche Begriffe an, so könne ihr eine kollisionsrechtliche Struktur unterlegt werden. Der zivilrechtliche Begriff müsse dann derjenigen Rechtsordnung entnommen werden, die das deutsche Kollisionsrecht berufe[71]. So verweise z.B. § 50 Abs. 1 ZPO zur Bestimmung der Parteifähigkeit auf die Rechtsfähigkeit, die in Anwendung der deutschen Kollisionsnorm des Art. 7 Abs. 1 EGBGB bei Ausländern nach deren Heimatrecht bestimmt werden müsse. Ebenso sei § 383 Abs. 1 Nrn. 1, 2 ZPO eine kollisionsrechtliche Anknüpfung vorzuschalten, um prüfen zu können, ob ein ausländisches Verlöbnis oder eine ausländische Eheschließung vorliegt, die das Zeugnisverweigerungsrecht nach der deutschen Zivilprozeßordnung gewähren[72].

Im Unterschied zu Basedow möchte H. Roth diese Vorfragen nicht ihrerseits wieder einer eigenen Anknüpfungssystematik unterwerfen. Vielmehr müßten sie mit Hilfe der lex fori ausgelegt werden, um das auf Transparenz und Effektivität ausgerichtete Prozeßrecht nicht mit der Suche nach dem anwendbaren und zudem ungewissen Recht zu überladen. Der deutsche Verfahrensgesetzge-

---

[67] Beispiel § 69 ZPO: Die Bezugnahme auf „Vorschriften des bürgerlichen Rechts" erklärt sich aus der zur Zeit des Gesetzgebungsverfahrens herrschenden materiellrechtlichen Rechtskraftlehre, *Zöller-Vollkommer*[18], ZPO, § 69 Rdz. 1; BGHZ 92, 275 (277); § 771 ZPO: Der Ausdruck „Veräußerung" deutet auf eine Verwertung des Vollstreckungsobjekts durch Verkauf hin. Gemeint ist aber jede Art der Vollstreckung, die das Recht der Verwertung einer anderen Person als dem Schuldner zuweist, vgl. schon *Hahn / Stegemann*, Materialen, Bd. 2, S. 441.

[68] *Stein-Jonas-Schumann*[20], ZPO, Einl. Rdz. 54.

[69] Eine Ausnahme bildet das Zuständigkeitsrecht, wo einzelne Vorschriften auch in ihrer internationalen Dimension bereits erkannt waren. Dazu eingehender *Kropholler* (Fn. 18), Rdz. 31; zur Gesetzesgeschichte von § 917 Abs. 2 ZPO vgl. unten § 16, I. 3 c.

[70] *Basedow*, in: Schlosser, Materielles Recht und Prozeßrecht, S. 146; zur Vorfrage im internationalen Privatrecht: *Kropholler*[2], IPR, S. 199; *MünchKomm-Sonnenberger*[2], EGBGB, Einl. Rdz. 385 ff.; *Samtleben*, RabelsZ 52 (1988), S. 466 ff.; *Winkler v. Mohrenfels*, RabelsZ 51 (1987), S. 20 ff.

[71] *Basedow* (Fn. 70), S. 146 f., 151; *Stein-Jonas-Schumann*[20], ZPO, Einl. Rdz. 740.

[72] *Basedow* (Fn. 70), S. 147 f.

ber dürfe obendrein die Entscheidung über die Anwendbarkeit seines Verfahrensrechts nicht ausländischen Rechten überlassen. Eine „sehende", ergebnisorientierte Auslegung entspreche deshalb den Bedürfnissen des Zivilprozeßrechts[73]. Diese Ansicht gelangt mithin zu einer weiten Anwendung des eigenen Prozeßrechts und damit des Bürgerlichen Rechts unter Ausschluß des Kollisionsrechts. Ob das Prozeßrecht bei den Vorschriften, die materielles Recht und Prozeßrecht in sich vereinen, nun eine kollisionsrechtliche Anknüpfung oder eine an der Sachnorm orientierte Auslegung verlangt, ist anhand einiger exemplarischer Einzelfälle näher zu untersuchen.

I. Das Recht der Gerichtsstandsvereinbarungen

Zu einer Berücksichtigung der ausländischen lex causae infolge einer kollisionsrechtlichen Verweisung könnte es bei den Prozeßrechtsinstituten kommen, die ihrer Rechtsnatur nach sowohl Rechtsgeschäft des bürgerlichen Rechts als auch Prozeßhandlung sind. Besonders deutlich wird diese Doppelnatur bei den Gerichtsstandsvereinbarungen (§§ 38-40 ZPO). Das Zivilverfahrensrecht vieler Länder erlaubt den Parteien, sich die Konkurrenz der internationalen Zuständigkeiten durch Gerichtsstandsvereinbarungen zunutze zu machen. Dabei gestatten die meisten Rechtsordnungen bereits in vorprozessualen Vereinbarungen ein Forum für die Streitigkeiten festzulegen. Diese vorprozessualen Vereinbarungen sind materiellrechtliche Verträge, deren Recht sich nach internationalem Privatrecht an das Vertragsstatut anlehnt.

Aus diesem Grunde stellt sich gerade bei diesem janusköpfigen Rechtsinstitut die Frage der Reichweite der lex fori und der lex causae. Im deutschen Recht bestimmt sich die internationale Zuständigkeit als prozeßrechtliche Frage gemäß internationalem Zivilverfahrensrecht zunächst nach der lex fori. Somit kommen auch im Recht der internationalen Zuständigkeitsvereinbarung sowohl Art. 17 EuGVÜ als auch §§ 38-40 ZPO zur Anwendung, wobei Art. 17 im Anwendungsbereich des EuGVÜ als lex specialis vorgeht[74]. Im folgenden soll die Gerichtsstandsbestimmung nach den Vorschriften der ZPO behandelt werden.

---

[73] *Roth, H.* (Fn. 3), S. 1052 f.

[74] *Geimer*[2], IZPR, Rdz. 1643; *Kropholler* (Fn. 18), Rdz. 823; *Stein-Jonas-Bork*[21], ZPO, § 38 Rdz. 26.

1. Materiellrechtliche Lösung

Während das Reichsgericht die Gerichtsstandsvereinbarung wegen ihres prozessualen Charakters gemäß der lex-fori-Regel noch einheitlich nach deutschem Recht beurteilt hatte[75], soll nach Ansicht des BGH das deutsche Prozeßrecht mit Ausnahme der Formvorschrift des § 38 ZPO keine Bestimmungen über das Zustandekommen der Prorogationsverträge enthalten. Eine einheitliche prozessuale Lösung kam danach nicht in Betracht[76]. Das Schweigen der ZPO veranlaßte den BGH, eine stillschweigende Verweisung auf das allgemeine Vertragsrecht des bürgerlichen Rechts anzunehmen. Danach sei eine zweistufige Prüfung vorzunehmen, wie sie die Doppelnatur der Gerichtsstandsvereinbarung nahelege. Zulässigkeit, einschließlich der Mißbrauchskontrolle, Form (§ 38 ZPO) wie auch Wirkung der Gerichtsstandsvereinbarung bestimmten das Prozeßrecht der lex fori. Demgegenüber richte sich das Zustandekommen der Gerichtsstandsvereinbarung nach dem nach internationalem Privatrecht maßgeblichen deutschen oder ausländischen Vertragsrecht[77]. Dieser Ansicht ist die Literatur im wesentlichen gefolgt[78]. Im Unterschied zum BGH, der aufgrund der lückenhaften Regelung der ZPO die Gerichtsstandsvereinbarung als materiellrechtlichen Vertrag über prozeßrechtliche Beziehungen ansieht[79], geht die Literatur aber von einem Prozeßvertrag aus[80].

2. Prorogationsstatut der lex fori und Rechtswahl

Demgegenüber fordert Geimer eine selbständige Anknüpfung des Prorogationsstatuts[81]. Für die Zuständigkeitsvereinbarung als Prozeßvertrag gälten eigene Regeln, die nicht mit dem Vertragsstatut vermengt werden dürften. Maßgeblich für den Prozeßvertrag seien die deutschen Rechtsgrundsätze über

---

[75] RGZ 159, 254 (256).

[76] BGHZ 59, 23 (26 f.)

[77] St. Rspr.: BGH NJW 1989, 1431 (1432); BGH NJW 86, 1438 (1439); BGHZ 59, 23 (26 f.); BGHZ 49, 384 (387).

[78] *Geimer*[2], IZPR, Rdz. 1675; *Kropholler* (Fn. 18), Rdz. 480; *Schack*, IZVR, Rdz. 432; *Stein-Jonas-Bork*[21], ZPO, § 38 Rdz. 13; *Zöller-Vollkommer*[18], ZPO, § 38 Rdz. 5.

[79] BGHZ 57, 72 (75); 49, 384 (386 f.).

[80] *Geimer*[2], IZPR, Rdz. 1599 a; *Rosenberg / Schwab / Gottwald*[15], ZPR, S. 182; *Zöller-Vollkommer*[18], ZPO, § 38 Rdz. 4.

[81] *Geimer*[2], IZPR, Rdz. 1677; *ders.*, JZ 1979, 648 (649); NJW 1972, S. 391.

das Zustandekommen von Verträgen, die nur in bestimmten Fällen zugunsten ausländischer Regeln zurückgedrängt würden[82]. Die selbständige Anknüpfung des Prorogationsstatuts betone die eigenständige Funktion der Zuständigkeitsvereinbarung für die internationale Zuständigkeitsverteilung und die Rechtszuständigkeit. Von der internationalen Zuständigkeit hänge nicht selten das auf den Sachverhalt anwendbare materielle Recht ab[83]. Seien deutsche Gerichte international zuständig, bestimme das deutsche internationale Privatrecht, nach welchem materiellen Recht das streitige Rechtsverhältnis zu beurteilen sei. Nach diesem, freilich mannigfach durchbrochenen, Leitprinzip der Kompetenzverteilung[84] bedinge die internationale Zuständigkeit die sachliche Entscheidung des Prozesses.

Wenn der BGH im Recht der Gerichtsstandsvereinbarungen den umgekehrten Weg beschreite, also vom Vertragsstatut auf das Prorogationsstatut schließe, so erscheine das widersprüchlich. Auch erfasse die Erstreckung des Vertragsstatuts auf die Zuständigkeitsvereinbarung nur einen Teil der denkbaren Fälle. Soweit eine Zuständigkeitsvereinbarung nämlich gar nicht auf ein vertragliches Rechtsverhältnis bezogen sei, etwa im Anschluß an eine unerlaubte Handlung oder im Prozeß getroffen worden sei, könne der Gerichtsstand auch einem vom Schuldstatut abweichenden Recht unterstehen[85].

Eine dritte Lösung befürwortet die selbständige Anknüpfung der rechtsgeschäftlichen Voraussetzungen der Zuständigkeitsvereinbarung durch eine darauf beschränkte Rechtswahl[86]. Diese Parteibefugnis über das Zuständigkeitsrecht beziehe ihre Berechtigung aus der Parteiautonomie, die im Recht der Gerichtsstandsvereinbarungen die internationalrechtliche Gerechtigkeit am zweckmäßigsten verwirkliche. Die Anknüpfung an das Rechtsverhältnis, für das die Vereinbarung gelte, an das bezeichnete Gericht, an den Abschlußort oder den Parteienwohnsitz überlasse die Zuständigkeitsbestimmung dagegen eher zufälligen Kriterien, obwohl es den Parteien gerade darauf ankomme, ihr künftiges Verhalten an einem ganz bestimmten Recht auszurichten[87]. Dieses Parteiinter-

---

[82] *Geimer*[2], IZPR, Rdz. 1677.

[83] *v. Bar, C.*, IPR I, S. 354 f.; *ders.*, IPR II, S. 345; *Heldrich*, Int. Zuständigkeit, S. 57 ff.; BGHZ 44, 46 (50).

[84] *Heldrich* (Fn. 83), S. 58.

[85] *Geimer*, JZ 1979, S. 648 (649); *Jakobs*, Vorprozessuale Vereinbarungen, S. 56 f.

[86] *Jakobs* (Fn. 85), S. 60 f., 63; *Roth, G.H.*, ZZP 93 (1980), S. 156 (163).

[87] *Jakobs* (Fn. 85), S. 63.

esse rechtfertige es, eine nur auf die Zuständigkeitsvereinbarung beschränkte Rechtswahl zuzulassen.

3. Eigene Stellungnahme

Die vom BGH und überwiegend von der Literatur vertretene Maßgeblichkeit der lex fori für Zulässigkeit, Form und Wirkung der Gerichtsstandsvereinbarung sowie die Geltung der lex causae für die Vereinbarung selbst ist beifallswert. Es liegt im öffentlichen Interesse des Gerichtsstaates, den Zugang zu seinen Gerichten nach eigenem Verfahrensrecht zu beurteilen[88]. Das Zustandekommen der Gerichtsstandsvereinbarung dagegen nach der lex causae zu bewerten, honoriert die Bedürfnisse der Parteien nach einverständlicher Gerichtsstandsbestimmung, mit der häufig eine gewollte Unterwerfung unter ein bestimmtes Sachrecht einhergeht[89].

Die isolierte Anknüpfung der Zuständigkeitsabrede an die lex fori oder eine darauf beschränkte Rechtswahl könnte allenfalls dann Beachtung verdienen, wenn eine von einem Hauptvertrag unabhängige Gerichtsstandsvereinbarung geschlossen werden soll. In allen anderen Fällen wäre es lebensfremd, anzunehmen, die Parteien wollten die Zuständigkeitsvereinbarung immer einheitlich nach dem Verfahrensrecht der lex fori beurteilt wissen. In aller Regel schließen sie die internationale Prorogationsvereinbarung zusammen mit einem materiellrechtlichen Vertrag, so daß zumeist eine starke Vermutung für eine einheitliche Anknüpfung des Schuldstatuts und der Zuständigkeitsvereinbarung spricht[90].

Die Bewertung der Zuständigkeitsvereinbarung lege causae erfährt keine weiteren Einschränkungen. Eine Kumulation der lex causae mit unverzichtbaren Normen der lex fori ist nicht geboten. So ist die Anerkennungsfähigkeit des inländischen Urteils im Ausland oder des ausländischen im Inland[91] aufgrund der nur unzureichenden Prognosemöglichkeiten der Parteien bei der Vereinbarung der Zuständigkeit nicht zu berücksichtigen[92]. Auch eine Prüfung, die

---

[88] *v. Bar, C.*, IPR I, S. 354; *Kropholler* (Fn. 18), Rdz. 477; BGHZ 44, 46 (50).

[89] *Kropholler* (Fn. 18), Rdz. 488; *Schack*, IZPR, Rdz. 215, 431; *Heldrich* (Fn. 83), S. 161 f.

[90] Vgl. nur *Geimer*^{2}, IZPR, Rdz. 1684 ff.

[91] *Geimer*^{2}, IZPR, Rdz. 1765; *Jakobs* (Fn. 85), S. 123 f.; *Kropholler* (Fn. 18), Rdz. 547 ff.; *Roth, G. H.*, ZZP 93 (1980), S. 156 (169 f.).

[92] *Jakobs* (Fn. 85), S. 125 f., 129 f.; *Kropholler* (Fn. 18), Rdz. 551 (fehlende Erkenntnismöglichkeiten des Richters); *Schack*, IZVR, Rdz. 449.

bereits die Belegenheit vollstreckungstauglichen Vermögens in die Vereinbarung miteinbezöge[93], würde die mit der Zuständigkeitsvereinbarung gewonnene Bewegungsfreiheit der Parteien sogleich wieder beschränken.

II. Prozeßvollmacht und Vollmachtsstatut

Der Mandant, der im Hinblick auf einen zu erwartenden Prozeß einen Rechtsanwalt konsultiert, wird zunächst einen Anwaltsvertrag abschließen. In der Regel wird er dann, wenn es tatsächlich zu einem Rechtsstreit kommt, die zur Durchführung dieses Vertrages erforderliche Prozeßvollmacht erteilen. Die kollisionsrechtliche Behandlung des Anwaltsvertrags und das Problem der Anknüpfung der Prozeßvollmacht wird freilich erst in einem Fall mit Auslandsbezug relevant. Folgender Fall verdeutlicht die Problematik:

> Der in Paris als avocat à la cour und in Düsseldorf als Rechtsanwalt zugelassene deutsche W.[94] wird in seinen Kanzleiräumen in Paris von dem französischen Mandanten M. beauftragt, ihn in allen rechtlichen Angelegenheiten zu vertreten, die aus Anlaß der Nachlaßabwicklung nach dem Versterben seines Vaters auftreten können. Das Vermögen ist im Landgerichtsbezirk Düsseldorf und in Paris belegen. Der Anwaltsvertrag unterliegt französischem Recht[95] und enthält eine Vollmacht nach Artt. 1984 ff. Code civil, die auf die Regelung der Nachlaßangelegenheiten beschränkt ist. M. klagt, vertreten durch seinen Anwalt W., vor dem Landgericht in Düsseldorf auf Feststellung seines Erbrechts, das ihm von den Beklagten streitig gemacht wird. Die Beklagten rügen die mangelnde Vollmacht des Prozeßvertreters. W. legt seinen Anwaltsvertrag in deutscher Übersetzung vor und behauptet, mündlich auch das Mandat zur Prozeßvertretung in Deutschland erhalten zu haben.

---

[93] *Schack*, IZVR, Rdz. 449.

[94] Zu dem Vorteil der doppelten Zulassung *Stein-Jonas-Bork*[21], ZPO, vor § 78 Rdz. 19 f.: W. müßte nach dem deutschen RADG (abgedr. bei *Bork*, a.a.O. nach Rdz. 21) in Anwaltsprozessen im Einvernehmen mit einem deutschen Anwalt handeln, wenn er nur die französische Zulassung besäße; insoweit liberaler das französische Rechtsanwaltsdienstleistungsgesetz, Décret no. 79-233 du 22 mars 1979, Rec. Dalloz Sirey 1979, Lég. 146, das ein solches Erfordernis nicht kennt.

[95] Unstreitig kann der Geschäftsbesorgungsvertrag zwischen einem Anwalt und seinem Mandanten ausländischem Recht unterliegen, selbst wenn der Anwalt in Deutschland tätig wird. BGH IPRspr. 1956 / 57, Nr. 4; RGZ 151, 193 (200); *v. Bar, C.*, IPR II, S. 312; *Reithmann / Martiny*[4], Int. Vertragsrecht, Rdz. 833 f. Der Abschluß des Anwaltsvertrages nach französischem Recht widerspricht nicht dem deutschen Standesrecht. Die Stellung des Rechtsanwalts als Organ der Rechtspflege (§ 1 BRAO) wird von dem vertraglichen Verhältnis nicht berührt. Die Streitsachen unterliegen auch nicht dem Verbot des § 52 der Übergangsvorschriften RichtlRA, solange der Anwalt nur die Vergütung nach der BRAGO fordert; *Feurich*[2], BRAO, § 43 1, Rdz. 193 f.; *Lingenberg /Hummel / Zuck / Eich*[2], Kommentar RichtlRA, § 52 Rdz. 9 f.; der BGH ist gegenüber ausländischen Erfolgshonorarvereinbarungen liberal eingestellt: BGHZ 22, 162 (164 f.) = BGH IPRspr. 1956 / 57 Nr. 3 = NJW 1957, 184.

Ob das Gericht diese Einlassung des W. genügen läßt, um ihn als Prozeßvertreter anzusehen, hängt davon ab, ob er den Nachweis der Prozeßvollmacht nach deutschem oder nach französischem Recht zu erbringen hat. Nach deutschem Recht ist gemäß § 80 Abs. 1 ZPO ein schriftlicher Nachweis erforderlich, wenn der Mangel der Vollmacht im Verlaufe des Rechtsstreits gerügt wurde (§ 88 Abs. 1 ZPO). § 80 Abs. 1 ZPO enthält, wie zunächst nach seinem Wortlaut zu vermuten, keine Formvorschrift, sondern lediglich eine Beweisvorschrift, die bezeichnet, wie der Nachweis der Vollmachtserteilung zu erbringen ist[96]. Dagegen ist der Anwalt nach französischem Prozeßrecht (Art. 416 S. 2 N.C.P.C.[97]) bei einem *„mandat de représentation en justice“*[98] davon befreit, seine Bevollmächtigung nachzuweisen, wobei das französische Prozeßrecht nur erfordert, daß der Anwalt, wie jeder andere Prozeßvertreter auch, seinen Namen und seine Funktion der Geschäftstelle bekannt gibt. Das Gericht wird sich die Frage vorlegen müssen, ob Erteilung und Umfang der Prozeßvollmacht nach der lex causae oder der lex fori zu beurteilen sind. Die Entscheidung bestimmt die Rechtsnatur der Prozeßvollmacht.

Für die Behandlung der Prozeßvollmacht nach bürgerlichem Recht sprach sich Rosenberg aus. Die Vollmacht zu Handlungen der Prozeßführung sei keine Prozeßhandlung sondern eine rechtsgeschäftliche Erklärung, die den Regeln des bürgerlichen Rechts unterliege[99]. Rosenberg verwies auf die Tatbestände bei denen die Prozeßvollmacht nur Bestandteil einer umfassenderen Vollmacht ist, wie etwa bei der Prokura, § 49 Abs. 1 HGB, und der Handlungsvollmacht des § 54 Abs. 2 HGB. Diese Vollmachten ermächtigten auch zu prozessualem Verhalten, ohne daß eine gesonderte Prozeßvollmacht erteilt werden müßte. Außerdem gestatte die Prozeßvollmacht ihrerseits nicht nur die Vornahme von Prozeßhandlungen, sondern auch die Abgabe bürgerlichrechtlicher Willenserklärungen im Prozeß[100].

---

[96] *Stein-Jonas-Bork*[21], ZPO, § 80 Rdz. 11; *Thomas-Putzo*[18], ZPO, § 80 Rdz. 3.

[97] Art. 416 S. 1, S. 2 N.C.P.C.: „Quiconque entend représenter ou assister une partie doit justifier qu'il en a recu le mandat ou la mission. L'avocat ou l'avoué est toutefois dispensé d'en justifier.“

[98] Art. 411 N.C.P.C.: „Le mandat de représentation en justice emporte pouvoir et devoir d'accomplir au nom du mandant les actes de la procédure.“; die Anwälte sind nach der französischen Rechtsprechung im Prozeß zugleich Berater, die allgemeine Äußerungen abgeben können und Streitbevollmächtigte ihrer Mandanten (*mandataires ad litem*), Cass. civ. I, 14 janvier 1980, J.C.P. 1981. IV. 109, v° Preuve mat. civ.; krit. *Perrot*, Rev.trim.dr.civ. 1981, S. 444 (446 f.).

[99] *Rosenberg*[3], Lehrbuch ZPR, S. 150 f.; so noch in *Rosenberg / Schwab*[14], ZPR, S. 309.

[100] *Rosenberg*[3] (Fn. 99), S. 150.

Schließlich hielt Rosenberg die Entscheidung des BGB-Gesetzgebers, die Abstraktion von Vollmacht und stellvertretendem Handeln anzuerkennen (vgl. § 166 Abs. 1 BGB), auch im Prozeßrecht für maßgebend. Das habe aber zur Folge, daß die Prozeßvollmacht als eigenständige rechtsgeschäftliche Einwilligungserklärung dem bürgerlichen Recht und damit im internationalen Rechtsverkehr der kollisionsrechtlichen Anknüpfung an eine bestimmte Rechtsordnung unterliege[101]. Auch andere weisen darauf hin, daß die Vollmacht regelmäßig vor Klageerhebung und damit außerhalb des Prozesses erteilt werde sowie ihre Hauptwirkung in der Befugnis zum stellvertretenden Handeln entfalte. Das rechtfertige es, die Prozeßvollmachtserteilung als einseitiges materiellrechtliches Rechtsgeschäft anzusehen[102]. Wäre die Prozeßvollmacht materiellrechtlich zu qualifizieren, sind die Voraussetzungen ihrer Erteilung sowie ihrer Wirkungen nach dem nach IPR berufenen Recht zu beurteilen. Nach deutschem IPR ist die Vollmachtserteilung unabhängig vom Vertragsstatut anzuknüpfen. Sie ist nach dem Recht des Ortes zu beurteilen, wo von ihr Gebrauch gemacht wird, bei einem Anwalt mit Mehrfachzulassung, der vor einem deutschen Gericht auftritt, mithin nach materiellem deutschen Recht[103].

Nach heute beinahe einhelliger Ansicht ist die Prozeßvollmacht jedoch ein prozessuales Institut und ihre Erteilung eine den eigentlichen Rechtsstreit vorbereitende Prozeßhandlung, so daß sich ihre Rechtsbeständigkeit sowie ihre Rechtswirkungen nach prozessualem Recht beurteilten[104]. Die materiellrechtliche Theorie verkenne, daß die Prozeßvollmacht einen prozessualen Tatbestand schaffe. Die Prozeßvollmacht sei Prozeßhandlungsvoraussetzung, die mit der Vollmachtsanzeige als Prozeßstoff in das Verfahren eingeführt werde[105]. Eine auf den Prozeß bezogene Vollmachtserteilung durch den beschränkt Geschäftsfähigen sei unzulässig. Sie würde den in §§ 51, 52 ZPO enthaltenen Wertungen

---

[101] *Rosenberg*[3] (Fn. 99), S. 151.

[102] *Schellhammer*[4], ZPR, Rdz. 1141; *ders.* unentschieden in der 6. Aufl., Rdz. 1292; *Thomas-Putzo*[18], ZPO, § 80 Rdz. 2.

[103] BGH RIW 1990, 833 (834) = NJW 1990, 3088 = IPRax 1991, 247 (248) m. zust. Anm. *Ackmann*, S. 220 f.; krit. *v. Bar, C.*, IPR II, S. 428 f.; *Kropholler*[2], IPR, S. 275; nur bei wenigen Geschäftstypen kommt es auf den Schwerpunkt der vom Bevollmächtigten vorzunehmenden Vertreterhandlung an, hierzu *Kropholler*[2], IPR, S. 274 f.; zu den Anknüpfungsproblemen bei Mehrfachzulassung *Reithmann / Martiny*[4] (Fn. 95), Rdz. 835.

[104] *Baumbach-Lauterbach*[53], ZPO, § 80 Rdz. 3; *MünchKomm-Spellenberg*[2], EGBGB, vor Art. 11 Rdz. 253; *MünchKommZPO-v. Mettenheim*, § 80 Rdz. 2; nunmehr auch *Rosenberg / Schwab / Gottwald*[15], ZPR, S. 292; *Stein-Jonas-Bork*[21], ZPO, § 80 Rdz. 4; BGH NJW 1993, 1926; BGH NJW 1990, 3088 = IPRax 1991, 247 (248) m. zust. Anm. *Ackmann*, S. 220 f.; BGHZ 40, 197 (203).

[105] *Baumgärtel*, Prozeßhandlung, S. 174 f.

widersprechen. Aus diesen Vorschriften ließe sich erschließen, daß nur derjenige vor Gericht auftreten solle, der im Besitze der vollen Geschäftsfähigkeit sei. Damit der beschränkt Geschäftsfähige keine Position einnehme, die seinem eigenen Handeln nicht zukomme, könne nur die prozeßfähige Partei die Prozeßvollmacht erteilen[106]. Auch nach dieser Lösung wäre die Prozeßvollmacht nach der deutschen Rechtsordnung zu beurteilen, allerdings nunmehr ausschließlich nach deutschem Verfahrensrecht.

Auch wenn beide Lösungen für diesen Fall zu demselben Ergebnis kommen, möchte ich aus folgenden Gründen der prozessualen Theorie folgen. Der Prozeß verträgt keinen Schwebezustand, der ihm aber etwa aufgrund der Minderjährigenvorschriften anhaften würde. Rosenberg etwa meint auf dem Boden der materiellen Theorie, auch § 107 BGB auf die Erteilung der Prozeßvollmacht anwenden zu müssen, weil der Minderjährige mit Einwilligung des gesetzlichen Vertreters auch Prokura erteilen könne[107]. Hier offenbart sich jedoch, daß die Vollmachtserteilung, sofern sie auf einen Prozeß bezogen ist, nur als prozessuales Institut eingeordnet werden kann. Der Minderjährige genießt bei der Prokuraerteilung hinreichend Schutz nach § 1822 Nr. 11 BGB, wonach die Zustimmung des gesetzlichen Vertreters zur Prokuraerteilung der vormundschaftsgerichtlichen Genehmigung bedarf. Einen vergleichbaren Schutz des Minderjährigen bei der Erteilung der Prozeßvollmacht hat das Gesetz nicht vorgesehen. Das Prozeßrecht stellt den Minderjährigen im Vergleich zum bürgerlichen Recht schlechter, wenn es die beschränkte Prozeßfähigkeit nicht anerkennt, um den Minderjährigen nicht mit einem unberechenbaren Prozeßrisiko zu belasten[108]. Daß es ihm aber stattdessen die vollen Lasten der Prozeßführung durch einen Prozeßvertreter aufbürden wollte, kann nicht angenommen werden.

Auch führt die h.M. nicht zu Unzuträglichkeiten, wenn die Prozeßvollmacht nur Teil einer Prokura (§ 49 Abs. 1 HGB) oder einer Generalvollmacht ist. Wenn ein beschränkt Geschäftsfähiger für den Bereich der §§ 112, 113 BGB wirksam einen Generalbevollmächtigten bestellen kann, dann ist er auch insoweit gegenständlich beschränkt prozeßfähig und kann wirksame Prozeßvoll-

---

[106] *Urbanczyk*, ZZP 95, 339 (347).

[107] *Rosenberg* (Fn. 99), S. 151.

[108] *Jauernig*[24], ZPR, S. 55; *Stein-Jonas-Bork*[21], ZPO, § 51 Rdz. 3.

machten erteilen[109]. Freilich sind die Voraussetzungen des Vertretungstatbestandes in entsprechender Anwendung des § 80 ZPO nachzuweisen[110].

Nur die prozessuale Theorie vermeidet Wertungswidersprüche zwischen dem nach IPR berufenen, hier freilich auch deutschem materiellen Recht und dem Prozeßrecht der lex fori. Das Erfordernis prozessualer Klarheit bedingt den Verzicht auf die nach dem Wirkungsstatut bestehenden materiellen Rechtsbefugnisse. Die Partei könnte sonst sowohl während des Prozesses als auch nach Eintritt der Rechtskraft die Erteilung der Prozeßvollmacht anfechten. Im ersten Fall müßte die Klage umgehend als unzulässig abgewiesen werden, was aufgrund des Entschlusses, von der Prozeßvertretung Abstand zu nehmen, nicht zu beanstanden wäre. Im zweiten Fall würde sich die Partei jedoch nachträglich den Weg der Nichtigkeitsklage nach § 579 Abs. 1 Nr. 4 ZPO eröffnen, was aber vom Gesetz nach Eintritt der Rechtskraft nicht gewollt sein kann[111].

Die Prozeßvollmacht richtet sich als eigenständiges Rechtsinstitut nach prozessualem Recht und unterliegt damit nicht der lex causae. Die von der prozessualen Behandlung der Prozeßvollmacht zu abstrahierende Berechtigung, im Prozeß Rechtsgeschäfte nach Bürgerlichem Recht, wie z.B. einen Vergleich, abzuschließen, stellt demgegenüber nur eine nachgeordnete Befugnis dar[112]. Über die Erteilung einer Prozeßvollmacht und den Nachweis im Prozeß entscheidet die lex fori. Gerade auch bei Maßgeblichkeit des deutschen als nach IPR berufenen materiellem Recht wäre an der prozessualen Einordnung festzuhalten, um das Verfahren nicht durch materielle Befugnisse zu stören. Da die Beklagten die fehlende Vollmacht gerügt haben (§ 88 Abs. 1 ZPO), muß W. sie in den Formen des deutschen Prozeßrechts, mithin in schriftlicher Form, nachweisen; gelingt ihm dies nicht, ist die Klage als unzulässig abzuweisen.

III. Die Unterwerfungserklärung

Ein weiteres Beispiel der Unterscheidung von materiellem Recht und Prozeßrecht und die daran anknüpfende Problematik der kollisionsrechtlichen Behand-

[109] *Stein-Jonas-Bork*[21], ZPO, § 51 Rdz. 2, § 80 Rdz. 6.

[110] *MünchKommZPO-v. Mettenheim*, § 80 Rdz. 8.

[111] *Baumgärtel* (Fn. 105), S. 178.

[112] *Urbanczyk*, ZZP 95, 339 (350).

lung findet sich im Zwangsvollstreckungrecht. Das folgenden Beispiel verdeutlicht das Problem:

> Zwischen der in Zürich ansässigen Bank und dem deutschen Bauherrn kommt es zu einer Einigung über die Baufinanzierung eines Hauses in Freiburg im Brsg. Der Darlehensvertrag enthält die Wahl schweizerischen Rechts. Zur Sicherheit bestellt A. an seinem in Deutschland gelegenen Grundstück eine Hypothek in Höhe der eingegangenen Verpflichtung. In derselben, vor dem Notar in Freiburg erichteten notariellen Urkunde wird die Erklärung aufgenommen, daß A. sich als Eigentümer wegen der Hypothek in das belastete Grundeigentum und in Höhe des Darlehensbetrages der sofortigen Zwangsvollstreckung in sein gesamtes Vermögen unterwirft. Nachdem A. seinen Zahlungspflichten nicht mehr nachkommt, will die Bank aus der notariellen Urkunde die Zwangsvollstreckung betreiben. A. hatte zwischenzeitlich den Kreditvertrag und alle damit zusammenhängenden Erklärungen aus dem Grund der Übervorteilung (Art. 21 OR) zu Recht angefochten[113]. A. schildert den Sachverhalt seinem deutschen Notar, der die Erteilung der Ausfertigung der notariellen Urkunde zum Zwecke der Vollstreckung verweigert. Hiergegen richtet sich die Beschwerde der Bank.

Das Landgericht in Freiburg (§ 54 Abs. 2 S. 2 BeurkG) wird über die Beschwerde der Bank B. nach §§ 54 Abs. 1 BeurkG, 19 ff. FGG entscheiden. Dabei wird das Gericht zunächst kollisionsrechtlichen Fragen nachgehen. Der Kreditvertrag muß wegen der Rechtswahlklausel nach schweizerischem Obligationenrecht beurteilt werden. Er ist nach der Anfechtungserklärung gem. Art. 21 OR ex tunc nichtig. Die Nichtigkeit erfaßt außerdem die Verpflichtung zur Bestellung einer Hypothek zur Sicherung der Darlehensforderung, weil sie ebenfalls dem Vertragsstatut unterliegt; hier entsteht nunmehr wenigstens eine Eigentümergrundschuld[114]. Die Bestellung der Hypothek und die Entstehung der Eigentümergrundschuld unterliegen freilich dem deutschen Recht, weil über Erwerb, Verlust und Inhalt beschränkt dinglicher Rechte die lex rei sitae entscheidet[115]. Zu entscheiden bleibt somit die Frage, ob die persönliche und dingliche Unterwerfungserklärung an die lex causae, die lex rei sitae, jedenfalls soweit der dingliche Teil betroffen ist, oder an die lex fori angeknüpft werden müssen. Mithin kommt es auf die Rechtsnatur der Unterwerfungserklärung an, die nach wie vor umstritten ist.

---

[113] Nach Art. 21 OR kann „der Verletzte innerhalb Jahresfrist erklären, daß er den Vertrag nicht halte [...]." Diese als einseitige Unwirksamkeit des Vertrags bezeichnete Rechtsfolge gewährt nach der h.M. ein Anfechtungsrecht, nach dessen Ausübung der Vertrag ex tunc nichtig wird. Zu den Einzelheiten *Gauch / Schluep*[4], OR AT, Bd. I, Rdz. 554 ff., 672 ff.

[114] Zum Meinungsstand *Baur / Stürner*[16], SachR, S. 384 f.

[115] *v. Bar, C.*, IPR II, S. 549 f., 563.

1. Materielle Theorie

Das Reichsgericht, die frühe Rechtsprechung des BGH[116] sowie Rosenberg[117] sehen in der Unterwerfungserklärung eine einseitige nicht empfangsbedürftige Erklärung rechtsgeschäftlicher Natur, die nur der Form des § 794 Abs. 1 Nr. 5 ZPO bedürfe. Um die Vollstreckbarkeit der Urkunde herzustellen, müsse sie weder vom Gläubiger angenommen noch auch nur ihm gegenüber abgegeben werden[118]. Als Erklärung rechtsgeschäftlicher Natur unterstehe sie den Vorschriften des Bürgerlichen Rechts über die Willenserklärungen. Folgerichtig müßte sie dann im Kollisionsrecht auch nach dem nach IPR berufenen materiellen Recht beurteilt werden. Freilich haben die Gerichte auch zu jener Zeit die Unterwerfungserklärung von dem Vertrag, der den Schuldner zur Begründung der vorläufigen Vollstreckbarkeit verpflichtet, abstrahiert[119].

Vereinzelt wird auch ein Gleichlauf der materiellrechtlichen Erklärung und der Unterwerfungserklärung gefordert, wobei allerdings anstatt einer einheitlichen materiellen Betrachtung eine Einzelfallprüfung befürwortet wird[120]. Was die Behandlung der Unterwerfungserklärung erschwere, sei ihre enge Beziehung zum materiellen Recht. Zu bedenken sei, daß die Unterwerfungserklärung zwar eine Prozeßhandlung darstelle, sie jedoch nicht in einem Prozeßverfahren vorgenommen werde, sondern in privatrechtlichen Formen innerhalb eines Verfahrens der freiwilligen Gerichtsbarkeit zur Beurkundung privater Willenserklärungen führe. Die Erklärung setze in der Regel ein dem Privatrecht entstammendes Rechtsverhältnis voraus und werde meistens mit der Abgabe von Willenserklärungen in einer einheitlichen Urkunde vermengt[121]. Wolfsteiner kommt deshalb anhand einer Einzelfallbetrachtung zu dem Ergebnis, auf die Unterwerfungserklärung auch das bürgerliche Recht anzuwenden, obwohl er die Einordnung als Prozeßhandlung an sich grundsätzlich befürwortet[122]. Für die Erklärung der Zwangsvollstreckungsunterwerfung genüge z.B. die Geschäftsfähigkeit; die Erklärung könne auch mit einer Bedingung versehen werden[123].

---

[116] BGHZ 16, 180 (181 f.); 1, 181 (183 f.); RGZ 132, 6 (8); 84, 317 (318).

[117] *Rosenberg*[9], Lehrbuch ZPR, S. 897.

[118] RGZ 146, 308 (312); 84, 317 (318).

[119] RGZ 132, 6 (8); 84, 317 (318).

[120] *MünchKommZPO-Wolfsteiner*, § 794 Rdz. 165; *ders.*, Die vollstreckbare Urkunde, S. 15.

[121] *Wolfsteiner* (Fn. 120), S. 14.

[122] *MünchKommZPO-Wolfsteiner*, §794 Rdz. 162; *ders.* (Fn. 120), S. 14.

[123] *Wolfsteiner* (Fn. 120), S. 17, 21; auch BGH NJW 1981, 2756 (2757).

Insgesamt würde die materiellrechtliche Theorie die Erklärung damit der lex causae unterstellen.

2. *Prozessuale Theorie*

Überwiegend qualifizieren die neuere Rechtsprechung des BGH[124] und die herrschende Lehre[125] die Unterwerfungserklärung als eine einseitige prozessuale Willenserklärung, die ausschließlich auf das Zustandekommen des Vollstreckungstitels gerichtet sei und deshalb nur nach dem Verfahrensrecht des Gerichtsortes beurteilt werden könne. Nicht die Art der Vornahme, sondern die bestimmungsgemäße Wirkung der Parteihandlung sage etwas über ihre Rechtsnatur aus. Danach gehöre die Unterwerfungserklärung dem Gebiet des staatlichen Rechtsschutzes an. Die Erklärung und ihre Beurkundung (§§ 9 Abs. 1 S. 2, 13, 13 a, 14 Abs. 1 S. 2 BeurkG) seien verfahrensrechtlicher Art, weil ein Anspruch des Gläubigers gegen den Schuldner der Zwangsvollstreckung und damit einem dem Staate vorbehaltenen Gebiet zugeführt werde[126].

Anhand der prozessualen Theorie könne auch die Frage entschieden werden, ob sich der Schuldner zur Abgabe einer Unterwerfungserklärung auch eines vollmachtlosen Vertreters bedienen könne. § 180 S. 1 BGB lasse eine Vertretung durch einen Vertreter ohne Vertretungsmacht bei einseitigen nicht empfangsbedürftigen Willenserklärungen nicht zu. Im Gegensatz zum materiellen Recht kenne die Zivilprozeßordnung jedoch die Heilung eines Vollmachtsmangels durch spätere Genehmigung (§§ 89, 551 Nr. 5, 579 Abs. 1 Nr. 4 ZPO). Nach § 89 ZPO sei ein Handeln ohne Vertretungsmacht rechtlich möglich und könne durch den Vertretenen nachträglich genehmigt werden. Auch wenn diese Regelung ebenso wie die §§ 551 Nr. 5, 579 Abs. 1 Nr. 4 ZPO auf die Abgabe einer Unterwerfungserklärung nicht anwendbar seien, könne ihnen für das Prozeßrecht der allgemeine Rechtsgedanke entnommen werden, daß die Abgabe der prozessualen Willenserklärung durch einen vollmachtlosen Vertreter

---

[124] BGH ZIP 1981, 158 (159), zust. *v. Hoffmann*, IPRax 1982, 116; BGHZ 88, 62 (66); zuerst RGZ 146, 308 (312).

[125] *Nieder*, NJW 1984, S. 329 (333); *Rosenberg / Gaul / Schilken*[10], ZwVollstr, S. 135; *Werner*, DNotZ 1969, S. 713 (717); *Soergel-Kegel*[11], EGBGB, vor Art. 7 Rdz. 220; *Stein-Jonas-Münzberg*[20], ZPO, § 794 Rdz. 92; *Zöller-Stöber*[18], ZPO, § 794 Rdz. 29.

[126] *Rosenberg / Gaul / Schilken*[10], ZwVollstr, S. 133; *Werner*, DNotZ 1969, S. 713 (718); RGZ 146, 308 (312); a.A. *Rosenberg*[9] (Fn. 117), S. 897.

zuzulassen sei[127]. Die nachträgliche Genehmigung des Vertretenen müsse freilich in der notariellen Form aufgenommen werden, die § 794 Abs. 1 Nr. 5 ZPO verlange, um ihre endgültige Rechtswirksamkeit herbeizuführen[128].

3. Eigene Stellungnahme

Dem Standpunkt des BGH und der überwiegenden Lehre ist zu folgen. Dabei ist es für die Einordnung der Unterwerfungserklärung zunächst unerheblich, ob sie eine Prozeßhandlung oder eine prozessuale Willenserklärung ist. Der Begriff der Prozeßhandlung umfaßt auch die prozessualen Willenserklärungen, die einer Irrtumsanfechtung in jedem Falle entzogen sind[129]. Insgesamt spricht vieles dafür, daß die Unterwerfungserklärung ausschließlich nach Prozeßrecht zu beurteilen ist und damit der lex fori unterliegt.

Die Anwendung von Anfechtungsvorschriften der lex causae widerspricht den bestimmungsgemäßen Wirkungen der Unterwerfungserklärung. Die in der notariellen Urkunde aufgenommene Erklärung zielt auf eine vereinfachte Zwangsvollstreckung, die ohne vorherige Durchführung eines gerichtlichen Verfahrens allein aufgrund einer vollstreckbaren Ausfertigung der Urkunde (§ 797 Abs. 2 ZPO) geschieht[130]. Sie eröffnet den formellen Zugang zur Vollstreckung, ohne Rücksicht darauf, ob der zu vollstreckende Anspruch besteht oder bereits durch Anfechtung wieder erloschen ist. Für Einwendungen, welche die Nichtigkeit oder die Anfechtbarkeit des zugrundeliegenden Rechtsgeschäfts betreffen, hat die ZPO außerdem ein eigenes Verfahren vorgesehen. Die Einwendungen, die den Anspruch selbst betreffen, können nur im Wege der Vollstreckungsgegenklage nach §§ 797 Abs. 4, 767 ZPO geltend gemacht werden. Das Gesetz enthält damit aber keine Gesetzeslücke, die durch die Anfechtbarkeit nach einem Sachstatut zu schließen wäre.

Ohne Einfluß auf die Rechtsnatur der Unterwerfungserklärung ist auch ein mit der vollstreckbaren Urkunde verbundenes Grundgeschäft, etwa eine Darlehens-

---

[127] RGZ 146, 308 (313); zustimmend *Rosenberg*[9] (Fn. 117), S. 897, der § 180 BGB auch bei materieller Lösung nicht anwenden wollte, weil die Vorschrift den Dritten schützen will; *MünchKommZPO-Wolfsteiner*, § 794 Rdz. 169; *Rosenberg / Gaul / Schilken*[10], ZwVollstr, S. 134.

[128] *Nieder*, NJW 1984, S. 329 (333).

[129] *Arens*, Willensmängel, S. 41 f.; allgemein zur Schaffung der Urteilsgrundlage durch Prozeßhandlungen, *Baumgärtel* (Fn. 105), S. 128 ff.; *Jauernig*[24], ZPR, S. 109.

[130] *Stein-Jonas-Münzberg*[20], ZPO, § 794 Rdz. 82; *Zöller-Greger*[18], ZPO, § 797 Rdz. 2.

vereinbarung oder eine Haftungsübernahmevereinbarung[131], die unstreitig materieller Art sind und somit ausländischem Recht unterliegen können. Die Abstraktheit der Unterwerfungserklärung vom zugrundeliegenden Vertrag oder einer entsprechenden Vereinbarung ist die Grundlage der Zwangsvollstreckung. Aufgrund des Grundsatzes der formalisierten Zwangsvollstreckung ist der Fortbestand des materiellen Schuldgrundes nicht Voraussetzung der Wirksamkeit der vollstreckbaren Urkunde[132]. Für die Zwangsvollstreckung ist nur der Titel, nicht aber das Bestehen des Anspruchs, sei es nun nach deutschem materiellen Recht oder der lex causae, maßgebend. Auch bei der Ausfertigung der vollstreckbaren Urkunde nach § 797 Abs. 1, 2 ZPO zur Durchführung der Zwangsvollstreckung ist der Inhalt der dinglichen Einigung nicht nachzuweisen.

Im übrigen ist auch aus internationalprivatrechtlichen Gründen die Unterwerfungserklärung im Sinne eines einheitlichen, in sich abgeschlossenen Prozeßrechtsinstituts geboten. In den praktisch häufigsten Fällen wird die Zwangsvollstreckungsunterwerfung bezüglich der persönlichen Haftung des Schuldners wie auch hinsichtlich seiner Grundpfandhaftung als Eigentümer des Grundstücks erklärt. Für die Wirksamkeit der persönlichen Unterwerfungserklärung das Vertragsstatut und für die der dingliche Erklärung die lex rei sitae zu befragen, führt zu unlösbaren Anknüpfungsproblemen, die zudem die beabsichtigte Wirkung einer solchen Erklärung, eine vereinfachte Zwangsvollstreckung zu ermöglichen, völlig verdrängen würden.

Die Unterwerfungserklärung ist somit eine einseitige prozessuale Willenserklärung, die hinsichtlich ihrer Voraussetzungen einheitlich dem deutschen Verfahrensrecht untersteht. Vorschriften der lex causae, können demnach nur das der Unterwerfungserklärung zugrundeliegenden Rechtsgeschäft erfassen, das von ihr jedoch streng zu abstrahieren ist.

IV. Die Abänderungsklage nach § 323 ZPO

Eine weitere Vorschrift, bei der Fragen des internationalen Privat- und Verfahrensrechts berührt werden, ist § 323 ZPO, wobei insbesondere die Abänderung ausländischer Unterhaltsurteile im Vordergrund steht. Eine wesentliche Änderung der Verhältnisse, die für die Verurteilung zur Entrichtung der Lei-

---

[131] Vgl. die Nachweise bei BGH ZIP 1981, 158 (159), zust. *v. Hoffmann*, IPRax 1982, S. 116.

[132] *Rosenberg / Gaul / Schilken*, ZwVollstr, S. 135; BGHZ 1, 182 (185), RGZ 84, 312 (317 f.); OLG Celle DNotZ 1969, 102 (105).

stungen, für die Höhe oder die Dauer der Leistungen maßgebend waren, kann eine Änderung des ausländischen Urteils erforderlich machen. Die Abänderung kann in Deutschland nur im Klagewege erreicht werden und zielt auf eine Neubemessung der Entscheidung des Erstrichters ab[133]. Diese Stellung der Vorschrift an der Grenze zwischen materiellem Recht und Verfahrensrecht bringt in einem Fall mit Auslandsberührung besondere Schwierigkeiten mit sich, die gerade auch unter dem Aspekt der Maßgeblichkeit der verfahrensrechtlichen lex fori diskutiert werden.

Zu Recht in den Hintergrund des Interesses getreten ist die Frage, ob sich die grundsätzliche Abänderbarkeit des Titels nach ausländischem Recht[134] oder nach der lex fori des Abänderungsstaates richtet[135]. In der Sache besteht heute Einvernehmen, daß ausländische Entscheidungen, die zu wiederkehrenden Leistungen verurteilen, im Inland an die veränderten Verhältnisse angepaßt werden können[136]. Dagegen besteht noch keine Einigkeit über die der Abänderung vorausgehende Vorfrage[137], welche Wirkung die Anerkennung im Inland hat. Sie muß das Gericht zumindest inzident prüfen[138], um dem Vorwurf vorzubeugen, durch die Abänderungsentscheidung ein ausländisches Urteil zu perpetuieren, das womöglich den Anerkennungsvoraussetzungen des deutschen Rechts widerspricht.

Die h.L. sieht in der Anerkennung eines ausländischen Urteils grundsätzlich eine Erstreckung seiner Wirkungen ins Inland, wie sie ihm nach dem Recht des Urteilsstaates zukommen[139]. Nach dieser Auffassung kommt es bei der Abänderung demnach auf die Grenzen der Rechtskraft nach dem Recht des Ur-

---

[133] *Roth, H.*, NJW 1988, 1233 (1234); *Zöller-Vollkommer*[18], ZPO, § 323 Rdz. 40.

[134] *Baumbach-Lauterbach*[53], ZPO, § 323 Rdz. 10; *Georgiades*, FS Zepos, S. 189 (206); *Stein-Jonas-Schumann*[20], ZPO, § 323 Rdz. 17; *Thomas-Putzo*[18], ZPO, § 323 Rdz. 2; *Wieczorek*, ZPO, § 323, Anm. F I a; OLG Nürnberg IPRax 1984, 162; OLG Düsseldorf IPRax 1982, 152.

[135] *Matscher*, ZZP 86 (1973), S. 404 (408); *Schnorr v. Carolsfeld*, FS Lent, S. 245 (261).

[136] *Baumann*, IPRax 1990, S. 28 (31); *Henrich*, IPRax 1982, 140 (141); *Kropholler*, ZfJ 1977, S. 105 (107); *Kartzke*, NJW 1988, S. 104 (106); *Leipold*, FS Nagel, S. 189 (193); *MünchKomm ZPO-Gottwald*, § 323 Rdz. 91; *Siehr*, FS Bosch, S. 927 (937 f.); *Schack*, IZVR, Rdz. 1004 f.

[137] BGH IPRax 1984, 320 (321).

[138] *Baumann*, IPRax 1990, S. 28 (30); *Jayme / Hausmann*, ZfJ 1979, S. 290 (292); *Kropholler*, ZfJ 1977, S. 105 (107); *Kartzke*, NJW 1988, S. 104 (106); *MünchKommZPO-Gottwald*, § 323 Rdz. 89; *Siehr* (Fn. 141), S. 940 f.; BGH IPRax 1984 320 (321).

[139] *Gottwald*, ZZP 103 (1990), S. 257 (261); *Riezler*, IZPR, S. 524 f.; *Rosenberg / Schwab / Gottwald*[15], ZPR, S. 946; *Schütze*, ZZP 77 (1964), S. 287 (289); *Spellenberg*, IPRax 1984, S. 304 (306); *Stein-Jonas-Schumann*[20], ZPO, § 323 Rdz. 1.

teilsstaates an. Demgegenüber geht die Rechtsprechung[140], gefolgt von einigen Stimmen in der Literatur[141], von einer Gleichstellung des ausländischen Urteils mit entsprechenden inländischen Urteilen aus, wonach nur solche Wirkungen anzuerkennen sind, die auch von inländischen Entscheidungen ausgehen können. An beiden Lehren ist Kritik geübt worden. Die Wirkungserstreckung würde auch solche Urteilswirkungen ins Inland ausdehnen[142], die weit über die deutschen Urteilswirkungen hinausgehen können. Aber auch bei einer Gleichstellung i.S.d. Rechtsprechung droht den Parteien die Fortschreibung einer ausländischen Prozeßlage, die sie nach deutschem Recht vielleicht gar nicht hinzunehmen bräuchten[143]. Eine Begrenzung der Urteilswirkungen erscheint deshalb sinnvoll. Im Vordringen begriffen ist derzeit die Kumulationstheorie, welche die Wirkungen der lex fori und des Rechts des Urteilsstaates miteinander verbindet, wobei die lex fori die Grenze vorgibt, an der sich das ausländische Urteil messen lassen muß[144]. Diese Lehre entspricht für die Bestimmung der materiellen Rechtskraft ausländischer Urteile den prozessualen Interessen der Parteien. Sie versucht, zwischen den Wertungen der lex fori, insbesondere den engen an der Rechtssicherheit und Verfahrensgerechtigkeit orientierten Rechtskraftwirkungen des deutschen Rechts[145] und den Urteilswirkungen der ausländischen Entscheidung zu vermitteln.

Im folgenden wird zu untersuchen sein, welches Recht über die einzelnen Abänderungsvoraussetzungen entscheiden soll. Bei der Qualifikation der Einzelfragen ist zu bedenken, daß die Wirkungen der ausländischen Entscheidung anerkannt oder begrenzt werden, je nachdem, welcher Rechtsordnung die jeweiligen Anforderungen entnommen werden.

---

[140] BGH NJW 1983, 514 (515); BGH NJW 1983, 1976 (1977) = IPRax 1984, 320 (321).

[141] *Matscher*, FS Schima, S. 265 (278 f.); *Habscheid*, FamRZ 1970, 559 (560); *Staudinger-Kropholler*[12], EGBGB, Art. 19 Rdz. 301.

[142] *Schack*, IZVR, Rdz. 792.

[143] *Schack*, IZVR, Rdz. 795.

[144] *Leipold*, (Fn. 136), S. 189 (Fn. 3); *Martiny*, Hdb.IZVR, Bd III / 1, Rdz. 369; *Roth, H.*, FS Stree / Wessels, S. 1045 (1057 f.); *Schack*, Rdz. 796; a.A. *Spellenberg*, IPRax 1984, S. 304 (306), der das angewandte Sachstatut entscheiden lassen will.

[145] *Leipold* (Fn. 136), S. 192; *Roth, H.* (Fn. 144), S. 1057 f.; *Schack*, IZVR, Rdz. 795, 1009.

1. Lex-fori-Qualifikation

Ausgehend vom Prinzip der verfahrensrechtlichen lex fori bevorzugen einige Autoren auch bei der Abänderung einer ausländischen Unterhaltsentscheidung die Anwendung des § 323 ZPO[146]. Die Stellung der Norm im Prozeßrecht spricht nach erstem Anschein für ein prozeßrechtliches Verständnis. Dies allein ist aber, wie bereits dargelegt[147], kein zuverlässiges Kriterium für die Zuordnung. Für die prozeßrechtliche Qualifikation müssen demnach andere Gründe sprechen.

Leipold belegt anhand der Entwicklungsgeschichte, daß die vormals im materiellen Recht geregelten Abänderungstatbestände bereits in der CPO-Novelle 1898 ihre prozessuale Verallgemeinerung gefunden habe[148]. Die Vorkommission des Reichsjustizamtes habe sich für die zahlreichen besonderen Bestimmungen im ersten Entwurf des BGB, nach denen bei Verurteilung zu künftig fällig werdenden Leistungen wegen nachträglicher Änderung der maßgebenden Umstände eine Abänderung des Urteils verlangt werden konnte, auf eine einheitliche als § 293 b in die CPO aufzunehmende Vorschrift geeinigt[149]. Aus § 293 b sei in der CPO-Novelle 1898 § 293 a geworden und bei der Neubekanntmachung schließlich § 323 ZPO. Der Gesetzesentwurf zur Novelle habe erstmals ausdrücklich vorgesehen, daß die Änderung nur im Wege der Klage erreicht werden konnte, womit der prozessuale Gehalt der Vorschrift erneute Bestätigung gefunden habe[150].

Auch die Wandlung im Verständnis der Rechtskraftlehre habe der prozeßrechtlichen Zuordnung neues Gewicht geben können. Das Reichsgericht sei noch von einer materiellrechtlichen Rechtskrafttheorie ausgegangen, die über § 322 ZPO auch auf die Abänderungsklage ausgestrahlt habe[151]. Der Wandel in der theoretischen Beurteilung der Rechtskraft als einer im wesentlichen prozessualen Wirkung[152], die nur die materielle Rechtslage zwischen den Parteien feststelle oder je nach Klageart auch gestalte, ohne das Recht erst neu zu

---

[146] *Leipold* (Fn. 136), S. 195 f.; *Schack*, IZVR, Rdz. 1014; *Stein-Jonas-Schumann*[20], ZPO, § 323 Rdz. 17; *Schnorr v. Carolsfeld* (Fn. 135), S. 262; a.A. *MünchKommZPO-Gottwald*, § 323 Rdz. 95.

[147] Vgl. oben § 6, I. 2.

[148] *Leipold* (Fn. 136), S. 196 f; a.A. *Gottwald*, FS Schwab, S. 151 (153).

[149] *Jakobs / Schubert*, Die Beratung des BGB, §§ 1-240, Teil 2, S. 1231 f.

[150] Gesetzentwurf bei *Jakobs / Schubert* (Fn. 149), Einführungsgesetz, Teil 2, S. 1326 (1338 f.).

[151] RGZ 63, 118 (119).

[152] *Rosenberg / Schwab / Gottwald*[15], ZPR, S. 915 f.

begründen, lege es nach heutigem Verständnis deshalb nahe, § 323 ZPO als prozessuale Gestaltungsklage zur Beseitigung einer rechtskräftigen Entscheidung anzusehen[153].

Erwogen wird weiter, ob die wesentliche Veränderung der für Grund, Betrag und Dauer der Leistung maßgebenden Verhältnisse mit Rechtsschutzerwägungen in Verbindung steht, über die immer die lex fori entscheide. Leipold sieht das materielle Recht in den Unterhaltsansprüchen und ihren Voraussetzungen hinlänglich berücksichtigt und ordnet die Notwendigkeit wesentlicher Änderungen deshalb prozessual ein, so daß ein Konflikt zwischen § 323 ZPO und ausländischem Sachrecht von vornherein gar nicht entstehe[154]. Ähnlich wie beim allgemeinen Rechtsschutzbedürfnis solle sowohl das Gericht wie auch der Prozeßgegner vor einer mißbräuchlichen, nur mit einer geringfügigen Änderung des Ersturteils verbundenen Klage geschützt werden[155]. Der Richter könne auf die Abänderungsklage gegen ausländische Urteile § 323 ZPO also selbst dann anwenden, wenn als Sachstatut ausländisches Unterhaltsrecht berufen sei.

2. *Maßgeblichkeit des Unterhaltsstatuts*

Eine überwiegend in der Lehre vertretene Ansicht ordnet § 323 ZPO dagegen dem materiellen Recht zu. Sie entnimmt die Entscheidung für die Wesentlichkeit der Veränderungen dem nach internationalem Privatrecht des Abänderungsstaates berufenen Unterhaltsstatut[156]. Inhaltlich beruft sie sich auf den starken Bezug, den die Frage der Abänderbarkeit zum materiellen Unterhaltsrecht aufweise. Die funktionelle Sicht verlange es, die Norm von ihrer Aufgabe her zu bestimmen und nicht rechtssystematisch zu qualifizieren. Danach bemesse sich die Veränderung der Unterhaltshöhe im deutschen Recht nach dem individuellen Unterhaltsbedarf bestimmter Personen (§§ 1610, 1615 c BGB). Diese materiellrechtlichen Regelungen bildeten mit § 323 Abs. 1 ZPO eine Einheit, weil

---

[153] Ganz h.M. *Rosenberg / Schwab / Gottwald*[15], ZPR, S. 953; *MünchKommZPO-Gottwald*, § 323 Rdz. 2; *Zöller-Vollkommer*[18], ZPO, § 323 Rdz. 2.

[154] *Leipold* (Fn. 136), S. 207.

[155] *Leipold* (Fn. 136), S. 207; *Schack*, IZVR, Rdz. 1012;

[156] *Henrich*, IPRax 1982, S. 140 (141); *Jayme / Hausmann*, ZfJ 1979, S. 290 (297); *Kartzke*, NJW 1988, S. 104 (107); *Kropholler*, ZfJ 1977, S. 105 (110); *MünchKommZPO-Gottwald*, § 323 Rdz. 96; *Siehr* (Fn. 136), S. 944.

nur bei einer wesentlichen Veränderung der Verhältnisse auf Abänderung einer früheren Entscheidung geklagt werden könne.

Dieses Verhältnis liege auch einem Sonderfall aus dem Anwendungsbereich des § 323 ZPO, nämlich der Abänderung des Unterhalts eines nichtehelichen Kindes, zugrunde[157]. Auch hier bestehe eine ebenso enge Verknüpfung zwischen der materiellrechtlichen Vorschrift über den Regelunterhalt des nichtehelichen Kindes (§ 1615 f. BGB) und der prozessual erleichterten Neufestsetzung bei Änderung des Regelbedarfs nach § 642 b ZPO[158]. Diese enge Verzahnung zwischen materiellem Recht und Prozeßrecht könne als eine Schwerpunktbildung zugunsten des Sachstatuts aufgefaßt werden, die durch die kollisionsrechtliche Lösung nicht zerrissen werden dürfe. Die Auffassung verweist außerdem darauf, daß die Abänderung in zahlreichen Rechtsordnungen im materiellen Recht geregelt sei[159].

Nach dieser Ansicht kann § 323 Abs. 1 ZPO folglich nur bei deutschem Unterhaltsstatut gelten. Das Unterhaltsstatut ergibt sich aus dem Haager Unterhaltsübereinkommen von 1973 (HUÜ 1973), das in Art. 18 EGBGB rezipiert ist[160]. Es knüpft die Unterhaltspflicht an das am gewöhnlichen Aufenthalt des Unterhaltsberechtigten geltende innerstaatliche Recht an (Art. 4 Abs. 1 HUÜ 1973; vgl. auch Art. 1 Abs. 1 HUÜ 1956). Wegen des Verzichts auf das Gegenseitigkeitserfordernis (Art. 3 HUÜ 1973) ist es auch gegenüber Personen anwendbar, die ihren gewöhnlichen Aufenthalt in einem Nicht-Vertragsstaat haben[161].

---

[157] *Stein-Jonas-Schlosser*[21], ZPO, § 642 b Rdz. 2.

[158] *Kropholler*, ZfJ 1977, S. 105 (110).

[159] *Siehr* (Fn. 136), S. 927 f.; *Henrich*, IPRax 1982, S. 140 (141).

[160] Übereinkommen über das auf Unterhaltspflichten anzuwendende Recht vom 2.10.1973 (Text abgedr. bei *Jayme / Hausmann*[7], Nr. 29); *Palandt-Heldrich*[54], EGBGB, Art. 18 Rdz. 1; zur teilweisen Wandelbarkeit des Unterhaltsstatuts aufgrund eines Statutenwechsels und den Folgen für die Bestimmung des Unterhaltsstatuts, *MünchKommZPO-Gottwald*, § 323 Rdz. 97; *Siehr* (Fn. 136), S. 957.

[161] Zur Fortgeltung des Haager Übereinkommens über das auf Unterhaltsverpflichtungen gegenüber Kindern anzuwendende Recht vom 24.10.1956 (abgedr. bei *Jayme / Hausmann*[7], Nr. 28), *Palandt-Heldrich*[54], EGBGB, Anh zu Art. 18 Rdz. 1.

3. Kumulation von lex fori und lex causae

Zur Bestimmung des Abänderungsstatuts ist unlängst eine dritte Ansicht hinzugetreten, die einen Ausgleich zwischen den Wertungen des internationalen Privat- und Verfahrensrechts sucht[162]. Sie verbindet die Anforderungen des nach internationalem Privatrecht des Abänderungsstaates berufenen Unterhaltsstatuts mit den Wertungen der lex fori. Im Sinne einer Kumulation sollen die Wirkungen der ausländischen lex causae durch die Abänderungsvoraussetzungen des § 323 ZPO begrenzt werden.

Zur Festlegung der Rechtsschutzform bleibe es zunächst bei § 323 Abs. 1 ZPO als maßgeblicher Vorschrift der lex fori, die darüber befinde, daß die Erhöhung des Unterhaltsanspruchs mit einer Klage zu verfolgen sei[163]. Das Gericht werde sich sodann die Frage vorlegen, welcher Rechtsordnung die Abänderungsvoraussetzungen zu entnehmen seien. Machten in Österreich lebende Kinder gegen ihren in Deutschland lebenden Vater Unterhalt geltend, so verweise Art. 1 Abs. 1 des HUÜ 1956[164] (entspricht Artt. 4 Abs. 1, 10 Abs. 1 Nr. 1 HUÜ 1973) auf österreichisches Recht. Das ausländische Sachstatut solle aber nicht uneingeschränkt gelten, sondern durch die Wertungen des § 323 ZPO begrenzt werden. Stimme, wie im Verhältnis zu Österreich[165], die deutsche lex fori mit dem ausländischen Recht inhaltlich überein, entstünden keine Friktionen zwischen dem Unterhaltsstatut und der Abänderungsregelung des § 323 Abs. 1 ZPO.

Anders wäre dagegen bei Maßgeblichkeit des italienischen Unterhaltsstatuts zu verfahren. Art. 440 Abs. 1 S. 1 Codice civile[166] läßt für eine Abänderung durch die Gerichtsbehörde jede Änderung der wirtschaftlichen Lage sowohl des Unterhaltsberechtigten als auch des Unterhaltsverpflichteten genügen. Die Vor-

---

[162] *Roth, H.* (Fn. 144), S. 1059.

[163] *MünchKomm-Sonnenberger*², EGBGB, Art. 18 Anh. I, Rdz. 305.

[164] Zum Konkurrenzverhältnis des HUÜ 1956 und des HUÜ 1973 im Verhältnis zu Österreich, *Palandt-Heldrich*⁵⁴, EGBGB, Anh. zu Art. 18 Rdz. 1.

[165] Eine Unterhaltserhöhung wegen geänderter Verhältnisse (§ 140 AGBG) setzt auch nach österreichischem Unterhaltsrecht eine wesentliche Änderung in den Bedürfnissen des Unterhaltsberechtigten voraus; *Hluze / Schwarz*, EF-Slg. Bd. 28 (1993), S. 113 (Nr. 65.745); *dies.*, EF-Slg. Bd. 27 (1992), S. 98 f. (Nr. 62.569, 62.570).

[166] Art. 440 Abs. 1 S. 1 Codice civile lautet in der deutschen Übersetzung: „Wenn nach der Zuerkennung des eingeschränkten Unterhalts die wirtschaftliche Lage desjenigen, der die Leistung vornimmt, oder jene des Beziehers eine Änderung erfährt, verfügt die Gerichtsbehörde je nach den Umständen das Erlöschen, die Herabsetzung oder die Erhöhung."

schriften des italienischen Rechts binden die Abänderung demnach an geringere Voraussetzungen als § 323 ZPO. Nach der eine Kumulation befürwortenden Ansicht müsse sich in diesem Fall die deutsche Regel behaupten, weil sich die an der lex fori orientierte Wertordnung, die eine wesentliche Änderung verlange, durchsetze[167]. Stelle das ausländische Recht an die Abänderung dagegen schärfere Anforderungen als das deutsche Recht, solle es bei der Maßgeblichkeit der lex causae bleiben[168]. Eine Abänderungsklage, bei der der Kläger die Voraussetzungen der strengeren ausländischen Norm nicht erfüllt, wäre als unzulässig abzuweisen. Die Kumulationslösung sieht folglich in den jeweiligen Wertungen der lex fori einen internationalen verfahrensrechtlichen Mindeststandard, den das ausländische Unterhaltsstatut nicht unterbieten könne.

4. Eigene Stellungnahme

Ein Vorzug der lex-fori-Lösung ist die Betonung der Verfahrensabhängigkeit, in der sich die wesentliche Änderung der Tatsachengrundlagen des Ersturteils vollzieht. Die im materiellen Recht geregelten Änderungen in den Lebensverhältnissen der Anspruchsberechtigten und -verpflichteten haben zunächst nur Einfluß auf den Bestand und die Höhe des materiellen Anspruchs. Sie können dem Ersturteil nur mittels der prozessualen Gestaltungsklage des § 323 ZPO entgegengehalten werden. Im Rahmen des Abänderungsverfahrens wird das Ersturteil an die veränderte materielle Rechtslage angepaßt, ohne daß damit ein Eingriff in die materielle Rechtsposition der beteiligten Parteien verbunden wäre. Die Abänderungsentscheidung bestätigt nur die materielle Rechtslage, wie sie aufgrund der veränderten Tatsachen schon länger bestanden hat[169].

Außerdem hält § 323 ZPO die einzige Möglichkeit bereit, tatsächliche und wirtschaftliche Änderungen des Ersturteils geltend zu machen[170]. Die bei einer Verurteilung zu künftig fällig werdenden Leistungen zeitlich über den Schluß der mündlichen Tatsachenverhandlung hinausgreifende Rechtskraft bleibt bestehen, solange sie nicht im Klagewege nach § 323 ZPO beseitigt wird. Auch unter verfahrensrechtlichen Gesichtspunkten scheint die Anwendung von § 323

[167] *Roth, H.* (Fn. 144), S. 1059; a.A. *Kropholler*, ZfJ 1977, S. 105 (110).

[168] *Roth, H.* (Fn. 144), S. 2059.

[169] *Leipold* (Fn. 136), S. 203.

[170] *Zöller-Vollkommer*[18], ZPO, § 323 Rdz. 3, Rdz. 20 f. (Abgrenzung zur Nachforderungsklage und neuen Unterhaltsklage).

ZPO nach der lex fori gerechtfertigt. Die Anwendung des Unterhaltsstatuts würde vom Richter die Ermittlung der ausländischen Abänderungsvoraussetzungen (§ 293 ZPO) verlangen, was das Abänderungsverfahren zusätzlich erschweren und zumeist zeitlich verzögern würde.

Diese Vorzüge genügen m.E. jedoch nicht, die für die Abänderung maßgeblichen Rechtsnormen der lex fori zu entnehmen. § 323 Abs. 1 ZPO enthält inhaltliche Voraussetzungen, die den materiellrechtlichen Anspruch betreffen. Jede Veränderung der Verhältnisse hat Einfluß auf die materielle Rechtslage, wobei die Vorschrift lediglich solche tatsächlichen und wirtschaftlichen Änderungen für erheblich erklärt, die eine wesentliche Veränderung der Verhältnisse bedeuten. Die Eigenart des Abänderungsverfahrens von ausländischen Urteilen besteht zudem darin, daß es nicht nur einer Lösung eines Sachverhalts mit Auslandsbezug bedarf, sondern bereits ein Verfahren in einem bestimmten Land vorausgegangen ist. Dieses Verfahren hat Vorwirkungen, die sich bei einer Abänderungsklage auf das dem Titel zugrundeliegende Sachrecht konkretisieren[171]. Diese Überlegung spricht m.E. in besonderem Maße gegen die Maßgeblichkeit der lex fori. Weder dem Kläger noch dem Beklagten wird einleuchten, daß die Abänderungsvoraussetzungen davon abhängen sollen, welches Gericht angerufen wurde. Der Unterhaltsanspruch ist ein im Interesse des Unterhaltsberechtigten gewährter Anspruch, der gerade auch an die wirtschaftlichen und sozialen Verhältnisse anknüpft, wie sie im Aufenthaltsland des Unterhaltsberechtigten bestehen.

Die Anknüpfung des Unterhaltsstatuts an den gewöhnlichen Aufenthalt ist auch unter kollisionsrechtlichen Erwägungen konsequent. Seine Ausblendung würde nämlich den Wertungen und Interessen der Haager Unterhaltsübereinkommen und damit auch dem deutschen autonomen Kollisionsrecht (Art. 18 Abs. 1 EGBGB) widersprechen. Die kollisionsrechtlichen Anknüpfungen an den gewöhnlichen Aufenthalt des Kindes beruhen in erster Linie auf der Erwägung, daß die am Aufenthaltsort bestehenden wirtschaftlichen und sozialen Verhältnisse den Unterhaltsanspruch des Berechtigten bestimmen[172]. Die Denkschrift zum HUÜ 1973 führt hierzu aus[173]:

---

[171] BGH FamRZ 1992, 1060 (1062 re. Sp.), m. zust. Anm. *Kronke*, LM ZPO § 323 Nr. 66; BGH IPRax 1984, 320 (321); *Stein-Jonas-Leipold*[20], ZPO, § 323 Rdz. 17.

[172] *MünchKomm-Siehr*[2], EGBGB, Art. 18 Anh. I Rdz. 7.

[173] Denkschrift zum HUÜ 1973 (Fn. 160), BT Drucks. 10 / 258, S. 60; ähnlich Denkschrift zum HUÜ 1956 (Fn. 161), BT Drucks. 3 / 2585.

> „Ziel der Unterhaltsverpflichtung ist der Schutz des Unterhaltsberechtigten. Da er im Mittelpunkt der Rechtsinstitution steht, müssen die Realität seines Lebens und nicht die rein juristischen Attribute seiner Person berücksichtigt werden [...]. Ferner erleichtert dieses System eine gewisse Harmonisierung innerhalb jedes Staates: Alle in diesem Land lebenden Unterhaltsberechtigten werden gleichgestellt."

Der Anknüpfungspunkt des gewöhnlichen Aufenthalts verfolgt demnach eigene Interessen, die dazu führen, daß das dem Titel zugrundeliegende Sachrecht nicht beliebig austauschbar ist.

Auch die Kumulationslösung geht zunächst von dem nach internationalem Privatrecht des Abänderungsstaates berufenen Unterhaltsstatut aus, wobei sie nach ihrem eigenen Verständnis erst dann den Grad der Übereinstimmung zwischen lex fori und lex causae feststellen kann, wenn ein ausländisches Unterhaltsstatut berufen ist. Daraus läßt sich m.E. der Haupteinwand gegen die Kumulation bei § 323 Abs. 1 ZPO herleiten. Enthält das Auslandsrecht schärfere Anforderungen als § 323 Abs. 1 ZPO, dann versagt bereits das maßgebliche ausländische Unterhaltsstatut die Abänderung. Einer gesonderten Kontrolle durch die Anforderungen der lex fori bedarf es in diesem Fall nicht.

Sollte das ausländische Recht dagegen an die Abänderungsvoraussetzungen geringere Anforderungen als § 323 Abs. 1 ZPO stellen, so müssen sich diese auch entgegen der Kumulationslösung gegenüber der lex fori durchsetzen können. Der Bezug der Abänderungsklage zum materiellen Recht läßt sich nur dann durch das Kollisionsrecht einheitlich verwirklichen, wenn die den Unterhaltsanspruch beherrschende Rechtsordnung die Abänderung insgesamt und unverfälscht regelt. Die Gegebenheiten des materiellen Rechts beruhen auf dem Sachrecht, das dem abzuändernden Titel zugrunde liegt. Maßgebend für die Bestimmungen der Unterhaltsrente in dem abzuändernden Urteil waren demgemäß nur die ausländischen Umstände. Auch ist Gegenstand der Abänderungsklage nur, welche Änderung in jenen Umständen eingetreten ist und welche Auswirkungen sich für die Bemessung des Unterhalts daraus ergeben[174]. Der lex fori unterliegen damit lediglich die Bestimmungen der Rechtschutzform und des Rückwirkungsverbots des § 323 Abs. 3 ZPO[175]. Die Abänderungsvoraussetzungen bestimmt dagegen das nach deutschem internationalen Privatrecht berufene Sachrecht[176].

---

[174] *Rosenberg / Schwab / Gottwald*[15], ZPR, S. 953; BGH NJW 1981, 341 (342).

[175] *Roth, H.* (Fn. 144), S. 1059; a.A. *Gottwald* (Fn. 148), S. 156 f.

[176] *Kartzke*, NJW 1988, S. 104 (106); *MünchKomm-Siehr*[2], EGBGB, Art. 18 Anh. I Rdz. 320; *Roth, H.* (Fn. 144), S. 1059.

V. Wechselprozeß

Eine der wenigen Verfahrensnormen, bei der bereits der Gesetzeswortlaut die Beachtung des materiellen Einheitsrechts und des Kollisionsrechts vorgibt, findet sich in § 602 ZPO. Der Wechselprozeß ist ein besonderer Urkundenprozeß für Ansprüche aus einem Wechsel gegen den Akzeptanten, den Aussteller oder den Indossanten. Der Rechtsbegriff des Wechsels muß qualifiziert werden, wenn der Kläger im Wechselprozeß einen ausländischen Wechsel vorlegt. Die hierfür maßgebliche Auslegung der Ansprüche aus „Wechseln im Sinne des Wechselgesetzes“ könnte sich als Begriff des Prozeßrechts nach der lex fori, nach dem einheitlichen Wechselrecht oder auch nach dem nach internationalem Wechselprivatrecht berufenen Sachrecht richten.

Deutschland hat in Vollzug der drei Genfer Wechselrechtsabkommen vom 7.6. 1930[177] das Wechselgesetz vom 21.6.1933 erlassen, das am 1.4.1934 in Kraft trat. Ziel des Abkommens über das Einheitliche Wechselgesetz[178] war es, das Wechselrecht teilweise zu vereinheitlichen[179]. Zwischen den Vertragsstaaten sollte ein einheitliches Recht sowohl für international umlaufende Wechsel als auch für den internen Wechselverkehr gelten. Daraus folgt unmittelbar, daß dem Gesetzeswortlaut des § 602 ZPO, der infolge der Wechselrechtsreform des Jahres 1933 ebenfalls an das vereinheitlichte Recht angepaßt wurde[180], jeder Wechsel genügt, der unter Beachtung der materiell vereinheitlichten Vorschriften in einem der Vertragsstaaten begeben wurde.

Für Fragen, die nicht Gegenstand der Vereinheitlichung sind, hat das Abkommen über Bestimmungen auf dem Gebiet des internationalen Wechselprivatrechts[181] Kollisionsnormen vorgesehen, die der deutsche Gesetzgeber in den Artt. 91-98 WG übernahm. Um die Verkehrsfähigkeit der Wechsel zu erhöhen, wurden die Vorschriften des internationalen Wechselprivatrechts als allseitige Kollisionsnormen formuliert, die in ihrem Anwendungsbereich die Vorschriften des allgemeinen IPR verdrängen (vgl. i.ü. Art. 37 Nr. 1 EGBGB). Sie entfalten ihr eigentliches Gewicht insbesondere im Verhältnis zu den Ländern, die dem

---

[177] Wortlaut der drei Abkommen: RGBl. 1933 II, 377; 444; 468.

[178] RGBl. 1933 II, 377.

[179] *MünchKomm-Martiny*^{2}, EGBGB, Art. 37 Rdz. 17.

[180] RGBl. 1933 I, 786, 821.

[181] RGBl. 1933 II, 444; eingehender *Quassowski*, RabelsZ 4 (1930), S. 770 (788).

Wechselrechtsabkommen nicht angehören[182]. Demnach genügen neben dem deutschen Wechsel auch die nach dem berufenen ausländischen Wechselstatut mit Wechselkraft ausgestatteten Wechsel den gesetzlichen Anforderungen, selbst wenn sie in einem Nicht-Vertragsstaat begeben wurden.

Zur Gleichstellung inländischer mit ausländischen Wechseln bedient sich das deutsche Recht also entweder des materiellen Einheitsrechts oder allseitiger Kollisionsnormen. Diese weitgehende Gleichbehandlung ausländischer mit inländischen Wechsel verdient auch im Rahmen der zivilprozessualen Vorschriften Beachtung. Der deutsche Wechselprozeß, entsprechendes gilt für den Scheckprozeß des § 605 a ZPO, muß auch für ausländische Wechsel offenstehen[183]. Konsequenterweise müssen dann aber auch Zinsen, Kosten und Provisionen, die ihren Rechtsgrund in einem ausländischen Wechsel haben, als Nebenforderungen im Sinne des § 4 Abs. 1 HS 2, Abs. 2 ZPO gelten, die bei der Berechnung des Zuständigkeits- und Rechtsmittelstreitwerts des § 4 Abs. 1 ZPO außer Ansatz bleiben müssen. Der Begriff des Wechsels in Vorschriften der Zivilprozeßordnung muß also nach materiellem Einheitsrecht beurteilt werden, soweit es sich um einen in einem Vertragsstaat des Abkommens über das Einheitliche Wechselgesetz begebenen Wechsel handelt. Bei Wechseln aus Nicht-Vertragsstaaten bestimmt die vom internationalen Wechselprivatrecht berufene Rechtsordnung die Wechseleigenschaft.

VI. Zusammenfassung

Die Analyse der Normen des Verfahrensrechts, die materiellrechtliche und prozessuale Tatbestandsmerkmale in sich vereinen, mag unzureichend sein, sofern sie für sich Allgemeingültigkeit beansprucht. Sie hat jedoch einige Gesichtspunkte hervorgebracht, die sich für die Anknüpfungsentscheidung ähnlicher Verfahrensnormen an die lex fori oder die lex causae eignen.

Als Leitprinzip hat sich bestätigt, daß Gerichte selbst bei der Bewertung verfahrensrechtlicher Normen, die einen engen Bezug zu Normen oder Rechtsinstituten des materiellen Sachrechts aufweisen, vor allem nach ihrem eigenen Verfahrensrecht zu verfahren haben. Die Prozeßvollmacht (§ 80 ZPO) und die

---

[182] Vgl. zum Geltungsbereich der Kollisionsnormen *Baumbach-Hefermehl*[18], WG, vor Art. 91 Rdz. 1; *MünchKomm-Martiny*[2], EGBGB, Art. 37 Rdz. 18.

[183] Bereits *Mendelssohn-Bartholdy*, RheinZ 1 (1909), S. 177 (184); *Stein-Jonas-Schlosser*[21], ZPO, § 602 Rdz. 5.

Unterwerfungserklärung (§§ 794 Abs. 1 Nr. 5, 800 ZPO) sind Beispiele prozessualer Rechtsinstitute, die ausschließlich nach dem Prozeßrecht der lex fori beurteilt werden müssen, unabhängig davon, ob der Anwaltsvertrag oder die der Unterwerfungserklärung zugrundeliegende Haftungserklärung ausländischem Sachrecht unterstehen[184]. Das ist besonders deutlich bei der Unterwerfungserklärung. Sie dient der sofortigen Zwangsvollstreckung, ohne den Gläubiger zuvor auf die Duldungs- oder Leistungsklage zu verweisen. Dieser Normzweck widerspricht einer Beurteilung anhand der lex causae. Die Anknüpfung an die lex fori vermeidet zudem für das Prozeßrecht unerwünschte Anknüpfungspobleme, die bei Maßgeblichkeit der lex causae oder sogar der lex rei sitae auftreten könnten.

Von der umfassenden Anknüpfung an die lex fori ist ausnahmsweise, und das auch nur in beschränktem Umfange, bei den Verfahrensnormen abzuweichen, die von besonderen materiellrechtlichen Interessen bestimmt werden. Sie sind freilich jeweils im Einzelfall nachzuweisen. Die Untersuchung hat anhand der internationalen Gerichtsstandsvereinbarung (§§ 38-40 ZPO) für die Prozeßverträge ergeben, daß die lex-fori-Regel für die in ihnen enthaltenen Verfahrensfragen ihre uneingeschränkte Bedeutung behält. Wenn die herrschende Lehre in Rechtsprechung und Literatur eine Anknüpfung der Zuständigkeitsvereinbarung an das Schuldstatut zuläßt, die Verfahrensfrage nach dem zuständigen Gericht also nach dem Recht des Hauptvertrages qualifiziert, dann geschieht das ausnahmsweise in Anerkennung der übereinstimmenden Parteiwillen, die ein hoch bewertetes Interesse an einer freien Gerichtswahl besitzen.

Auch im Rahmen des Abänderungsverfahrens nach § 323 ZPO ist ein besonderes Interesse an der Maßgeblichkeit des Unterhaltsstatuts nachgeweisen. Aus Gründen verfahrensrechtlicher Gerechtigkeit wird die Nähe des Unterhaltsberechtigten zum Sachverhalt und dem ihm zugrundeliegenden am Aufenthaltsort angeknüpften Unterhaltsstatut betont, das allein den Maßstab der wirtschaftlichen und sozialen Verhältnisse des Unterhaltsberechtigten zutreffend wiedergibt.

In der Minderzahl sind die Verfahrensnormen des internationalen Zivilprozeßrechts, bei denen ein Rechtsbegriff durch Einheitsprivatrecht oder durch das nach internationalem Privatrecht berufene materielle Recht bestimmt wird. Dieses Sonderverhältnis konnte für das Wechselprozeßrecht nachgewiesen werden. Soweit es in Verfahrensnormen auf die „Wechsel im Sinne des Wechselgeset-

---

[184] *Kropholler*², IPR, S. 275.

zes" ankommt, strahlt das materielle Einheitsrecht oder das aufgrund internationalen Wechselprivatrechts berufene ausländische Wechselrecht auf das Verfahrensrecht aus. Jedoch selbst bei diesem internationalen Sonderrecht bleibt die Maßgeblichkeit der lex fori erhalten. Das Verfahren des Wechselprozesses richtet sich nach deutschem Verfahrensrecht, selbst wenn ihm ein ausländischer Wechsel zugrundeliegt, der die besondere Verfahrensart der ZPO (§ 602 ZPO) erst statthaft macht.

§ 11 Schadenshaftung im Zivilprozeßrecht

Die Behandlung der Schadenshaftung, die infolge zivilprozessualen Verhaltens der Parteien auch im internationalen Zivilrechtsstreit auftreten kann, ist bisher nur am Rande Gegenstand der Darstellungen zum internationalen Zivilprozeßrecht gewesen[185]. Das liegt hauptsächlich daran, daß einige der Haftungsnormen der Prozeßordnung auf besondere prozessuale Situationen zugeschnitten sind, die ausschließlich deutschem Verfahrensrecht unterliegen.

Bei der Haftung des einstweilen Zugelassenen (§ 89 Abs. 1 S. 3 ZPO) sowie bei der Schadensersatzhaftung des Klägers in der auf eigene Gefahr betriebenen Zwangsvollstreckung aus einem Vorbehaltsurteil (302 Abs. 4 S. 3 ZPO) ist jeweils ein nach deutschem Zivilprozeßrecht betriebenes Verfahren vorausgegangen. Dabei ist völlig unerheblich, daß der Zugelassene vielleicht ausländischer Staatsangehöriger ist. Auch hindert den Erlaß eines Vorbehaltsurteils nicht, daß die Gegenforderung auf ausländische Währung lautet oder ausländischem Sachrecht unterliegt, wenn der Schuldner nach § 244 BGB ersetzungsbefugt ist[186]. In beiden Fällen knüpft die Schadensersatzpflicht allein daran an, daß im weiteren Fortgang des Verfahrens ein Widerspruch zur tatsächlichen und rechtlichen Beurteilung im früheren Verfahrensabschnitt entsteht[187].

I. Schadenshaftung im einstweiligen Rechtsschutz

Die international zunehmende Bedeutung des einstweiligen Rechtsschutzes gibt jedoch in Fällen mit Auslandsberührung Anlaß, die Reichweite des § 945

[185] *Neuhaus*, RabelsZ 20 (1955), S. 201 (238 f.); *ders.*², Grundbegriffe, S. 130.

[186] *MünchKomm-Sonnenberger*², EGBGB, Art. 32 Rdz. 39.

[187] *Zöller-Vollkommer*¹⁸, ZPO, § 89 Rdz. 7 f., § 302 Rdz. 14;

ZPO näher zu erörtern. Die Liberalisierung der Anerkennung und Vollstreckung ausländischer Entscheidungen im EuGVÜ und LuganoÜ erfaßt auch einstweilige Entscheidungen der Mitgliedstaaten[188]. Die Vollstreckung einer in einem ausländischen summarischen Verfahren ergangenen Entscheidung im Inland kann unter Umständen die Haftungsfrage nach § 945 ZPO aufwerfen, wenn der im Eilverfahren zugrundegelegte Anordnungsanspruch im späteren Hauptverfahren eine widersprechende Beurteilung erfährt. Grundsätzlich sind zwei Fallgruppen auseinanderzuhalten.

Der Antragssteller begehrt nach §§ 916 ff. ZPO vor einem deutschen Gericht einstweiligen Rechtsschutz. Das summarische Verfahren ergibt, daß ihm der Anspruch nach dem berufenen ausländischen Recht zusteht; die Vollziehung der erwirkten Eilentscheidung wird umgehend in im Inland belegene Vermögenswerte des Antragsgegners vorgenommen. Im späteren Hauptsacheverfahren[189] stellt sich nach eingehender Ermittlung des ausländischen Rechts heraus, daß der der ausländischen lex causae unterfallende Anspruch nicht bestand. Der Antragsgegner verlangt Schadensersatz für die aus der Vollziehung des Arrests oder der einstweiligen Verfügung entstandenen Schäden und verweist auf § 945 ZPO.

In der zweiten Fallgruppe erwirkt der Gläubiger eine Eilentscheidung vor einem ausländischen Gericht. Als Beispiel kann die englische *Mareva Injunction* dienen. *Mareva Injunctions* gehören als Unterfall der *interlocutory injunction*[190] zum englischen Erkenntnisverfahren, auch wenn sie der Sicherung einer späteren Zwangsvollstreckung dienen. Sie enthalten ein in personam wirkendes, den Schuldner in seiner Person erfassendes Verfügungsverbot, bestimmt bezeichnete Vermögensgegenstände einer späteren Vollstreckung zu entziehen oder darüber zu verfügen[191].

---

[188] *Albrecht*, Das EuGVÜ und der einstweilige Rechtsschutz, S. 155; *Eilers*, Maßnahmen des einstweiligen Rechtsschutzes, S. 261 ff.; *Hausmann*, IPRax 1981, S. 79 (81 f.); *Hogan*, Eur.L. Rev. 1989, 191 (196); *Stutz*, Int. Handlungs- und Unterlassungsvollstreckung, S. 145.

[189] Zur Frage der internationalen Zuständigkeit für Eil- und Hauptsacheverfahren, *Geimer*², IZPR, Rdz. 1207.

[190] Zur Entwicklung *Eilers* (Fn. 188), S. 132 ff.; *O'Malley / Layton*, Eur.Civ.Prac., S. 150 f.

[191] Sie ähneln deshalb der einstweiligen Verfügung des deutschen Rechts, *Eilers* (Fn. 188), S. 132; *Koch*, in: Schlosser, Materielles Recht und Zivilprozeßrecht, S. 171 (193 f.); *Schack*, ZZP 100 (1987), S. 494 (495); *Schlosser*, IPRax 1985, S. 321 (322).

Beispiel: Zwischen einem englischen Unternehmen und seinem für England und Deutschland tätigen Handelsvertreter, der seinen Wohnsitz in Düsseldorf hat, kommt es zu Streitigkeiten über die ordnungsgemäße Abrechnung. Der Kläger erwirkt eine sog. *worldwide Mareva Injunction*[192], um zu verhindern, daß der beklagte Handelsvertreter seine nach Ansicht des Klägers aufgrund gefälschter Abrechnungen überhöhten Provisionen von Konten in England und Deutschland abzieht. Was die in Deutschland belegenen Vermögenswerte anbetrifft, enthält die *Injunction* aus Achtung vor der Souveränität des Belegenheitsstaates die durch *contempt-of-court* Strafen sanktionsbewehrte Anweisung an den Schuldner, die Vermögensgegenstände der englischen Gerichtsbarkeit zuzuführen, um ihre möglichst weitgehende Sicherstellung zu gewährleisten[193].

Unerheblich ist, ob der Kläger, der die in England und Deutschland belegenen Vermögenswerte sicherstellen will, später gegen den Beklagten nach Artt. 1, 2 EuGVÜ an dessen Wohnsitz in Deutschland das Hauptsacheverfahren anstrengt. Der für England, Wales und Nordirland geltende *Civil Jurisdiction and Judgements Act 1982 sec. 25 (1)* enthält die mit Art. 25 EuGVÜ vergleichbare Regelung, daß der *High Court* einstweilige Maßnahmen selbst dann erlassen kann, wenn in der Hauptsache die Gerichte eines anderen Vertragsstaates zuständig sind[194]. Erzielt der englische Kläger demnach später ein obsiegendes Urteil vor einem deutschen Gericht, kann er in die in England gesicherten Vermögenswerte vollstrecken, wenn die deutsche Entscheidung anerkennungs- und vollstreckungsfähig ist.

Die Möglichkeiten des einstweiligen Rechtsschutzes sind damit jedoch noch nicht ausgeschöpft. Unter dem Geltungsbereich des EuGVÜ stellt sich nämlich die Frage, ob die *Mareva Injunction* auch in Deutschland anerkennungsfähig und vollstreckbar ist, mit der Wirkung, daß die in Deutschland belegenen Vermögenswerte unter das Verfügungsverbot fallen. Das wird unter Hinweis auf die de Cavel (I)- und de Cavel (II)-Entscheidungen sowie die Denilauler-Entscheidung des EuGH überwiegend bejaht, wenn der Gegner vor Erlaß der einstweiligen Maßnahme geladen wurde oder ihm ein verfahrenseinleitendes Schrift-

---

[192] *Dohmann / Briggs*, in: Schlosser, Materielles Recht und Prozeßrecht, S. 157 (160); *Post-judgement Mareva Injunction* stattgegeben in: Babanaft Co. S.A. v. Bassatne, [1989] 2 W.L.R. 232 (C.A.); *pre-judgement Mareva Injunction* in: Republic of Haiti v. Duvalier, [1989] 2 W.L.R. 261 (C.A.); Derby & Co.Ltd. v. Weldon, [1989] 2. W.L.R., 276; Derby & Co.Ltd. v. Weldon (Nos. 3 & 4), [1989] 2. W.L.R. 412; abgelehnt in: Polly Peck International plc v. Nadir and others (No. 2), [1992] All.E.R. 769 (C.A.).

[193] *O'Malley / Layton*, Eur.Civ.Prac., S. 164 f.; die Vollstreckung der *contempt*-Strafen unter dem EuGVÜ behandelt, *Stutz* (Fn. 188), S. 176 f.

[194] Wortlaut bei *O'Malley / Layton*, Eur.Civ. Prac., S. 1857 (1869 f.); *Eilers*, (Fn. 188), S. 150; *Kropholler*[4], Europ.ZPR, Art. 24 Rdz. 5; zur identischen Rechtslage in Deutschland *Geimer*[2], IZPR, Rdz. 1207.

stück mit der Gelegenheit zur Stellungnahme zugestellt wurde[195]. Der englische Kläger wird sich demnach jeweils im einzelnen entscheiden müssen, ob er das Risiko der Benachrichtigung des Beklagten eingehen will. Der Gefahr, die überzahlten Provisionen aus diesem Grunde doch noch zu verlieren, stehen freilich aufgrund der späteren Vollziehungsmöglichkeiten in den Vertragsstaaten des EuGVÜ umfangreich gesicherte Werte gegenüber.

Im Fall der Gewährung rechtlichen Gehörs kann die *Injunction* als Entscheidung i.S.v. Artt. 25 ff., 31 ff. EuGVÜ angesehen werden, die gemäß Art. 31 ff. EuGVÜ auch in Deutschland zu vollstrecken wäre. Die Durchführung der Zwangsvollstreckung bleibt dabei aber dem autonomen Recht des Vollstreckungsstaates vorbehalten. So kann die *Mareva Injunction* wegen der Ähnlichkeit ihrer Handlungs- und Unterlassungsgebote mit der einstweiligen Verfügung des deutschen Rechts nach §§ 936, 928 i.V.m. § 890 ZPO vollzogen werden[196], indem dem Schuldner bei Androhung eines Ordnungsgeldes aufgegeben wird, sich jeder Verfügung über seine Vermögensgegenstände im Inland zu enthalten.

Der Gläubiger muß sich also mit einem Antrag an das Prozeßgericht des ersten Rechtszuges wenden, das die *Injunction* des englischen Rechts an die Tenorierungsgewohnheiten des deutschen Eilverfahrens anpaßt. Vor den englischen Gerichten kann der Beklagte nun die sofortige Aufhebung der *Injunction* beantragen, etwa mit der Begründung, zwischen ihm und dem Kläger bestehe kein haftungsbegründender Tatbestand (*fair arguable case for liability*). Zusätzlich hat er die Möglichkeit Berufung zum *Court of Appeal* einzulegen.

Hat der Schuldner mit seinem Begehren vor den englischen Gerichten Erfolg, und die *Mareva Injunction* erweist sich als von Anfang an ungerechtfertigt, dann schließt sich daran wiederum die Frage der Schadenshaftung des Gläubigers an. Vor Schäden, die aus einer Vollziehung der *Injunction* in England herrühren, wird der Schuldner durch das nach Billigkeitsgrundsätzen (*Equity*) erforderliche Versprechen des Klägers, Schadensersatz für den Fall seines

---

[195] Zur Anwendbarkeit des EuGVÜ: EuGH, 27.3.1979 – *de Cavel / de Cavel I*, 143 / 78 – Slg. 1979, 1055 (1067); EuGH, 6.3.1980 – *de Cavel / de Cavel II*, 120 / 79 – Slg. 1980, 731 (740 f.); EuGH, 21.5.1980 – *Denilauler / Couchet Frères*, 125 / 79 – Slg. 1980, 1533 (1571); *Albrecht* (Fn. 188), S. 163; *Dohmann / Briggs* (Fn. 192), S. 164; *Eilers* (Fn. 188), S. 262 ff.; *O'Malley / Layton*, Eur. Civ.Prac., S. 652 f.; a.A. *Dalhuisen*, FS Riesenfeld, S. 1 f.; *Hausmann*, IPRax 1981, S. 79 (81, 82).

[196] *Stutz* (Fn. 188), S. 177; zu den Voraussetzungen nach deutschem Recht *Zöller-Stöber*[18], ZPO, § 890 Rdz. 2 f.

Unterliegens zu leisten, geschützt[197]. Wie ist es aber um die Vermögensverluste bestellt, die infolge der Vollziehung in Deutschland entstanden? Kann und sollte diese Frage durch eine entsprechende Anwendung des 945 ZPO gelöst werden?

II. Anknüpfung der Schadenshaftung des § 945 ZPO

Die Antwort auf diese Fragen hängt sowohl für die Eilentscheidung eines deutschen Gerichts, als auch für die Eilentscheidung eines ausländischen Gerichts, die in Deutschland anerkannt und vollzogen wurde, davon ab, welches Recht auf die Schadenshaftung nach Aufhebung des Eilentscheidung anwendbar ist. Grundsätzlich stehen zwei Möglichkeiten zur Auswahl. Unterfiele die Schadenshaftung dem Deliktsstatut, dann müßte das internationale Deliktsrecht danach befragt werden, welches Recht Anwendung findet. Ist die Schadenshaftung des § 945 ZPO aufgrund einer prozessualen Einordnung dagegen einem gesondert an die lex fori anzuknüpfenden Vollstreckungsstatut zuzuordnen, dann würde sich die Vorschrift selbst bei Maßgeblichkeit ausländischen Sachrechts durchsetzen. Die Qualifikation der verschuldensunabhängigen, zum Schadensersatz verpflichtenden Vorschrift des § 945 ZPO wird in Rechtsprechung und Literatur kontrovers behandelt.

1. Materiellrechtliche Einordnung

Die Rechtsprechung scheint eine materiellrechtliche Einordnung des § 945 ZPO zu befürworten. Sie hat sich bisher nur zu dem mit § 945 ZPO vergleichbaren Fall des § 717 Abs. 2 geäußert. Der BGH behandelt diesen Vollstreckungshaftungsanspruch der ZPO im Sinne der Gefährdungshaftung, wenn er betont, daß die Haftungsfolge an ein ausdrücklich vom Gesetz erlaubtes Verhalten, nämlich an die Vollstreckung (§ 717 Abs. 2 ZPO) oder die Vollziehung einer vorläufig ergangenen Entscheidung, anknüpft[198]. Genauso wie im Recht der Gefährdungshaftung, bei der die objektive Rechtswidrigkeit heute keine Be-

[197] *Dohmann / Briggs* (Fn. 192), S. 159 f.

[198] BGH NJW 1986, 1108; NJW 1985, 1959 (1961); 83, 232; zust. *Münzberg*, FS Lange, S. 599 (603 f.); zur Entwicklung *Häsemeyer*, Schadenshaftung, S. 66 ff.

deutung mehr besitze[199], trete der Vollstreckungsschaden unabhängig von einem normwidrigen Verhalten ein. Auch die vom Gesetzgeber zugelassene Vollziehung von Arrest und einstweiliger Verfügung könne nicht nachträglich durch ein Urteil der Rechtsmittelinstanz, das die materielle Rechtslage nunmehr anders beurteile, rechtswidrig werden. Demnach handele es sich auch bei § 945 ZPO um einen bürgerlichrechtlichen Schadensersatzanspruch aus unerlaubter Handlung.

Die Literatur systematisiert die Schadenshaftungsvorschriften der ZPO dagegen nach ganz unterschiedlichen Kriterien. Je nachdem, welches Element der Schadenshaftung als normbestimmend angesehen wird, finden sich Qualifikationen als Risikohaftung[200], Aufopferungsanspruch[201], Zwangsversicherung[202] oder als Durchsetzungshaftung des Gläubigers[203], die das Gegengewicht zur verschuldensunabhängigen und die Vollstreckung gebietenden Leistungsverweigerung des Schuldners bildet. Oft werden mehrere Prinzipien miteinander vereint[204]. Bei aller Gegensätzlichkeit im Detail besteht aber bei den genannten Literaturmeinungen Übereinstimmung, daß es sich bei der Vollstreckungshaftung des § 945 ZPO um eine materiellrechtliche Vorschrift handelt, die die Verantwortung für ein Schadensereignis dem Gläubiger zuweise und für die die Vorschriften der unerlaubten Handlung zumindest entsprechend anwendbar seien[205].

---

[199] *Deutsch*, Haftungsrecht, S. 198 f.; *Henckel*, Materielles Recht und Prozeßrecht, S. 270 m.w.N.; *Geigel / Rixecker*[21], Haftpflichtprozeß, S. 21 f.; a.A. früher das RG, RGZ 145, 328 (332).

[200] *Brox / Walker*[4], ZwVollstr, Rdz. 75; *Jauernig*[19], ZwVollstr, S. 18; *Stein-Jonas-Münzberg*[20], ZPO, § 717 Rdz. 9; *Stein-Jonas-Grunsky*[20], § 945 Rdz. 3; *MünchKommZPO-Heinze*, § 945 Rdz. 2.

[201] *Baur / Stürner*[11], ZwVollstr, Rdz. 215, 832 f.; *Esser / Schmidt*[6], Schuldrecht AT, S. 117; dagegen *Münzberg*, FS Lange, S. 599 (604).

[202] *Bötticher*, ZZP 85 (1972), S. 1 (8 f.).

[203] *Häsemeyer* (Fn. 198), S. 10 f., 23 ff.

[204] *Stein-Jonas-Münzberg*[20], ZPO, § 717 Rdz. 9; *Zöller-Herget*[18], ZPO, § 717 Rdz. 3.

[205] *Brox / Walker* (Fn. 200), Rdz. 75; *Häsemeyer* (Fn. 198), S. 9; *Jauernig*[19] (Fn. 200), S. 18 f.; *MünchKommZPO-Heinze*, § 945 Rdz. 2; *Stein-Jonas-Grunsky*[20], ZPO, § 945 Rdz. 3; *Zöller-Vollkommer*[18], ZPO, § 945 Rdz. 3; bereits *Wurzer*, Gruch.Beitr. 63 (1919), S. 577 (578).

2. *Prozeßrechtliche Einordnung*

Indes befürwortet eine Mindermeinung, die Schadensersatzpflichten für Prozeßhandlungen hinsichtlich der Rechtsanwendung dem Prozeßrecht zuzuschlagen[206]. Hier erscheint die Vollstreckungshaftung als materiellrechtlicher Annex verfahrensrechtlicher Regelungen, bei denen die funktionelle Qualifikation eine Hinwendung zum Prozeßrecht rechtfertige. Diese Meinung bleibt allerdings eine Begründung für diese Zuordnung schuldig.

3. *Eigene Stellungnahme*

Für eine prozeßrechtliche Qualifikation des § 945 spricht, daß die vorläufige Vollziehbarkeit von Arrest und einstweiliger Verfügung auch ein dem Allgemeininteresse dienendes Rechtsinstitut ist, das dem Gläubiger zur Verhinderung der Selbsthilfe das Recht der vorläufigen Sicherung seiner Ansprüche gewährt. Die Schadensersatzvorschrift des § 945 ZPO erscheint in diesem Lichte betrachtet als Ausgleich für die im Rechtsmittelsystem erfolgende andere Beurteilung der materiellen Rechtslage.

Eine solche Interpretation übersähe aber, daß es sich bei § 945 ZPO, trotz seiner Abhängigkeit von einem Rechtsmittelsystem, um einen materiellrechtlichen Schadensersatzsanspruch handelt. Die Vollziehung von Arrest und einstweiliger Verfügung ist von Anbeginn an mit der Unsicherheit einer späteren endgültigen richterlichen Entscheidung behaftet[207]. Die sich daraus ergebenden Haftungsgründe sind ihrer Natur nach Fortsetzungen materiellrechtlichen Gedankenguts im Prozeßrecht. § 945 ZPO verlangt nämlich in erster Linie, einen Schaden auszugleichen, der infolge der ungewissen Rechtslage und der vom Gesetz gestatteten Vollziehung der einstweiligen Maßnahme entstand, ohne daß es freilich auf eine typisch schadensrechtliche Beziehung zwischen Pflichtverstoß und eingetretenem Schadenserfolg ankäme[208]. Den Anspruch indes nur als Bereicherungsanspruch zu interpretieren, der dem Gläubiger aufgibt, zurückzuerstatten, was er dem Schuldner, wie sich im nachhinein herausstellt,

---

[206] *Kropholler*², IPR, S. 111 f.; *Neuhaus*, RabelsZ 20 (1955), S. 201 (238 f.); *ders.*², Grundbegriffe, S. 130.

[207] *MünchKommZPO-Heinze*, § 945 Rdz. 2.

[208] *MünchKommZPO-Heinze*, § 945 Rdz. 2; *Münzberg* (Fn. 201), S. 603 f.; für § 717 Abs. 2 ZPO, BGH NJW 1983, 232.

ohne rechtlichen Grund abverlangt hat, vernachlässigt die Komponente des Schadensausgleichs[209]. Das Risiko, eine nur vorläufig gewährte Rechtsstellung vorab zu befriedigen, verpflichtet nicht nur zur Rückgewähr des Empfangenen, sondern auch zum Ausgleich der Schäden, die durch den Eingriff in die Rechtssphäre des Schuldners entstanden sind. § 945 ZPO ist deshalb als schadensersatzrechtliche Vorschrift dem materiellen Recht zuzuordnen.

III. Anwendbares Recht

Erweist sich § 945 ZPO als materiellrechtliche Vorschrift, so entscheidet das Deliktsstatut über das anwendbare Schadensersatzrecht[210]. Für die oben beschriebene erste Fallgruppe, der Eilentscheidung durch ein deutsches Gericht, ist die Bestimmung des Deliktsstatuts unproblematisch. Nach dem deutschen internationalen Deliktsrecht ist deutsches Recht anzuwenden. Der Prozeßort des Eilverfahrens als Handlungsort sowie der Vollziehungsort als Erfolgsort liegen im gleichen Rechtsgebiet, so daß das Deliktsstatut nach der Tatortregel einheitlich am deutschen Deliktsort angeknüpft werden kann. Die Haftungsfrage löst sich mithin nach der freilich ebenfalls dem materiellen Recht zugehörigen Vorschrift des § 945 ZPO, selbst wenn ansonsten ausländisches Sachrecht maßgeblich ist.

Komplexer ist dagegen die Bestimmung des maßgeblichen Rechts für die zweite Fallgruppe, der eine im Inland anerkannte und vollzogene Eilentscheidung eines ausländischen Gerichts zugrundeliegt. Ähnlich wie bei grenzüberschreitenden Deliktsfällen[211], fallen der Prozeßort des Eilverfahrens als Handlungsort und der Vollziehungsort als Erfolgsort auseinander. In diesem Fall bestimmt die h.M. den Deliktsort nach der Ubiquitätsregel, wonach Deliktsort jeder Ort ist, an dem ein Teil des gesetzlichen Tatbestands verwirklicht wurde[212]. Die Konkurrenz zwischen Vollziehungsort und Prozeßort muß sodann zugunsten des für den Geschädigten materiell günstigsten Rechts entschieden werden[213].

---

[209] *Münzberg* (Fn. 201), S. 604 f.

[210] *Kropholler*², IPR, S. 441 ff.

[211] *MünchKomm-Kreuzer*², EGBGB, Art. 38 Rdz. 39 ff.

[212] *Kropholler*², IPR, S. 443 f.; *MünchKomm-Kreuzer*² (Fn. 211), Rdz. 40.

[213] H.M. *MünchKomm-Kreuzer*² (Fn. 211), Rdz. 50.

Bei der für den Beispielsfall zu treffenden Wahl zwischen englischem Handlungsortsrecht, als der Rechtsordnung, in der die einstweilige Maßnahme beantragt wurde, und deutschem Erfolgsortsrecht ist freilich zu beachten, daß das jeweilige Schadensrecht nur für die in seinem Hoheitsgebiet eintretenden Rechtsgutverletzungen herangezogen werden kann[214]. Für den Schuldner, in dessen Vermögensgegenstände in Deutschland eine englische *worldwide Mareva Injunction* vollzogen wurde und dem daraus Vermögensschäden erwachsen sind, ist deshalb die Vorschrift des § 945 ZPO maßgeblich[215].

Freilich ist auf diese Fallgruppe nur eine analoge Anwendung der Vorschrift möglich, weil sich die Voraussetzungen nur auf die Anordnung und spätere Aufhebung eines Arrestes oder einer einstweiligen Verfügung des deutschen Rechts beziehen. Dem Schuldner sollte jedoch aus der Liberalisierung des Prozeßrechts durch die europäischen Prozeßgesetze kein Nachteil erwachsen. Einer Versagung der Ersatzpflicht stünden erweiterte Zugriffsmöglichkeiten des Gläubigers gegenüber, für die ihm das deutsche Prozeßrecht in Ermangelung einer entsprechenden Regelung jede Verantwortung und jedes Risiko abnähme. § 945 ZPO ist m.E. deshalb auch hier anzuwenden.

IV. Zusammenfassung

Die Anspruchsgrundlagen im Verfahrensrecht sind somit auch in internationalprozeßrechtlichen Kollisionsfällen dem materiellen Recht zuzuordnen. Sie unterstehen somit nicht der Herrschaft der lex fori, sondern der lex causae. Über ihre Anwendbarkeit entscheidet das nach internationalem Privatrecht berufene Sachrecht.

Dabei konnte nachgewiesen werden, daß die Anforderungen, die das EuGVÜ mit der vereinfachten Anerkennung und Vollstreckung auch einstweiliger Entscheidungen der Mitgliedstaaten (Art. 25 ff. EuGVÜ) an die deutsche Prozeßordnung stellt, selbst in ihren schadensrechtlichen Folgen allein vom deutschen Recht bewältigt werden. Erweist sich eine ausländische einstweilige Verfügung nach dem Recht des Erlaßstaates als von Anfang an ungerechtfertigt und wird dementsprechend wieder aufgehoben, dann kann der im Inland von Vollzieh-

---

[214] *MünchKomm-Kreuzer*[2] (Fn. 211), Rdz. 52; *Soergel-Kegel*[11], EGBGB, Art. 38 Rdz. 48 m.w.N.

[215] *Münzberg* (Fn. 201), S. 610.

ungsmaßnahmen betroffene Schuldner in entsprechender Anwendung des § 945 ZPO Ersatz der aus der Vollziehung entstandenen Schäden verlangen.

Die Anwendung von § 945 ZPO ist dabei keine Folge der lex-fori-Geltung im Verfahrensrecht, sondern vielmehr der Maßgeblichkeit des nach internationalem Privatrecht berufenen Sachrechts. Die Entscheidungen ausländischer Gerichte können nicht unmittelbar, sondern nur unter Mitwirkung deutscher Gerichtsbehörden im Inland vorläufig vollstreckt oder vollzogen werden. Das ermöglicht, an den Vollstreckungs- oder Vollziehungsort als Erfolgsort zur Bestimmung des Deliktsstatuts anzuknüpfen. Freilich ist dann, wenn deutsche Gerichte tätig werden, aufgrund des internationalen Deliktsrechts immer deutsches materielles Recht anwendbar. Die im Verfahrensrecht verankerte inländische materielle Norm ist somit nicht als Teil der lex fori anzuwenden, sondern nur, wenn deutsches Recht als maßgebliches Sachstatut berufen ist.

§ 12 Die Anpassung im internationalen Zivilverfahrensrecht

Zu erörtern bleiben die Fälle, in denen bei Maßgeblichkeit des eigenen Verfahrensrechts und der Berufung eines ausländischen Sachstatuts durch das IPR Normanwendungskonflikte entstehen, weil das nach der lex fori anzuwendende Verfahrensrecht und das ausländische Sachrecht nicht aufeinander abgestimmt sind. Zu unterscheiden ist die systembezogene von der kooperativen Anpassung[216]. Bei der kooperativen Anpassung entstehen die Schwierigkeiten einer reibungslosen Rechtsanwendung weniger aus dem Kollisionsrecht des Forums als aus der fehlenden Feinabstimmung der Handlungen von Justizbehörden verschiedener Staaten[217]. Die Anpassung erfolgt hier im Interesse eines verbesserten Rechtsverkehrs zwischen den Staaten, der im besten Falle durch völkerrechtliche Übereinkommen verfestigt wird[218]. Bei der systembezogenen Anpassung, die entsprechend ihrer größeren Bedeutung im Vordergrund der Erörterung stehen muß, erwächst aus der Inkongruenz zweier Rechtsordnungen entweder ein Normenmangel oder ein Normenwiderspruch. Im Mittelpunkt der Problematik steht dabei vor allem die Abgrenzung des Prozeßstatuts von nach internationalem Privatrecht anwendbaren materiellen Statuten.

---

[216] *Basedow* (Fn. 70), S. 151 f. (grundlegend).

[217] *Basedow* (Fn. 70), S. 155.

[218] Zu Beispielen vgl. *Basedow* (Fn. 70), S. 153 f.; *Wolff*, Hdb.IZVR, Bd. III / 2, Kap. IV, Rdz. 30 f.

Typische Normenmängel im internationalen Zivilprozeßrecht entstehen dadurch, daß das deutsche Kollisionsrecht ein ausländisches Sachrecht beruft, das für ein Verfahren vor deutschen Gerichten nach der lex fori notwendige Normen nicht kennt oder als prozessual einordnet. Bei strenger Beachtung der Kollisionsrechtsordnung sind die Normen beider beteiligter Rechtsordnungen nicht anwendbar[219]. Als ausländische Prozeßnorm wird die Regelung von der lex-fori-Regel verdrängt. Insbesondere muß der Verweisungsbefehl des IPR nicht notwendig[220] das Prozeßrecht des ausländischen Rechts umfassen. Bei Maßgeblichkeit des ausländischen Sachstatuts kann die ausländische Prozeßregel aber auch nicht durch deutsches materielles Recht substituiert werden. Beim Normwiderspruch regeln die beiden beteiligten Rechtsordnungen denselben Sachverhalt unterschiedlich. Dies kann zu einem Konflikt führen, weil das ausländische Recht inhaltlich nicht dem deutschen materiellen Recht entspricht, auf das das deutsche Verfahren aber ausgerichtet ist.

Die beiden im folgenden beispielhaft geschilderten Entscheidungen betreffen zunächst den Fall des Normenwiderspruchs, sodann den Fall des Normenmangels.

I. Die Anpassung nach der Rechtsprechung

Der Bundesgerichtshof mußte sich Ende der sechziger Jahre mit der Ehescheidung nach italienischem Ehescheidungsstatut beschäftigen[221]. Die Klägerin, eine italienische Staatsangehörige, beantragte vor dem zuständigen deutschen Gericht, ihre Ehe mit dem Beklagten, ebenfalls einem italienischen Staatsangehörigen, nach den Vorschriften des italienischen Rechts zu trennen. Das italienische Recht kennt jedoch keine dem deutschen Recht entsprechende Ehescheidung, sondern nur eine durch Gerichtsurteil auszusprechende, mit bestimmten Rechtswirkungen ausgestattete Trennung der Ehe, die deren Band bestehen läßt[222]. Der Bundesgerichtshof knüpfte dieses dem deutschen Recht unbekann-

---

[219] *v. Bar, C.*, IPR I, S. 538 f.; *Kropholler*², IPR, S. 214 f.

[220] Zur Berücksichtigung ausländischer Gestaltungsklagerechte oben § 6, I. 1.

[221] BGHZ 47, 324 = RabelZ 32 (1968), 313, m. Anm. *Jayme*, S. 323 = JZ 1967, 671, m. Anm. *Heldrich*, S. 675.

[222] Vgl. Artt. 149-158 Codice civile.

te Institut an Art. 17 EGBGB a.F. an[223], so daß italienisches Recht als Scheidungsstatut berufen war. Die Verfahrensvorschriften der §§ 606 ff. ZPO, nach denen das deutsche Gericht gemäß der lex fori prozedierte, sind freilich auf diese Trennung nach italienischem Recht nicht abgestimmt. Sie gehen von einer vollständigen Auflösung der Ehe aus. Es stellte sich daher die Frage, ob deutsche Gerichte auch eine Trennung nach ausländischem Recht aussprechen konnten.

In Auseinandersetzung mit der Lehre von der wesenseigenen Zuständigkeit und der kollisionsrechtlichen Vorbehaltsklausel[224] kam der BGH zu dem Ergebnis, daß die Vorschriften eines ausländischen Sachstatuts auch um den Preis einer modifizierten Anwendung des eigenen Verfahrensrechts zu verwirklichen seien. Erst nachdem der Richter jede Möglichkeit ausgeschöpft habe, sein Verfahren an die Erfordernisse des fremden Sachrechts anzupassen, könne er sich auf seine wesenseigene Unzuständigkeit berufen[225]. Deutsche Gerichte konnten nach dieser Rechtsprechung bei gemeinsamer Staatsangehörigkeit ausländischer Eheleute auf Trennung von Tisch und Bett erkennen, wenn das Heimatrecht der Eheleute eine solche vorsah. Der BGH vermied es jedoch, allgemein festzustellen, welche das Eheverfahren betreffende deutsche Vorschriften nur sinngemäß mit entsprechenden Veränderungen herangezogen oder welche Vorschriften gänzlich unanwendbar werden[226]. Der Tenor des deutschen Scheidungsurteils war entsprechend an die Besonderheiten des ausländischen Scheidungsrechts anzupassen.

Ein zu einem Normenmangel führender Konflikt zwischen deutschem Verfahrensrecht als Prozeßstatut und ausländischem materiellen Recht bei Beteiligung der japanischen Rechtsordnung war Gegenstand einer Entscheidung des OLG Stuttgart[227].

Beide Parteien sind japanische Staatsangehörige. Die nach Japan zurückgekehrte Ehefrau begehrte vor dem Amtsgericht / Familiengericht zur Vorbereitung einer

---

[223] BGHZ 47, 324 (332 f.); *MünchKomm-Winkler v. Mohrenfels*², EGBGB, Art. 17 Rdz. 22 sieht darin eine entsprechende Anwendung der Kollisionsnorm.

[224] BGHZ 47, 324 (328 f.) = RabelZ 32 (1968), 313 (318 f.); *Booß*, Wesenseigene Zuständigkeit, S. 124 f.; *Schütze*, DIZPR, S. 67.

[225] BGHZ 47, 324 (335) = RabelsZ 32 (1968), 313 (319 f.).

[226] BGHZ 47, 324 (339) = RabelsZ 32 (1968), 313 (322); *MünchKomm-Winkler v. Mohrenfels*², EGBGB, Art. 17 Rdz. 238, möchte dagegen vorrangig auch im Verfahrensrecht auf eine analoge Anwendung des deutschen Scheidungsverfahrensrecht zurückgreifen.

[227] OLG Stuttgart IPRax 1990, 113; zum kroatischen Ehegüterrecht OLG Frankfurt IPRax 1992, 49 f. m. Anm. *Jayme*.

Unterhaltsklage während des Getrenntlebens der Parteien bei fortbestehender Ehe Auskunft über das Einkommen ihres in der Bundesrepublik verbliebenen Ehemannes[228].

Das gemäß Art. 18 Abs. 1 S. 1 EGBGB maßgebliche japanische Unterhaltsrecht kennt keinen Auskunftsanspruch. Im japanischen Familienrecht ist eine solche Bestimmung unbekannt, weil sie dort als Teil verfahrensrechtlicher Amtsermittlungsgrundsätze entbehrlich ist[229]. Freilich kann diese japanische Verfahrensregel in einem Unterhaltsprozeß vor deutschen Gerichten nicht angewendet werden, weil dies der lex-fori-Geltung im Scheidungsverfahrensrecht widerspräche[230]. Das deutsche Recht billigt dagegen dem getrenntlebenden Ehegatten mit § 1605 BGB einen materiellen Auskunftsanspruch zu, der nach § 621 Abs. 1 Nr. 5 ZPO vor den Familiengerichten geltend zu machen ist. Auch diese Regelung kann jedoch nicht angewendet werden, da als Unterhaltsstatut japanisches Recht berufen ist. Soll der Beklagte nun aber seine Einkünfte verschweigen dürfen, obwohl sie eine Bezifferung der Unterhaltsleistung nach deutschem Recht erst ermöglichen?

Der beim Aufeinandertreffen des deutschen Verfahrensrechts mit japanischem Unterhaltsstatut entstehende Normenmangel wurde vom OLG Stuttgart durch Anpassung des japanischen Sachrechts gelöst[231]. Bei einer Klage vor einem deutschen Gericht müsse der japanischen Ehefrau durch die Zuerkennung des Auskunftsanspruchs geholfen werden, weil auch das japanische Recht den Unterhaltsanspruch von dem Einkommen des Ehemannes abhängig mache. Der übereinstimmenden Absicht beider beteiligter Rechtsordnungen konnte so sinnvoll Rechnung getragen werden[232].

Denkbare Alternativen erweisen sich als nicht tragfähig. Rein rechtstechnisch könnte der Normenmangel dadurch gelöst werden, daß die deutsche Anspruchsgrundlage auf Auskunfterteilung in § 1605 BGB als prozessuale Vorschrift qualifiziert wird, um sie dem verfahrensrechtlichen lex-fori-Prinzip zu

---

[228] OLG Stuttgart IPRax 1990, 113.

[229] Vgl. das bei OLG Stuttgart IPRax 1990, 113 (114) referierte, unveröffentlichte Gutachten des MPI. Ebenso für das griechische Recht *Jayme / Bissias*, IPRax 1988, S. 94 (Fn 3 m.w.N.).

[230] *MünchKomm-Winkler v. Mohrenfels*[2], EGBGB, Art. 17, Rdz. 238.

[231] OLG Stuttgart IPRax 1990, 113 (114); ebenfalls durch Anpassung des ausländischen Sachrechts wurde der Normenmangel in OLG Frankfurt, IPRax 1992, S. 49 m. zust. Anm. *Jayme* gelöst.

[232] OLG Stuttgart IPRax 1990, 113 (114).

unterstellen[233]. Andererseits könnte § 752 des jap. BGB[234] dazu veranlassen, die allgemeine Kooperationspflicht der Ehegatten um eine Auskunftspflicht zu erweitern. Bei dieser Normerweiterung, die sich dogmatisch der Hilfe des kollisionsrechtlichen Verweisungsziels des Art. 18 Abs. 1 S. 1 EGBGB bedient, steht das nach dem Unterhaltsstatut berufene materielle Recht im Vordergrund der Überlegung.

Beide Lösungsansätze wären offenkundig von der Unterscheidung in Prozeßrecht und materielles Recht beeinflußt. Dabei tritt die Problematik der Vorstellung einer reinlichen Trennung von materiellem Recht und Prozeßrecht für die Aufgaben im internationalen Zivilverfahrensrecht zutage[235]. Die prozeßrechtliche Variante des § 1605 BGB findet keinen Anhaltspunkt im Gesetz, der eine entsprechende Auslegung rechtfertigte. Die Vorschrift ist eindeutig als materielle Anspruchsgrundlage formuliert. Sie als eine verfahrensrechtliche Norm zu qualifizieren, widerspräche dem Norminhalt. Die materiellrechtliche Erweiterung des japanischen Zivilrechts schließlich widerspräche zentralen Grundgedanken der ausländischen Rechtsordnung, die kraft des kollisionsrechtlichen Verweisungsbefehls nicht unberücksichtigt bleiben sollen[236]. Das japanische Unterhaltsrecht geht von einer gegenseitigen Unterstützung der Ehegatten aus, was eine Kooperation auch über das Ende der Ehe hinaus beinhaltet. Das Auskunftsrecht des deutschen Bürgerlichen Rechts, das einem Ehegatten erst die Möglichkeit verschafft, seinen Unterhaltsanspruch zu beziffern, ist in der japanischen Rechtsordnung aber eindeutig dem Prozeßrecht zugeordnet. Die von der Rechtsprechung vorgeschlagene Anpassungslösung befaßt sich deshalb auch gar nicht mit dem Trennungsdenken, weil es im internationalen Rechtsverkehr, jedenfalls soweit die Anpassung betroffen ist, seinen Wert einbüßt. Die flexible Anpassung löst demnach nicht nur den Normenmangel, sondern überwindet

---

[233] Eine Vorschrift des Zivilrechts, bei der sich sowohl ein materiellrechtlicher als auch ein verfahrensrechtlicher Inhalt nachweisen läßt, findet sich in § 1564 S. 1 BGB. Die Vorschrift wird im Rahmen der Anerkennung ausländischer Privatscheidungen nach Art. 1 § 7 FamRÄndG von Bedeutung. Sie müßte außer Betracht bleiben, wenn § 1564 S. 1 BGB verfahrensrechtlich zu qualifizieren wäre. Vgl. BGHZ 82, 34 (38) = IPRax 1983, 37 (39); OLG Koblenz, IPRax 1988, 178 f. m. Anm. *Henrich*; AG Darmstadt, IPRax 1984, 218 f. m. Anm. *Henrich*; OLG Stuttgart, IPRax 1981, 213 (215); BT-Drucks. 7 / 650, S. 104; krit. *Henrich*, IPRax 1982, S. 94 (95); *Kegel*, IPRax 1983, S. 22 (23).

[234] Art. 752 Japanisches BGB lautet in der deutschen Übersetzung: „Die Ehegatten sind zum Zusammenleben, zum Zusammenwirken und zur gegenseitigen Unterstützung verpflichtet."

[235] Vgl. dazu oben § 6, I. 2.

[236] *MünchKomm-Sonnenberger*², EGBGB, Einl. 360 f.

auch die im deutschen Recht geforderte Zuordnung zum materiellen oder prozessualen Recht.

Als Fazit bleibt festzuhalten, daß der aus dem Zusammentreffen des deutschen Prozeßstatuts mit ausländischem materiellen Recht resultierende Normenmangel und der Normenwiderspruch von der Rechtsprechung durch Anpassung bewältigt werden[237]. Die von ihr bevorzugten Lösungen lassen sich freilich nicht rechtstechnisch sauber zuordnen. Sie sind allerdings jeweils geprägt von der in der fremden Rechtsordnung vorgefundenen Ausgangslage. Entweder werden deutsche Vorschriften sinngemäß oder entsprechend angewendet[238], materiellrechtliche Ansprüche aus anderen Bereichen der ausländischen Rechtsordnung entlehnt[239] oder das ausländische Sachrecht um eine neue, im Wege der Anpassung gewonnene Sachnorm ergänzt[240]. Dabei vertieft sich die Rechtsprechung, die sich bei den vielfältigen Instituten ausländischer Rechtsordnungen zu keiner Einheitslösung veranlaßt sieht, nicht in die methodischen Hintergründe ihrer Entscheidungen. Sie läßt sich vielmehr von einer Einzelfallbetrachtung leiten, die dem Prozeß weiterer Klärung und Präzisierung auch für zukünftige Entscheidungen Raum läßt. An diese Erkenntnis schließt sich deshalb in erster Linie die Analyse der prozessualen Einzelheiten an.

II. Die Anpassung nach der Literatur

Der dogmatischen Aufgabe haben sich aber Teile der Literatur gestellt[241]. Auch hier stehen Einzelprobleme im Vordergrund, bei denen sich die Anpassung zu einer folgerichtigen Lösung für einen speziellen Fall verdichten soll. Ein Beispiel, an dem die Lösungen der Literatur dargestellt werden können, liefert der zu einem Normenmangel führende Konflikt zwischen prozessualen Aus-

---

[237] Für das kroatische Ehegüterrecht, OLG Frankfurt a.M. IPRax 1992, S. 49 f. m. Anm. *Jayme*; für das griechische Recht *Jayme / Bissias*, IPRax 1988, S. 94 m.w.N.; *Jayme* IPRax 1989, S. 52, S. 310; allgemein *Kegel*[6], IPR, S. 216 ff.; *Kropholler*[2], IPR, S. 215 f.; die Anpassung wurde auch nach der Neufassung des EGBGB durch das IPR-Gesetz der Rechtsprechung überlassen, BT-Drucks. 222 / 83, S. 32.

[238] *MünchKomm-Winkler v. Mohrenfels*[2], EGBGB, Art. 17 Rdz. 238; OLG Bamberg IPRspr 1983 Nr. 89, S. 145 ff. (147).

[239] OLG Hamm IPRax 1988, 108 (109); zust. *Jayme / Bissias*, IPRax 1988, S. 94 (95).

[240] OLG Stuttgart IPRax 1990, S. 113 (114); OLG Frankfurt a.M. IPRax 1992, 49, m. zust. Anm. *Jayme*.

[241] *Eidenmüller*, IPRax 1992, S. 356 f.; *Morweiser*, IPRax 1992, S. 65 f.; *Schack*, IPRax 1991, S. 347 f.

kunftsrechten, den U.S.-amerikanischen *pre-trial-discovery*-Verfahren, und den deutschen materiellrechtlichen Auskunftsansprüchen im Unterhaltsprozeß, §§ 1580 i.V.m. 1605 BGB[242]. Das Unterhaltsrecht einiger U.S.-Bundesstaaten kennt ebenso wie das japanische keine materiellrechtlichen Auskunftsansprüche. Erhebt demnach eine rechtskräftig geschiedene Ehefrau vor einem deutschen Gericht Stufenklage nach § 254 ZPO auf Auskunft und Zahlung von nachehelichem Unterhalt und richtet sich das maßgebliche Unterhaltsstatut nach dem Sachrecht des U.S.-Bundesstaates New York, so fragt sich, ob und nach welchem Recht die Ehefrau Auskunft begehren kann.

Auch für die Lösung des U.S.-amerikanischen Falles kommt es zunächst darauf an, die für die Anpassung maßgebliche Rechtsgrundlage festzustellen. Im Unterschied zum japanischen Recht kennen das U.S.-amerikanische Bundeszivilprozeßrecht sowie die *local rules* einiger Bundesstaaten den Untersuchungsgrundsatz zur Feststellung der Ehegatteneinkünfte nicht[243]. Das U.S.-amerikanische Zivilprozeßrecht (Fed.R.Civ.P. 26 f.) wie auch das Recht des Staates New York (CPLR 3120) bieten aber insofern mit dem prozeßrechtlichen Institut der *pre-trial-discovery*[244] eine den deutschen Auskunftsansprüchen funktional ähnliche Möglichkeit, über relevante Tatsachen in einem besonderen, allerdings der eigentlichen Hauptverhandlung vorgelagerten, Verfahren Auskunft zu erhalten[245]. In der Literatur werden drei Lösungen für den Normenmangel vorgeschlagen, wobei zwei kollisionsrechtlich und die dritte prozeßrechtlich argumentieren.

---

[242] Vgl. *Basedow* (Fn. 70), S. 152; AG Hamburg, IPRspr 1979, Nr. 122.

[243] *Schack*, Einführung, S. 39 ff.

[244] Civil Practice Law and Rules 3120, in: McKinney's Consolidated Laws of New York, Annotated, 1991, Bd. 7 B, S. 593 ff.: „Rule 3120: (a) As against party: 1. After commencement of an action, any party may serve on any other party notice: (i) to produce and permit the party seeking discovery [...] any specifically designated documents or any things which are in the possession, custody or control of the party served, specified with reasonable particularity in the notice; or [...];" vergleichbare Regelungen in: Maryland Rules of Procedure, Chapter 400, in: Annotated Codes of Maryland, 1957, Bd. 9 B, 1977 Replacement Vol., S. 257 ff.; Massachusetts Rules of Civil Procedure, Rules 26-37, in: Annotated Laws of Massachusetts, 1982, S. 661 ff.

[245] *Schack*, IZVR, Rdz. 740; *P. Schlosser*, IPRax 1987, S. 153 (155).

1. Die kollisionsrechtlichen Lösungen

Schack begründet die Angemessenheit der lex fori mit einer hypothetischen Teilrückverweisung. Kollisionsrechtlich liege dem Normkonflikt eine auf die Auskunftspflichten beschränkte hypothetische und versteckte Qualifikationsrückverweisung der lex causae auf die lex fori zugrunde, die im inländischen Recht abzubrechen sei[246]. Die Auskunftsansprüche unterlägen nach dem Verständnis des deutschen internationalen Privatrechts dem materiellen Recht des jeweiligen U.S.-amerikanischen Bundesstaates. Selbst wenn sie nach U.S.-Recht der verfahrensrechtlichen lex fori unterstellt würden, habe das deutsche Recht insofern eine Rückverweisung auf die lex fori zu beachten.

Der zweite, ebenfalls kollisionsrechtliche Ansatz bevorzugt eine sachrechtliche Auflösung im Wege der Qualifikation[247]. Art. 18 Abs. 4 S. 1 EGBGB verweise für das Unterhaltsrecht auf das materielle Recht des U.S.-Bundesstaates als dem auf die Scheidung angewandten Recht. Der Rechtsbegriff des „materiellen Rechts" sei aber als Tatbestandsmerkmal einer deutschen Kollisionsnorm nach deutschem Recht zu qualifizieren. Soweit danach das amerikanische Ausforschungsverfahren die Funktion eines deutschen Auskunftsanspruchs übernehme, sei es vom deutschen Standpunkt aus ein materiellrechtliches Rechtsinstitut[248]. Für das deutsche Verfahren umfasse die Verweisung des Art. 18 Abs. 4 S. 1 EGBGB auch das im prozessualen *discovery*-Verfahren angesiedelte Auskunftsrecht. Methodisch behält diese Lösung die Qualifikationsentscheidung der lex fori bei, wobei sie sich auch bei der weiteren Betrachtung der ausländischen Norm daran orientiert. Zur eigentlichen Lösung des Normenmangels wird aus der nach dem ausländischen Rechtsverständnis prozessualen Auskunftspflicht ein materiellrechtlicher Kern herausgefiltert und dieser dann der lex causae unterstellt.

---

[246] *Schack*, IPRax 1991, S. 347 (350); zur versteckten Rückverweisung aus Anlaß des U.S.-amerikanischem Zuständigkeitsrechts, *Heldrich*, Int. Zuständigkeit, S. 158 f.; zum englischen Aufrechnungsstatut: *Habscheid*, FS Neumayer, S. 263 (268); *Schwimann*, FS Bosch, S. 909 ff.; zum Begriff: *Kropholler*^{2}, IPR, S. 161 f.

[247] *Morweiser*, IPRax 1992, S. 65 (66).

[248] *Morweiser*, IPRax 1992, S. 65 (66).

2. *Prozeßrechtliche Lösung*

Dagegen bevorzugt eine an praktischen Erwägungen orientierte Lösung eine Anpassung der deutschen Prozeßnormen[249]. Ausgangspunkt ist die Leitbildfunktion der lex fori für das Verfahrensrecht. Begehre die nach U.S.-amerikanischem Recht geschiedene Klägerin vor deutschen Gerichten Auskunft, dann bediene sie sich in der Regel der Stufenklage des § 254 ZPO. Kennzeichnend für diese Vorschrift sei die enge Verschränkung der Unterhaltsansprüche mit ihrer klageweisen Geltendmachung, die auch die im deutschen materiellen Recht geregelten Auskunftsansprüche umfasse. Das rechtfertige die entsprechende Anwendung der deutschen Auskunftsansprüche im Rahmen der lex fori als dem zur Anwendung berufenen deutschen Prozeßrecht[250]. Diese prozeßrechtliche Lösung betont die Verschränkung des materiellen deutschen Auskunftsrechts mit dem Prozeßrecht der lex fori. Sie entnimmt die Lösung dem deutschen Recht, ohne kollisionsrechtliche Erwägungen anzustellen.

3. *Eigene Stellungnahme*

Die Bewältigung des kollisionsrechtlich begründeten Normenmangels durch eine hypothetische Qualifikationsteilrückverweisung, ist aus Sicht der Gerichte nicht unproblematisch. Sie ist in erster Linie ein Kunstgebilde des internationalen Privatrechts[251], das sich zur Lösung des Konflikts von inländischem Prozeßstatut und ausländischem Sachstatut sicherlich anbietet. Sie hat den Vorteil, der ausländischen Einordnung gebührenden Platz zu gewähren und die Qualifikation nach eigenem Recht aufrechtzuerhalten, indem man zu ihr zurückkehrt. Indes leidet unter dem erkenntnistheoretischen Wert die Anwenderfreundlichkeit. Im Ergebnis verweist diese Lösung nur auf die lex fori zurück, hält also die Qualifikation nach inländischem Recht für maßgeblich[252]. Im Verfahrensrecht sollten komplexe kollisionsrechtliche Prüfungen unterbleiben, wenn die verfahrensrechtliche lex fori das gleiche Ergebnis erzielt.

---

[249] *Eidenmüller*, IPRax 1993, S. 356 (357); andeutungsweise *P. Schlosser*, FS Larenz, S. 497 (509).

[250] *Eidenmüller*, IPRax 1992, S. 356 (357).

[251] *Geimer*², IZPR, Rdz. 57 b; *Schack*, IPRax 1991, S. 347 (350 Fn. 44).

[252] *Schack*, IPRax 1991, S. 347 (350); *Geimer*², IZPR, Rdz. 57 b.

Auch die zweite kollisionsrechtliche Variante, welche die ausländische prozessuale Sachnorm oder Teile von ihr als materiellrechtlich umgewidmete Anspruchsgrundlage behandelt, kann nicht überzeugen. Sie mag für die Problemfälle, in denen nur wenige Normen aufeinander abgestimmt werden müssen, die angemessene Methode sein. Indes werfen die im ausländischen Recht mit dem Prozeßrecht aufs engste verbundenen Voraussetzungen und Sanktionen der U.S.-amerikanischen Auskunftspflichten derart viele Anpassungsfragen, insbesondere im Beweisverfahrensrecht, auf[253], daß deren Bewältigung den Richter hoffnungslos überfordern würde[254]. Weiterhin steht das *discovery*-Verfahren in vielerlei Hinsicht mit dem deutschen Prozeßrecht in einem derartigen Widerspruch, daß es im konkreten Einzelfall mit Normen und Grundsätzen des deutschen Prozeßrechts und mit der Vorbehaltsklausel kollidieren kann[255].

Das U.S.-amerikanische Ausforschungsverfahren geht weit über Vorstellungen des deutschen Prozeßrechts hinaus. Im deutschen Recht kommt eine prozessuale Vorlagepflicht von Urkunden gemäßt § 422 ZPO nur auf der Grundlage materiellrechtlicher Ansprüche in Betracht, während im U.S.-amerikanischen Recht jedes Interesse der Partei an einer Vorlage genügt. Außerdem sollen die Parteien im deutschen Prozeß der subsidiären Parteivernehmung, die eine entfernte Ähnlichkeit mit den U.S.-amerikanischen *depositions* besitzt, nur im äußersten Notfall ausgesetzt werden[256]. Ein solches, von Anpassungsproblemen überlastetes Beweisverfahren, widerspricht der Prozeßökonomie. Zudem wird zu Recht kritisiert[257], daß mit Hilfe der Qualifikation nur die Streitfälle zu bewältigen sind, die außerhalb staatsvertraglicher Regelungen liegen. Würde nämlich anstelle des deutschen Kollisionsrechts das Haager Unterhaltsübereinkommen gelten, so träte statt der lex-fori-Qualifikation, die auch diese Lösung zum Ausgangspunkt wählt, die autonome Qualifikation auf den Plan.

Der Konflikt zwischen *pre-trial-discovery* und materiellrechtlichem Auskunftsanspruch sollte daher über die Anpassung prozeßrechtlicher Sachnormen gelöst werden[258]. Das U.S.-amerikanische Ausforschungsverfahren entspricht in sei-

---

[253] *Coester-Waltjen*, Int. Beweisrecht, S. 223 f., 457 f.; zu Voraussetzungen und Umfang der Methoden vgl. *Junker*, Discovery, S. 145 ff.; außerdem *Stiefel / Stürner*, VersR 1987, S. 829 (830) m.w.N.

[254] *Schack*, IPRax 1991, S. 346 (350).

[255] *Eidenmüller*, IPRax 1992, S. 356 (357); *Stiefel / Stürner*, VersR 1987, S. 829 (830 f.).

[256] *Zöller-Greger*[18], ZPO, Vor § 455 Rdz. 5.

[257] *Eidenmüller*, IPRax 1992, S. 356 (357).

[258] *Eidenmüller*, IPRax 1992, 356 (357).

ner Funktion eher verfahrensrechtlichen Beweisermittlungsverfahren, weil es hauptsächlich der verfahrenstechnischen Vorbereitung des Hauptverfahrens dient[259]. So bietet es sich wegen der sehr zurückhaltenden Ausforschungsmöglichkeiten nach der deutschen Zivilprozeßordnung (§ 372 a ZPO) nicht für eine kollisionsrechtliche Anpassung an. Insofern ist für Art. 18 Abs. 4 S. 1 EGBGB festzustellen, daß mit dem *discovery*-Verfahren keine *materielle* Norm der vom Anknüpfungsgegenstand der deutschen Kollisionsnorm gemeinten Art existiert[260].

Die Anpassung der prozessualen Sachnormen durch Vorschriften der materiellen lex fori bietet den Vorteil, vom Klagebegehren ausgehen zu können und die Voraussetzungen und Wirkungen auf der Grundlage des BGB zu bestimmen. Das bedingt freilich nur einen eingeschränkten Entscheidungseinklang zwischen dem nach internationalem Privatrecht berufenen Recht und dem Prozeßrecht der lex fori, weil im Ergebnis das Fehlen einer ausländischen Regelung durch inländische Sachnormen substituiert wird. Dies ist jedoch im Hinblick auf die Praktikabilität und die Erhaltung der Entscheidungseffizienz hinzunehmen. Den Parteien wird durch die Anpassung nach den deutschen Sachnormen zudem keine Rechtsstellung genommen, die ihnen aufgrund des maßgeblichen ausländischen Rechts zugestanden hätte.

III. Ergebnis

Rechtsprechung und Literatur sehen in der Anpassung ein äußerst flexibles Rechtsinstitut. Bisher hat die Rechtsprechung es vermieden, eine fertige Regel anzubieten, die alle auftretenden Probleme zu lösen vorgibt. Ihr ist freilich zuzugestehen, daß sie damit zu sachgerechten Ergebnissen kommt. Der Rechtsprechung ist jedoch entgegenzuhalten, daß sie den Kreis der vom IPR berufenen Sachnormen schwerlich eingrenzen kann, wenn zum Zwecke der Lösung von Normkonflikten die Kollisionsnormen zwar immer weiter verfeinert, in ihrem Verweisungsinhalt jedoch uferlos werden. Grundsätzlich muß auch für das internationale Zivilverfahrensrecht gelten, daß die IPR-Verweisung nur das materielle Recht der ausländischen Rechtsordnung umfaßt, das dem Verweisungsbegriff der inländischen Kollisionsnorm funktional entspricht.

---

[259] *Junker* (Fn. 253), S. 145 f.

[260] *Neuhaus*[2], Grundbegriffe, S. 103 hält diesen Umstand für eine stillschweigende Voraussetzung jeder Kollisionsnorm.

Auf seiten der Literatur allerdings ist das Bemühen unverkennbar, dogmatische Konzepte vorzulegen, um jedenfalls einen Teil der zu erwartenden Fälle einheitlich zu lösen. Um auf die Vielzahl der ergänzungsbedürftigen Vorschriften in Normkonflikten angemessen reagieren zu können, darf die Anpassung jedoch nur mit einem Mindestmaß an Dogmatik auskommen. Überlegungen, sie mit Hilfe kollisionsrechtlicher Ansätze zu lösen, begegnen dabei mehr Bedenken als eine Anpassung der prozeßrechtlichen Sachnormen, wobei der materiellrechtlichen Verschränkung der Verfahrensnorm nur durch die Maßgeblichkeit der materiellen lex fori abgeholfen werden kann. Insgesamt gewinnt die Anpassung dadurch an Wert, daß sie die Trennung zwischen materiellem Recht und Prozeßrecht im deutschen Recht für die Bedürfnisse des internationalen Privat- und Verfahrensrechts überwindet. Die Anpassung der Sachnormen der lex fori und die Beachtung ihrer materiellrechtlichen Verschränkungen bietet eine sichere Entscheidungsgrundlage, um für die vielfältigen Einzelfälle angemessene Lösungen anzubieten.

5. Kapitel

Gibt es ein Verfahrenskollisionsrecht?

Das vierte Kapitel hat beispielhaft gezeigt, daß ausländisches Verfahrensrecht im Zivilverfahren nur in sehr begrenztem Umfang zur Anwendung kommt. Die Vorfragen in zivilprozessualen Normen werden in aller Regel durch die lex fori beantwortet. Nur in besonderen Ausnahmefällen, in denen das Verfahrensrecht die Normanwendungsbefehle des IPR beachten muß, kann es zur Anwendung ausländischer Rechte im Verfahren kommen. Diese Rechte sind aber häufig auch im ausländischen Recht materielle Rechtsnormen, die somit von der internationalprivatrechtlichen Entscheidung umfaßt werden. Wo dies nicht der Fall ist, können die verfahrensrechtlichen Probleme in Fällen mit Auslandsberührung mit Hilfe der Anpassung und der materiellrechtsfreundlichen Qualifikation gelöst werden.

§ 13 Prozessuale Kollisionsnormen

Die bisherige Darstellung hat offenlassen können, ob den von den prozessualen Sachnormen und den von ihnen ausgehenden Verweisungen ein eigenes Verfahrenskollisionsrecht zugrundeliegt. Verfahrensrecht und internationales Privatrecht weisen schon von ihrer Normstruktur her wesentliche Unterschiede auf. Das internationale Privatrecht umschreibt als Kollisionsrecht für das materielle Recht die Anknüpfungs-, Rechtsanwendungs- und Verweisungstechniken und ebenso die Gesamtheit des Rechtsanwendungsrechts[1]. Das internationale Prozeßrecht kommt dagegen prinzipiell ohne spezielle Rechtsanwendungsnormen aus. Darüber hinaus besteht es aus Sachnormen[2].

Nach v. Bar ist ein Kollisionsrecht als Rechtsanwendungsrecht für das Verfahrensrecht weder konkret nachweisbar, noch ist es überhaupt denkbar. Es

---

[1] *Kropholler*[2], IPR, S. 87 f.

[2] *Pagenstecher*, FS Raape, S. 249 f.; *ders.*, ZZP 64 (1950 / 51), S. 249 (249); *Roth, H.*, FS Stree / Wessels, S. 1045 (1046).

seien keine Verfahrensnormen aufzufinden, die für ausländische Gerichte gälten, noch gäbe es ausländische Verfahrensvorschriften, die von einem inländischen Gericht anzuwenden wären[3]. Dagegen wollen andere Stimmen in der Literatur aus Vorschriften, die dem Gericht die Prüfung ausländischen Verfahrensrechts abverlangen, auf das Vorliegen verfahrensrechtlicher Kollisionsnormen schließen[4]. Sie gehen der Frage nach, ob einzelnen Vorschriften versteckte Kollisionsnormen vorgeschaltet sind und ob in Teilen des internationalen Verfahrensrechts ein Bedürfnis für ein eigenständiges Verfahrenskollisionsrecht besteht.

I. Das lex-fori-Prinzip

Bereits das lex-fori-Prinzip selbst enthält eine versteckte Kollisionsnorm. Es beantwortet die Frage, welches Prozeßrecht in einem Fall mit Auslandsberührung heranzuziehen ist, dahingehend, daß das Gericht sein einheimisches Prozeßrecht heranzieht[5]. Dieser Grundsatz beherrscht ungachtet der unzureichenden dogmatischen Begründungen[6] das internationale Zivilprozeßrecht vieler Rechtsordnungen.

Das im deutschen Recht grundsätzlich ungeschriebene Prinzip[7] enthält althergebrachtes Gewohnheitsrecht, das sich in seinen Voraussetzungen und Folgen als kollisionsrechtlicher Rechtssatz beschreiben läßt. Auf der Tatbestandsseite erfordert die ungeschriebene Norm, daß die von einem Auslandssachverhalt aufgeworfene Frage dem Verfahrensrecht und nicht etwa dem materiellen Recht zuzuweisen ist[8]. Auf der Rechtsfolgenseite ordnet das verfahrensrechtliche lex-fori-Prinzip immer nur die Maßgeblichkeit einer bestimmten Rechtsordnung an, wobei das jeweils am Gerichtsort geltende Recht das Verfahren der Rechtsdurchsetzung bestimmt. Wenn aber die Aufgabe des lex-fori-Prinzips darin besteht, die eigene von anderen Verfahrensordnungen abzugrenzen, dann enthält

---

[3] *v. Bar, C.*, IPR I, S. 314; *MünchKomm-Sonnenberger*², EGBGB, Einl. Rdz. 310.

[4] *Nußbaum*, IPR, S. 385; *Pagenstecher*, FS Raape, S. 249 f.; *ders.*, ZZP 64 (1950 / 51), S. 249 (249).

[5] *Linke*, IZPR, Rdz. 37; *Neuhaus*, RabelsZ 20 (1955), S. 201 (202); *Schack*, IZVR, Rdz. 40; außerdem oben § 2.

[6] Vgl. oben §§ 3 f.

[7] Vgl. oben § 2.

[8] Zu den Schwierigkeiten eine sachgerechte Trennung zwischen materiellem Recht und Verfahrensrecht vorzunehmen, vgl. oben § 6.

das Prinzip eine versteckte einseitige Kollisionsnorm[9], die nur die inländische Prozeßordnung zum Zuge kommen läßt.

II. Prozessuale Kollisionsnormen

Neben dieser ungeschriebenen Kollisionsnorm, die freilich keine Aussage über die Anwendbarkeit ausländischer Verfahrensrechte enthält[10], gibt es nach Meinung einiger Autoren aber noch andere zivilprozessuale Kollisionsnormen, die einer prozessualen Sachnorm vorgelagert seien und ein eigenes Rechtsanwendungsrecht für Verfahrensrechte schüfen. Pagenstecher leitet die Existenz zivilprozessualer Kollisionsnormen aus den §§ 50, 55 ZPO her, die im ersten Fall stillschweigend, im zweiten Fall ausdrücklich bestimmten, daß der deutsche Richter die dort angesprochenen Verfahrensfragen nach fremden prozessualen Sachnormen zu entscheiden habe[11].

Schon bei der Beurteilung der Parteifähigkeit des § 50 ZPO komme es nur darauf an, ob ein Ausländer nach seinem Heimatrecht parteifähig sei[12]. Pagenstecher verwirft damit die bis dato herrschende Meinung, daß die Parteifähigkeit von Ausländern nach den deutschen zivilprozessualen Sachnormen zu beurteilen sei, wobei freilich zur Bestimmung der in § 50 Abs. 1 ZPO vorausgesetzten Rechtsfähigkeit bei Ausländern nach dem internationalen Privatrecht eventuell das für sie maßgebende ausländische Recht zu beachten sei[13]. Ähnlich verfährt Pagenstecher bei § 55 ZPO. Die Vorschrift enthalte eine echte prozessuale Kollisionsnorm, derzufolge sich die Prozeßfähigkeit des Ausländers zunächst nach dem Prozeßrecht seines Heimatstaates richte[14]. Darüber hinaus sei er auf Grund des § 55 ZPO jedenfalls auch dann prozeßfähig, wenn der Ausländer un-

---

[9] *Heldrich*, Int. Zuständigkeit, S. 19; *Pagenstecher*, ZZP 65 (1950 / 51), S. 249 (250 f.); *E. Lorenz*, FamRZ 1966, 465 (466); allgemein *Kropholler*², IPR, S. 90.

[10] *MünchKomm-Sonnenberger*², EGBGB, Einl. Rdnr. 334.

[11] *Pagenstecher* (Fn. 9), S. 251, 260, 262; *Nußbaum*, IPR, S. 385; ihnen folgen in Einzelfragen *Grunsky*, ZZP 89 (1976), S. 241 (254 ff.); *Kropholler*², IPR, S. 486.

[12] *Pagenstecher* (Fn. 9), S. 262.

[13] *Kann*, FS Heinitz, S. 313 (329 f.); *Riezler*, S. 146; weitere Nachweise und umfassender zur Parteifähigkeit ausländischer Gesellschaften: *MünchKomm-Ebenroth*², Nach Art. 10 Rdz. 285; *Staudinger-Großfeld*¹³, EGBGB, Rdz. 269 ff.; zur Parteifähigkeit einer U.S-amerikanischen partnership nach New Yorker Recht: OLG Zweibrücken NJW 1987, 2168.

[14] *Pagenstecher* (Fn. 9), S. 278; *Hellwig*, System, Bd. 1, S. 180.

ter Ausschluß der Kollisionsnormen des internationalen Privatrechts nur nach den inländischen Sachnormen des materiellen Rechts verpflichtungsfähig sei[15].

Eine Mitberücksichtigung ausländischen Verfahrensrechts bei der inländischen Gerichtstätigkeit schreibt nach Ansicht Krophollers § 606 a Abs. 1 Nr. 4 ZPO vor[16]. Die Vorschrift versagt dem inländischen Familiengericht die internationale Zuständigkeit, wenn die Entscheidung offensichtlich im Ausland nicht anerkannt würde. In den Kategorien des Kollisionsrecht gedacht, müßte der Entscheidung über die internationale Zuständigkeit des Familiengerichts demnach eine prozessuale Kollisionsnorm vorhergehen, die in der Frage der Anerkennungsfähigkeit das Recht des Staates für maßgeblich erklärt, dem einer der Ehegatten angehört.

III. Das Beweiskollisionsrecht

Anhand einer Analyse des deutschen Beweisrechts im Spiegel ausländischer Rechtsordnungen gelangt Coester-Waltjen zur Formulierung einer Beweiskollisionsnorm. Danach seien Regelungen, die eine Verkürzung der Wahrheitsermittlung nach sich zögen, wegen ihrer materiellrechtlichen Verbundenheit der lex causae zuzuordnen, soweit nicht die Erhaltung der Entscheidungseffizienz des Forums eine Anwendung der lex fori verlange[17]. Coester-Waltjen betont damit die zahlreichen Verbindungen des Beweisrechts zum materiellen Recht. Sie führten häufig zu einer Verkürzung des Umfangs der Wahrheitsermittlung (Beweismaß, Beweisvermutungen), weil sie materielle Dispositionsbefugnisse ins Beweisverfahren verlängerten oder modifizierten (Beweislast, Beweisthemen- und Beweismittelverbote). Diese Verschränkung spreche dafür, die materiellrechtlich verflochtenen Vorschriften des Beweisrechts tendenziell stärker der lex causae zuzuordnen.

So beeinflusse die Beweislastverteilung unmittelbar die Durchsetzung der materiellrechtlichen Ansprüche im Prozeß und müsse deshalb deren Natur teilen[18]. Auch das Beweismaß sei nach der lex causae zu beurteilen. Es gebe dem Gericht vor, mit welchem Grad der Wahrscheinlichkeit es sich bei der Beweiswürdigung zufrieden geben könne oder welche Intensität die Zweifel an-

---

[15] *Pagenstecher* (Fn. 9), S. 277.

[16] *Kropholler*², IPR, S. 486.

[17] *Coester-Waltjen*, Int. Beweisrecht, S. 461.

[18] *Coester-Waltjen* (Fn. 17), Rdz. 368 ff.

nehmen müssen, um die Überzeugung des Gerichts auszuschließen[19]. Im deutschen Recht sei das in § 286 ZPO festgelegte Regelbeweismaß grundsätzlich das einer sehr hohen Wahrscheinlichkeit, bei der die Rechtsprechung typischen Beweisproblemen durch Beweiserleichterungen Rechnung trage[20]. Die Beweismaßregelung lasse eine Verkürzung der Wahrheitsermittlung zu, indem es im Zivilprozeß nicht auf die mathematisch nachgewiesene Wahrscheinlichkeit ankomme, sondern ein generell herabgesetztes Beweismaß Grundlage der gerichtlichen Entscheidungsfindung sei. Diese Überlegung ist aber nach Coester-Waltjen eine vom materiellen Recht getragene Erwägung, was auch darin seinen Ausdruck finde, daß das materielle Recht seinerseits geeignet sei, das generelle Beweismaß zu beeinflussen[21].

Die überwiegende Meinung ist dem Vorschlag Coester-Waltjens bisher nicht gefolgt. Sie betont weiterhin den Vorrang der lex fori für die Zulässigkeit der Beweismittel und für die Durchführung der Beweisaufnahme. Insbesondere zieht sie die Reichweite der materiellen Betrachtung des Beweisrechts, wie sie Coester-Waltjen vornimmt, in Zweifel[22]. Nur die Beweislastregeln sollten nach einhelliger Meinung der lex causae unterstellt werden[23], weil sie eine Verlängerung des materiellen Rechts in das Beweisverfahren darstellen[24]. Jedoch schon bei der Frage, nach welcher Rechtsordnung sich die Beweislastumkehr als Sanktion für die Verletzung prozessualer Pflichten richtet, offenbaren sich die unterschiedlichen Sichtweisen. Während Coester-Waltjen eine doppelte Prüfung vorschlägt, nach der sich erstens Sanktion und verletzte Rechtspflicht aus derselben Rechtsordnung ergeben müßten und zweitens das Recht, das das materielle Recht beherrscht, einer Beweislastumkehr nicht entgegenstehen dürfe[25], befürwortet die überwiegende Meinung eine lex-fori-Lösung[26]. Die Beweislastumkehr folge nämlich in einigen Fällen aus der Verletzung einer prozessualen

---

[19] *Rosenberg / Schwab / Gottwald*[15], ZPR, S. 659.

[20] *Rosenberg / Schwab / Gottwald*[15], ZPR, S. 660.

[21] *Coester-Waltjen* (Fn. 17), Rdz. 364.

[22] *Schack*, IZVR, Rdz. 657.

[23] BGHZ 3, 342 (345 f.); RGZ 6, 412 (413); *Buciek*, Beweislast, S. 130 f.; *Rosenberg / Schwab/ Gottwald*[15], ZPR, S. 676; *Stein-Jonas-Schumann*[20], ZPO, Einl. Rdz. 740; *Nagel*[3], IZPR, Rdz. 328.

[24] *Geimer*[2], IZVR, Rdz. 2340; *Schack*, IZVR, Rdz. 674.

[25] *Coester-Waltjen* (Fn. 17), Rdz. 387.

[26] *Buciek* (Fn. 23), S. 140 f. differenziert zwischen prozessualen und vorprozessualen Vorgängen, wobei letztere der lex causae unterfielen; *Geimer*[2], IZPR, Rdz. 2341 f.; *Schack*, IZVR, Rdz. 675.

Pflicht, Beweismittel etwa zum Nachweis einer ordnungsgemäßen Dokumentation aufzubewahren[27].

Auch beim Beweismaß will die überwiegende Meinung im Gegensatz zu Coester-Waltjen am Maßstab der lex fori festhalten. Systematische und praktische Gründe sprächen gegen eine Beurteilung nach der lex causae. Das Beweismaß stünde in Beziehung zur Beweiswürdigung des § 287 ZPO, die als originär gerichtliche Aufgabe der lex fori unterstehe. Von praktischer Seite müsse der Prozeß von Unsicherheitsfaktoren freigehalten werden, die aus dem unklaren Maß der Überzeugungsbildung erwüchsen[28]. Die materielle Sichtweise des Beweisrechts findet demnach keinen uneingeschränkten Rückhalt im Beweisverfahrensrecht. Die Wahrheitsermittlung wird, wie exemplarisch das Beispiel zur Umkehr der Beweislast zeigt, nicht nur im Dienste des materiellen Rechts verkürzt.

IV. Mehrseitige Kollisionsnormen

Prozessuales Kollisionsrecht soll sich nach einer vereinzelt gebliebenen Stimme auch im Rahmen des EuGVÜ herausgebildet haben. Es enthalte einen neuen Typ der prozessualen Kollisionsnorm, die sog. mehrseitige Kollisionsnorm[29]. Über das staatsvertragliche Zuständigkeitsrecht habe die Vorschrift als prozessuale Kollisionsnorm das Verfahrensrecht aller Mitgliedstaaten berufen. Als mehrseitig müsse man es bezeichnen, weil es sich ausschließlich auf den Kreis der Prozeßrechte der EuGVÜ-Vertragsstaaten beschränke[30]. Freilich hat der EuGH mit dem Eurocontrol-Urteil[31], das die Grenzlinie zwischen dem öffentlichen Recht und der Zivil- und Handelssache i.S.v. Art. 1 Abs. 1 EuGVÜ autonom bestimmte, dieser Theorie die Grundlage entzogen.

Indes ist die autonome Qualifikation im Rahmen des EuGVÜ bisher die Ausnahme geblieben. Der Gedanke kann sich demnach noch entfalten, soweit verfahrensrechtliche Fragen theoretisch von mehr als einer Rechtsordnung entschieden werden können. Andere verfahrensrechtliche Übereinkommen lösen sogar den Konflikt zwischen mehreren anwendbaren Rechtsordnungen. So

---

[27] *Schack*, IZVR, Rdz. 675.

[28] *Schack*, IZVR, Rdz. 697.

[29] *Stöcklin*, JZ 1979, S. 219 (220).

[30] *Stöcklin*, JZ 1979, S. 219 (220).

[31] EuGH, 14.10.1976 – *LTU / Eurocontrol*, 29 / 76 – Slg. 1976, 1551.

könnte etwa Art. 5 Abs. 1 des Haager Zustellungsübereinkommens vom 15. November 1965[32] als mehrseitige prozessuale Kollisionsnorm bezeichnet werden. Im vertraglichen Rechtshilfeverkehr, bei dem ein gerichtliches oder außergerichtliches Schriftstück zum Zwecke der Zustellung ins Ausland zu übermitteln ist, verweist die Vorschrift hinsichtlich der Form der Zustellung alternativ auf die lex fori des ersuchten oder die des ersuchenden Staates. In gleicher Weise könnte aus den Regeln des Haager Beweisübereinkommens vom 18. März 1970[33] ein innerstaatliches prozessuales Kollisionsrecht entfaltet werden. Art. 10 des Haager Beweisübereinkommens, der die Anwendung von Zwangsmaßnahmen durch die ersuchte Behörde regelt, enthält danach eine einseitige innerstaatliche Kollisionsnorm, die ausschließlich das Recht des ersuchten Staates beruft. Auch die Entscheidung des EuGH zur Warenverkehrsfreiheit in der sogenannten Cassis de Dijon-Entscheidung[34] spreche nach Ansicht einiger, bisher ebenfalls vereinzelt gebliebener Stimmen[35] für eine gleichberechtigte Anerkennung aller Prozeßrechtsordnungen innerhalb der Europäischen Union. Diese, freilich im einzelnen gesondert darzustellende (sogleich 5. Kap.), europarechtliche Neubestimmung des nationalen Prozeßrechts, könnte ebenfalls eine kollisionsrechtliche Vorgabe für die Geltung ausländischer Verfahrensrechte in der Europäischen Union, und damit auch im Anwendungsbereich der ZPO enthalten.

V. Das Gleichlaufprinzip

Bei der Untersuchung verfahrenskollisionsrechtlicher Ansätze darf das Gleichlaufprinzip nicht unerwähnt bleiben, auch wenn sich sein Bezug zum internationalen Zivilverfahrensrecht nicht auf den ersten Blick offenbart. Das Hauptanliegen des Gleichlaufprinzips besteht darin, in dem Verfahrensbereich, in dem materielles Recht und Verfahrensvorschriften in einem besonders engen Zusam-

---

[32] Haager Übereinkommen über die Zustellung gerichtlicher und außergerichtlicher Schriftstücke im Ausland in Zivil- oder Handelssachen v. 15.11.1965, BGBl. 1977 II, S. 1453 (auch abgedr. bei *Jayme / Hausmann*[6], Nr. 103).

[33] Haager Übereinkommen über die Beweisaufnahme im Ausland in Zivil- oder Handelssachen v. 18.3.1970, BGBl. 1977 II, S. 1472 (auch abgedr. bei *Jayme / Hausmann*[6], Nr. 104).

[34] EuGH, 20.2.1979 – *Rewe / Bundesmonopolverwaltung für Branntwein*, 120 / 78 – Slg. 1979, 649 (663 f.).

[35] *Brödermann*, MDR 1992, S. 89 (93 f.); *Wolf, M.*, in: Tübinger Symposium zum 80. Geburtstag von *Fritz Baur*, S. 35 f.

menhang stehen, eine gegenseitige Abhängigkeit von Verfahrensrecht und nach internationalem Privatrecht berufenem Sachrecht herzustellen[36]. Das Prinzip hat sich als Kriterium für die Bestimmung der Zuständigkeit für die streitige Gerichtsbarkeit nicht durchsetzen können[37]. Sein Hauptanwendungsgebiet ist im Recht der freiwilligen Gerichtsbarkeit und dort namentlich in der Nachlaßgerichtsbarkeit angesiedelt[38]. Nach dem strengen Gleichlaufprinzip sind deutsche Nachlaßgerichte nur bei Maßgeblichkeit deutschen Erbrechts international zuständig[39].

Heute gilt eine eingeschränkte Sichtweise[40]. Eine konsequente Befolgung des Gleichlaufs als Kriterium der internationalen Zuständigkeit würde bei der Geltung eines ausländischen Erbstatuts die internationale Nachlaßabwicklung eher behindern als fördern. Die Rechtsprechung verwendet deshalb das Gleichlaufprinzip nur, soweit keine weiteren Zuständigkeiten aufgrund einer Sonderbetrachtung einzelner Bereiche des Nachlaßrechts angezeigt sind. Nach ständiger Rechtsprechung besteht etwa die internationale Zuständigkeit deutscher Nachlaßgerichte auch bei ausländischem Sachrecht, wenn der Erbprätendent die Ausstellung eines gegenständlich beschränkten Erbscheins nach § 2369 BGB beantragt oder Maßnahmen zur vorläufigen Sicherung des Nachlasses, wie etwa die Anordnung einer Nachlaßpflegschaft nach §§ 1960 f. BGB, erforderlich werden[41].

Wenn auch nur für diesen sehr engen Anwendungsbereich könnte das Gleichlaufkriterium als prozessuales Kollisionsrecht von Bedeutung sein. Zunächst beruft die Kollisionsnorm des internationalen Privatrechts (Art. 25 Abs. 1 EGBGB) das materielle Erbrecht des BGB, wenn der Erblasser im Zeitpunkt seines Todes Deutscher war. Zugleich wird daraus eine Vorentscheidung über das Verfahrensrecht der internationalen Zuständigkeit hergeleitet. Der das Privatrecht berufenden Verweisungsnorm könnte somit eine ungeschriebene prozessuale Kollisionsnorm nachgeschaltet sein, wonach in Nachlaßsachen deutsche Gerichte international zuständig sind, wenn nach den Normen des internationa-

[36] *MünchKomm-Sonnenberger*², EGBGB, Einl. Rdz. 314 f.

[37] *Heldrich* (Fn. 9), S. 199.

[38] *MünchKomm-Sonnenberger*², EGBGB, Einl. Rdz. 315; *Heldrich* (Fn. 9), S. 200.

[39] St. Rspr.: BGHZ 49, 1 (2); BayObLGZ 1980, 72 (75); BayObLGZ IPRax 1982, 111 (112); 1971, 34 (37); 59, 390 (396 f.); 56, 119 (120); *Firsching*, IPRax 1982, S. 98.

[40] *MünchKomm-Sonnenberger*², EGBGB, Einl. Rdz. 317.

[41] BayObLGZ 1981, 145 (147); 1972, 86 (89 f.); 1971, 34 (39); OLG Hamm OLGZ 1975, 397 (402).

len Privatrechts deutsches materielles Erbrecht zur Anwendung kommt. Diese einseitige prozessuale Kollisionsnorm würde inhaltlich mit dem Vorschlag Firschings zur Regelung der im FGG zu verankernden Vorschrift über die internationale Zuständigkeit in Nachlaßsachen übereinstimmen[42]. Dagegen halten der dem Gesetzgeber aus Anlaß der seinerzeit gelanten IPR-Reform unterbreitete Vorschlag[43] sowie eine neuere Stellungnahme eine Anknüpfung an das Aufenthaltsrecht und das Staatsangehörigkeitsrecht für sachgerechter[44].

VI. Sach- oder Kollisionsnorm?

Das Verständnis der lex-fori-Regel als ungeschriebener einseitiger Kollisionsnorm des Verfahrensrechts fördert die sachgerechte Behandlung einiger Fragenkreise im internationalen Prozeßrecht. So bildet die Berufung des inländischen Verfahrensrechts als maßgeblichem Prozeßstatut die Grundlage für die methodische Erläuterung der Verweisungen in prozessualen Sachnormen[45]. Zudem berechtigt das kollisionsrechtliche Verständnis der lex-fori-Regel dazu, die Qualifikation im internationalen Zivilprozeßrecht als Subsumtion unter eine Verweisungsnorm zu deuten[46]. Die Befürworter eines Verfahrenskollisionsrechts[47] kommen darüber hinaus aber zu einer weitreichenden Neubewertung der autonomen Verfahrensvorschriften, deren Berechtigung jedoch zu hinterfragen ist. Die vorgestellten Beispiele enthalten vielleicht nur einen Bezug zu Sachnormen und eignen sich womöglich überhaupt nicht als prozessuale Kollisionsnormen.

Ob die Prozeßfähigkeit des Ausländers nur anhand einer prozessualen Kollisionsnorm ermittelt werden könne, wird stark bezweifelt. Nach v. Bar setze weder § 50 noch § 55 ZPO eine ungeschriebene Verfahrenskollisionsnorm vor-

---

[42] *Firsching*, in: Beitzke, Vorschläge und Gutachten, S. 212: „In Nachlaßsachen sind die deutschen Gerichte international zuständig, 1. wenn auf die Erbfolge deutsches materielles Recht zur Anwendung kommt; 2. (...).“

[43] Vgl. § A der Vorschläge für eine Reform des deutschen internationalen Personen-, Familien- und Erbrechts (5.5.1979), in: Beitzke (Fn. 42), S. 14, Begründung S. 69.

[44] *Berenbrok*, Int. Nachlaßabwicklung, S. 252 f.

[45] Dazu § 9 II.

[46] Vgl. oben § 7.

[47] *Coester-Waltjen* (Fn. 17), Rdz. 658; *Grunsky*, ZZP 89 (1976), S. 241 (249); *Pagenstecher*, FS Raape (1948), S. 249 f.; *ders.*, ZZP 64 (1950 / 51), S. 249 (249); *Stöcklin* JZ 1979, S. 219 (220); *Szászy*, I.C.P., S. 225; *ders.*, ICLQ 15 (1966), S. 436 (449 f.).

aus[48]. Bei der Parteifähigkeit des § 50 ZPO gebe es keine Frage der Rechtsanwendung, die mit Hilfe prozessualer Kollisionsnormen gelöst werden müßte. Die ZPO verweise vielmehr unmittelbar und nicht auf dem Umweg über ein Verfahrenskollisionsrecht auf Normen des internationalen Privatrechts, um Fragen der Parteifähigkeit von Ausländern zu klären[49]. Weil das Gesetz dagegen bei § 55 ZPO ausdrücklich auf die Prozeßfähigkeit nach dem Heimatrecht Bezug nehme, vermeide es bei dieser Vorschrift sogar, einen Bezug zur Geschäftsfähigkeit und damit zu einer internationalprivatrechtlichen Anknüpfung herzustellen[50].

Darin möchte ich v. Bar folgen. Weder § 50 noch § 55 ZPO enthalten eine Stellungnahme darüber, wann Deutsche im Ausland prozeßfähig sind, so daß ein allseitiger kollisionsrechtlicher Inhalt bereits ausscheidet. § 55 ZPO kann aber auch als einseitige Kollisionsnorm nicht bestehen. Die Vorschrift setzt nach ihrer sprachlichen Fassung gar keine Kollisionsnorm voraus, sondern enthält nur eine sachrechtliche Voraussetzung für die Prozeßfähigkeit des Ausländers vor deutschen Gerichten[51]. Die Sachnorm wird durch ausländische Tatsachen ausgefüllt, wenn der Ausländer nach seinem Heimatrecht im Besitz der Prozeßfähigkeit ist. Fehlt sie ihm, kann er immer noch nach den Geschäftsfähigkeitsvorschriften des deutschen Rechts prozeßfähig sein. Auch § 606 a Abs. 1 Nr. 4 ZPO setzt keine kollisionsrechtliche Verweisung auf ein Heimatrecht eines der Ehegatten voraus. Alleiniges Ziel der in dieser Vorschrift angeordneten Prüfung ausländischen Verfahrensrechts ist es, die internationale Zuständigkeit anhand eines Tatbestandsmerkmals einer inländischen Sachnorm festzustellen[52].

Auch das Beweisrecht verlangt nach keiner gesonderten Beweiskollisionsnorm. Im Ergebnis gilt weiterhin ein Vorrang für die lex fori, die die Zulässigkeit der Beweismittel und die Durchführung der Beweisaufnahme beherrscht. Auch der Beweisbeschluß, die Beweisverfahrensarten sowie der Umfang von Verhandlungs- und Untersuchungsmaxime unterfallen der lex-fori-Regel[53]. Dort, wo das Beweisrecht nicht nur verfahrensrechtliches Mittel zur Feststellung

---

[48] *v. Bar, C.*, IPR I, S. 320 f.

[49] *v. Bar, C.*, IPR I, S. 318.

[50] *v. Bar, C.*, IPR I, S. 321; *Stein-Jonas-Bork*[21], ZPO, § 55 Rdz. 1.

[51] *v. Bar, C.*, IPR I, S. 321; *Kralik*, ZfRV 11 (1970), S. 161 (163).

[52] *v. Bar, C.*, IPR I, S. 316.

[53] *Schack*, IZVR, Rdz. 658; *Geimer*[2], IZPR, Rdz. 2271.

des Sachverhalts ist, sondern mindestens gleichrangig Funktionen der Rechtsverwirklichung materieller Ansprüche übernimmt, kann im Einzelfall eine Beurteilung nach der lex causae erforderlich werden. Aus dieser Einzelfallbetrachtung läßt sich jedoch derzeit keine einheitliche Beweiskollisionsnorm erschließen.

Auch die internationalen und supranationalen Übereinkommen, die verfahrensrechtliche Inhalte regeln, enthalten kein prozessuales Kollisionsrecht. Das maßgebliche Prozeßstatut, das an die Stelle der autonomen deutschen Zuständigkeitsvorschriften tritt, wird in diesem Fall unmittelbar, etwa aus dem EuGVÜ oder aus bilateralen Zuständigkeitsabkommen heraus ermittelt. Auch die prozessualen Regelungen der Haager Abkommen können schlechterdings nicht als Kollisionsnormen bewertet werden. Sie enthalten einen aus den Haager diplomatischen Konferenzen hervorgegangenen Kompromiß der Vertragsstaaten, denen die Anwendung der nationalen Vorschriften gerade versagt wird, soweit es sich um Einheitsrecht handelt. Soweit die Rechtshilfeabkommen die Beachtlichkeit des Rechts des ersuchenden Staates vorgeben (Art. 5 Abs. 1 lit. b Haager Zustellungsübereinkommen), geschieht dies nicht durch eine Verweisungsnorm, sondern durch das jeweilige Abkommen selbst, das ausnahmsweise in Abkehr vom lex-fori-Prinzip ausländisches Verfahrensrecht für maßgeblich erklärt.

Überzeugen kann auch nicht die Überlegung, daß das Gleichlaufprinzip eine ungeschriebene verfahrensrechtliche Kollisionsnorm enthalte, die die internationale Zuständigkeit in Nachlaßsachen regele. Es gibt hinter dem Gleichlaufprinzip kein prozessuales Kollisionsrecht. Die Entscheidung über die internationale Zuständigkeit wird aus der internationalprivatrechtlichen Entscheidung, die deutsches Erbrecht beruft, unmittelbar getroffen. Auch die spezifischen Zuständigkeitsinteressen, die die Spaltung des Nachlaßverfahrens vom materiellen Erbrecht im Interesse des inneren Entscheidungseinklangs verhindern und eine spätere Anerkennung der inländischen Entscheidung im Ausland nicht ausschließen sollen[54], fordert kein kollisionsrechtliches Verständnis des Zuständigkeitsrechts. Diese Aufgaben nehmen die Sachnormen in interessengerechter Auslegung selbst wahr.

Demnach kennt das Zivilprozeßrecht, von der Grundnorm des internationalen Verfahrensrechts einmal abgesehen, nur Sachnormen. Sie bewahren selbst bei Maßgeblichkeit ausländischen Verfahrensrechts zur Inhaltsbestimmung inländi-

---

[54] *Heldrich* (Fn. 9), S. 119 ff.

scher Tatbestandsmerkmale ihre Natur als Sachnormen. Wenn anhand der Vorfragen in prozessualen Normen die Frage entschieden werden muß, welche Rechtsordnung zur Auslegung der Tatbestandsmerkmale berufen ist, dann kann ausländisches Recht beachtlich sein. Dem liegt aber eine erläuternde Verweisung zugrunde, die nicht pauschal mit kollisionsrechtlichem Gedankengut verwechselt werden darf.

§ 14 Internationales Insolvenzverfahrensrecht

Viel differenzierter stellt sich das Phänomen des Verfahrenskollisionsrecht im internationalen Insolvenzrecht dar. Das Konkursrecht, das verfahrens- und materiellrechtliche Elemente in sich vereint, scheint auf vielfältigem Wege an der Schaffung eines Verfahrenskollisionsrechts beteiligt. Das deutsche internationale Insolvenzrecht hat die Hinwendung zu einem Verfahrenskollisionsrecht in Teilbereichen bereits vollzogen. Weil die derzeit noch geltende Konkurs- und Vergleichsordnung das internationale Insolvenzrecht nur am Rande behandelt[55], haben Wissenschaft und Rechtsprechung hieran maßgeblichen Anteil gehabt.

I. Das internationale Insolvenzrecht

Nach überwiegender Meinung geht § 1 KO, der das gesamte im In- und Ausland belegene Vermögen des Gemeinschuldners dem inländischen Konkursverfahren überantwortet, im Inlandskonkurs von der Universalität des deutschen Konkursverfahrens aus[56]. Der durch die deutsche Konkurseröffnung erfolgende Konkursbeschlag erfasse unabhängig vom Ort der Belegenheit das Vermögen des Gemeinschuldners, sofern nicht über dieses Vermögen im Ausland ein eigenes Konkursverfahren eröffnet werde. Das gelte nach neuester Rechtspre-

---

[55] Vgl. §§ 5, 50, 56, 237, 238 KO, § 37 VglO und § 22 GesVVO, der derzeit die umfassendste Anerkennungsregelung enthält.

[56] BGHZ 95, 256 (264); BGHZ 88, 147 (150); *Kilger-Schmidt, K.*[16], KO, § 1, Anm. 1) 3) a); *Geimer*[2], IZPR, Rdz. 3431; *Gottwald-Arnold*, Insolvenzrechtshandbuch, S. 1256; *Kuhn-Uhlenbruck*[10], KO, § 1, Anm. 3a; Ausnahme vom Universalitätsprinzip ist § 238 KO, der das Konkursverfahren auf das Inland beschränkt, wenn der Gemeinschuldner nur eine gewerbliche Niederlassung im Inland besitzt.

chung auch für das nach § 106 Abs. 1 S. 2 KO als vorläufige Sicherungsmaßnahme erlassene allgemeine Veräußerungsverbot[57].

Dieser Auslegung ist zuzustimmen. Dem in Deutschland aufgrund der Konkurseröffnung eintretenden Konkursbeschlag wird zur gleichmäßigen Befriedigung aller Gläubiger extraterritoriale Wirkung beigemessen. Entsprechendes muß aufgrund der gleichen Wirkung für das als vorläufige Sicherungsmaßnahme erlassene allgemeine Veräußerungsverbot des § 106 Abs. 1 S. 2 KO gelten[58]. Aufgrund von § 117 Abs. 1 KO kann deshalb der Konkursverwalter vom Gemeinschuldner auch die Realisierung des Auslandsvermögens verlangen[59] und zu diesem Zweck Mitwirkungspflichten des Gemeinschuldners, die ihn zur Besitzerlangung und Verwertung nach ausländischem Recht befähigen, vor deutschen Gerichten geltend machen[60]. Die extraterritoriale Anwendung des Veräußerungsverbots verringert im Wege seiner Vorwirkungen jede Verminderung der Konkursmasse, indem es den späteren Konkursbeschlag in das Konkurseröffnungsverfahren hinein verlängert[61].

Freilich bleibt der extraterritoriale Anspruch des deutschen Konkursrechts eine stumpfe Waffe gegen Vermögensverschiebungen ins Ausland, weil der Belegenheitsstaat ihn in aller Regel nicht anerkennt[62]. Anerkennungsverträge auf dem Gebiet des Konkursrechts sind rar[63]. Gläubigern, die im Ausland in das Vermögen des Gemeinschuldners vollstrecken, kann deshalb in aller Regel das Verbot der Einzelzwangsvollstreckung nach § 14 Abs. 1 KO nicht entgegengehalten werden. In diesem Umfang bleibt der konkurswidrige Eingriff in die Zuweisung

---

[57] BGHZ 118, 151 (159 f.) = NJW 1992, 2026 (2028) = DB 1992, 1471 (1472).

[58] *Hanisch*, IPRax 1993, S. 69 (70).

[59] *Kilger-Schmidt, K.*[16], KO, § 117 Anm. 1, der in § 117 Abs. 1 KO eine Anspruchsnorm sieht; anders wohl *Kuhn-Uhlenbruck*[10], KO, § 177, Anm. 6g; § 1, Anm. 3a, die diese Befugnis auf die Prozeßführungsbefugnis des Konkursverwalters stützen.

[60] BGH / WM 1977, 453 (458); OLG Köln, ZIP 1986, 658 (659); *Hanisch*, ZIP 1980, S. 170 f.; entgegen OLG Koblenz, KTS 1980, 68; *Lüer*, KTS 1978, S. 200 (204).

[61] *Hanisch*, IPRax 1993, S. 69 (70); zu den Folgen *Kuhn-Uhlenbruck*[10], KO, § 106 Rdz. 4b; *Kilger-Schmidt, K.*[16], KO, § 106 Anm. 3.

[62] BGHZ 118, 151 (159) = NJW 1992, 2026 (2028 sub a.); *Großfeld*, ZIP 1981, S. 925 (925).

[63] Die früheren Königreiche Bayern und Württemberg haben mit der Schweiz 1834 bzw. 1825 /26 Konkursverträge abgeschlossen, die als Partikularrechte weitergelten; Art. 16 Abs. 1 des deutsch-niederländischen Anerkennungs- und Vollstreckungsvertrages enthält Vorschriften über die Vollstreckung aus Konkurstabellen und bestätigten Vergleichen, BGBl. 1965 II, 26; die umfassendste völkerrechtliche Regelung enthält der „Deutsch-österreichische Vertrag auf dem Gebiet des Konkurs- und Vergleichs-(Ausgleichs-)rechts", BGBl. 1985 II, S. 410.

der Masse an den Konkursverwalter nach den Buchstaben der Gesetze sanktionslos[64].

Seit 1985 mißt der BGH auch ausländischen Insolvenzverfahren im Inland universale Wirkung bei[65]. Er beendete damit eine lange Kontroverse zwischen Teilen des Schrifttums und der Rechtsprechung[66]. Der BGH schloß sich im wesentlichen den Argumenten des Schrifttums an[67]. Damit setzte er seine zunächst auf den Konkurs einer ausländischen juristischen Person beschränkte Rechtsprechung fort[68]. Die dort zugelassene Ausnahme vom Territorialitätsprinzip wurde durch eine einschränkende Auslegung des § 237 Abs. 1 KO zum Prinzip erhoben. Die Einzelvollstreckungsmöglichkeit im Inland trotz eines im Ausland anhängigen Konkursverfahrens bleibe nur bei *bestehenden Titeln* zulässig[69]. Ansonsten werde die mit dem ausländischen Konkursverfahren bezweckte Gesamtliquidation und die damit einhergehende Änderung der Verwaltungs- und Verfügungsbefugnis im Inland anerkannt. Der BGH ließ sich bei seiner Abkehr vom Territorialitätsprinzip neben rechtspolitischen Gründen auch vom Zusammenwachsen Europas leiten, das infolge des freien Niederlassungsrechts und erleichterter Vermögenstransaktionen die Erfüllung des Konkurszweckes unmöglich machen könnte[70].

---

[64] In BGHZ 88, 147 (153 f.) korrigiert der BGH die im Ausland erfolgende konkurswidrige Vorabbefriedigung eines Gläubigers mit Hilfe des Bereicherungsrechts; zust. *Grunsky*, JZ 1983, S. 902; *Palandt-Thomas*[54], BGB § 812 Rdz. 11; *Kuhn-Uhlenbruck*[10], KO § 14, Rdz. 1e; zum umgekehrten Fall *Grasmann*, KTS 1990, S. 157 (164).

[65] BGHZ 95, 256 ff. = ZIP 85, 944 ff. = NJW 85, 2897 ff. = JZ 86, 91 ff. m. Anm. *Lüderitz*, S. 96.

[66] In den ersten einschlägigen Entscheidungen RGZ 6, 400 (404); 14, 412 (415) bekannte sich das Reichsgericht zum internationalen universalen Standpunkt. In der Folgezeit rückte das Territorialitätsprinzip in den Vordergrund, RGZ 21, 7 (9); 89, 181 (183); 100, 241 (242); 114, 82 (84); BGHZ 53, 383 (387); BGH LM Nr. 11 zu Art. 7 ff. EGBGB.

[67] *Jaeger-Jahr*[8], KO, §§ 237, 238, Rdnr. 192 f. (insbes. auch Rdnr. 209); *Kilger-Schmidt, K.*[16], KO, § 237, Anm. 2 d; *Kuhn-Uhlenbruck*[10], KO, §§ 237, 238, Anm. 196; sehr kritisch *Lüderitz* in Anm. zu BGH JZ 1986, S.91 (96 f.).

[68] BGHZ 53, 383 (387); *Großfeld*, ZIP 1981, S. 925 (926).

[69] BGHZ 95, 256 (270); *Ackmann / Wenner*, IPRax 1989, S. 144 (147, Fn. 68); *Ebenroth*, ZZP 101 (1988), S. 121 (123, in Fn. 6 m.w.N); *Grasmann*, KTS 1990, S. 156 (161); *Kuhn-Uhlenbruck-Lüer*[10], KO, § 237 Rdz. 81, 83.

[70] BGHZ 95, 256 (268). Den Einfluß des Europarechts auf das Verfahrensrecht behandelt das 6. Kapitel.

II. Reformbestrebungen

Der Bundestag hat am 5. Oktober 1994 das Gesetz über die Insolvenzordnung und das Einführungsgesetz zur Insolvenzordnung (EGInsO) beschlossen[71]. Das nunmehr Gesetz gewordene internationale Insolvenzrecht bleibt weit hinter dem Regierungsentwurf zurück. In Art. 102 EGInsO wird kraft Gesetzes anerkannt, daß ein ausländisches Insolvenzverfahren auch das im Inland befindliche Vermögen des Schuldners erfaßt. In Anlehnung an § 328 Nr. 1 und Nr. 4 ZPO setzt die Anerkennung voraus, daß die internationale Zuständigkeit der Gerichte des ausländischen Insolvenzverfahrensstaates nach deutschem Recht besteht und der deutsche ordre public gewahrt bleibt. Auf das Kriterium der Gegenseitigkeit wurde ebenso verzichtet wie auf einen entsprechenden Abschnitt über Inlandsverfahren mit Auslandsberührung.

Demgegenüber versuchte der Entwurf mit Hilfe eines geschriebenen Insolvenzkollisionsrechts, die Leitidee der Gleichbehandlung von ausländischem und inländischem Insolvenzverfahren normativ umzusetzen. So fand das Universalitätsprinzip als allseitige prozessuale Kollisionsnorm erstmals eine gesetzliche Verankerung[72]. Für ausländische Verfahren schlug es sich in §§ 384 ff. EEG InsO nieder, die eine großzügige Anerkennung eines von einem ausländischen Gericht eröffneten Insolvenzverfahrens im Inland vorsahen[73]. Nach § 379 EEG InsO[74] unterlagen die Wirkungen des ausländischen Verfahrens grundsätzlich dem Recht des Staates, in dem das Verfahren eröffnet wurde. Der Entwurf bildete folglich eine allseitige Kollisionsnorm heraus, die an das Recht des Konkurseröffnungsstaates anknüpfte. In den Gesetzgebungsvorhaben waren weitere allseitige Insolvenzkollisionsnormen niedergelegt, die die Miete, Pacht und das Arbeitsverhältnis auch hinsichtlich der verfahrensrechtlichen Wirkungen

---

[71] BGBl. 1994 I 2866 u. 2911; vgl. auch Regierungsentwurf einer Insolvenzordnung, BT-Drucks. 12 / 2443. Das internationale Insolvenzrecht, war bisher im Referentenentwurf eines Einführungsgesetzes zum Gesetz zur Reform des Insolvenzrechts (ZIP 1990, S. 1298) enthalten. Es bildet nunmehr den Dritten Teil des Einführungsgesetzes zur Insolvenzordnung (Art. 102 EGInsO). Zur teils kritschen Aufnahme des Entwurfs durch die Wissenschaft und Praxis, vgl. *Grub*, ZIP 1992, S. 393; *Haarmeyer*, ZIP 1993, S. 883; *Smid*, ZIP 1993, S. 625; *Trunk*, KTS 1994, S. 33 ff.

[72] Vgl. Art. 1 des Referentenentwurfs eines Einführungsgesetzes zum Gesetz zur Reform des Insolvenzrechts, ZIP 1990, S. 1298.

[73] Das Anerkennungsverfahren faßt die Voraussetzungen in Gesetzesform, unter denen die Rechtsordnung bisher ausländische FGG-Entscheidungen ohne entsprechendes Verfahren anerkannt hatte; InsolvenzO, BT Drucks. 12 / 3803.

[74] *Geimer*^{2}, IZPR, Rdz. 3536.

der nach internationalem Privatrecht anwendbaren Rechtsordnung unterstellten[75].

Ähnliche Tendenzen sind im Entwurf eines Übereinkommens der EG-Staaten über den Konkurs, Vergleiche und ähnliche Verfahren, der in seinem Art. 2 die Universalität festschreibt, zu verzeichnen[76]. Der Entwurf enthält Insolvenzkollisionsrecht und versucht damit, die Leitidee der Gleichbehandlung von ausländischem und inländischem Insolvenzverfahren normativ umzusetzen, was vorerst an der Unübersichtlichkeit der verschiedenen Untermassen, Sonderkonkurse und Insolvenzstatuten gescheitert ist[77]. Auch hier aber bedient sich der supranationale Gesetzgeber allseitiger Kollisionsnormen[78]. Freilich wäre damit auch ein echtes Insolvenzkollisionsrecht geschaffen, das in Abweichung vom lex-fori-Prinzip z.B. an ein eigenständiges Eröffnungs- oder Anfechtungsstatut anknüpft.

III. Bewertung

Für das internationale Insolvenzrecht ist es wenig ergiebig, eine Qualifikation in materielles Insolvenzrecht oder Insolvenzverfahrensrecht vorzunehmen, weil die Regelungen häufig auf der Grenze liegen. Deshalb ist zunächst vom Grundsatz der lex fori auszugehen, der als Insolvenzstatut das deutsche Recht beruft (lex fori concursus), das für die materiellen und prozessualen Folgen des Insolvenzverfahrens gilt[79]. Nur die Anknüpfung an ein Gesamtstatut kann das Ziel eines einheitlichen, der Gleichbehandlung aller Gläubiger dienenden Konkursverfahrens gewährleisten. In dieses kollisionsrechtliche Verständnis fügt sich die Rechtsprechung des BGH und die überwiegende Literatur, daß auch

---

[75] *Geimer*², IZPR, Rdz. 3546.

[76] Entwurf eines Übereinkommens der EG-Staaten über den Konkurs, Vergleiche und ähnliche Verfahren, ZIP 1980, S. 582, sowie in: Kegel / Thieme, Vorschläge und Gutachten, S. 417 ff.

[77] *Gottwald-Arnold* (Fn. 56), S. 1301.

[78] Z.B. Art. 30 des Vorentwurfs einer Arbeitsgruppe für ein neues EG-Insolvenz-Abkommen, ZIP 1992, 1197 (1202). Die Vorschrift lautet: „Wird von den nach Art. 2 Abs. 1 zuständigen Gerichten eines Vertragsstaats vor der Eröffnung des Hauptinsolvenzverfahrens zur Sicherung des Schuldnervermögens ein vorläufiger Verwalter (Sequester) bestellt, so ist dieser berechtigt, in einem anderen Vertragsstaat, dessen Gerichte nach Art. 2 Abs. 2 zur Eröffnung eines Insolvenzverfahrens zuständig sind, die nach dem Recht dieses Vertragsstaates nach Antragstellung auf Eröffnung eines Insolvenzverfahrens bis zur Eröffnung des Verfahrens zulässigen Maßnahmen zu Sicherung und Erhaltung des Schuldnervermögens zu beantragen."

[79] *Geimer*², IZPR, Rdz. 3373; *Gottwald-Arnold* (Fn. 56), S. 1234.

das Auslandsvermögen eines im Inland ansässigen Gemeinschuldners nach § 1 Abs. 1 KO zur Konkursmasse gehöre[80], ein. Freilich wird damit zunächst nur eine einseitige Kollisionsnorm begründet.

Mit der weitgehenden Anerkennung ausländischer Entscheidungen, die ein Insolvenzverfahren im Ausland eröffnen[81], haben sich der BGH und die Literatur jedoch auch zu einer allseitigen Kollisionsnorm bekannt[82]. Danach umfaßt § 1 Abs. 1 KO neben dem Auslandsvermögen des deutschen Gemeinschuldners auch bei einem im Ausland eröffneten Konkursverfahren das in Deutschland belegene Vermögen eines ausländischen Gemeinschuldners[83]. Die Anerkennung folgt dem Universalitätsprinzip, obwohl §§ 237, 238 KO nach ihrem Wortlaut die Geltung eines ausländischen Konkursstatuts nicht vorsehen. Die Sachverhalte mit Auslandsberührung werden demnach an sich von Sachnormen geregelt. Danach hätte das im Inland belegene Vermögen des Gemeinschuldners nur nach deutschem Recht verwertet werden können. Erst die einschränkende Auslegung des § 237 KO berechtigte den ausländischen Konkursverwalter, vom Auslandskonkurs erfaßtes Inlandsvermögen zur Konkursmasse zu ziehen. Mit Hilfe dieser teleologischen Reduktion hat der BGH eine ungeschriebene allseitige Kollisionsnorm anerkannt. Das Bekenntnis der Literatur und der Rechtsprechung zur Universalität des Konkurses gewährt damit auch ausländischen Verfahrensakten Inlandswirkungen. Weil in- und ausländische Verfahrensakte gleichberechtigt nebeneinander stehen, geht damit freilich auch eine Durchbrechung der lex fori coucursus einher.

Auch die Rechtsreform im internationalen Insolvenzrecht bildet nicht den Auftakt zu einer allmählichen Kodifikation eines Verfahrenskollisionsrechts. In Anlehnung an das universale Denken im internationalen Konkursrecht ist es an sich nur folgerichtig, den extraterritorialen Anspruch des Konkursrechts durch die Formulierung kollisionsrechtlicher Inhalte abzusichern. Allerdings ist Art. 102 Abs. 1 EGInsO bei der Formulierung einer einseitigen Kollisionsnorm stehengeblieben. Das neue Insolvenzrecht, das am 1. Januar 1999 in Kraft tritt (Art. 110 Abs. 1 EGInsO), enthält keine allseitigen Kollisionsnormen, so daß der Rechtsprechung des BGH zur Auslandswirkung inländischer Konkursverfahren weiterhin große Bedeutung zukommen wird.

---

[80] BGHZ 95, 256 (264); BGHZ 88, 147 (150); *Kilger-Schmidt, K.*[16], KO, § 1, Anm. 1) 3) a); *Geimer*[2], IZPR, Rdz. 3431; *Gottwald-Arnold* (Fn. 56), S. 1256; *Kuhn-Uhlenbruck*[10], KO, § 1, Anm. 3a.

[81] Zu den Anerkennungsvoraussetzungen *Gottwald-Arnold* (Fn. 56), S. 1246.

[82] *Geimer*[2], IZPR, Rdz. 3375; *Gottwald-Arnold* (Fn. 56), S. 1265.

[83] *Grasmann*, KTS 1990, S. 157 (160); *Flessner*, ZIP 1989, S. 749 (750).

Die Herausbildung eines umfassenden Insolvenzkollisionsrechts, das für auslandsbezogene Sachverhalte ohne Rücksicht auf die prozeß- oder materiellrechtlichen Wirkungen des Insolvenzverfahrens angeordnet hätte, welches nationale Insolvenzrecht anzuwenden ist, hätte das Trennungsdenken im deutschen Recht zu überwinden geholfen[84]. Damit wäre bereits ein Großteil der Schwierigkeiten für die Rechtsanwendung im internationalen Zivilverfahrensrecht beseitigt gewesen.

§ 15 Zusammenfassung

Weil das Zivilprozeßrecht neben der lex-fori-Regel grundsätzlich kein prozessuales Kollisionsrecht kennt, ist de lege lata davon auszugehen, daß der Gesetzgeber die Rechtsverhältnisse seiner Bürger grundsätzlich nicht durch ausländische Verfahrensregeln geordnet wissen will. Die Anwendung einer Verfahrensrechtsordnung nach Maßgabe einer normativen Neubestimmung der Verfahrensvorschriften als prozessualen Kollisionsnormen würde dem lex-fori-Prinzip zudem eine unberechenbare Durchbrechung zufügen. Die Überlegungen zu einem prozessualen Kollisionsrecht werden sich deshalb nicht Bahn brechen.

Das deutsche internationale Zivilprozeßrecht stellt ausländische Verfahrensrechte somit nicht den entsprechenden inländischen gleich. Die Rechtswirkungen ausländischer Verfahrensrechte können sich ohne Vorschaltung einer speziellen Anerkennung nicht auf das Inland erstrecken. Die gleichberechtigte Anwendung ausländischen Verfahrensrechts ist bisher nur in einem Randbereich des Verfahrensrechts, dem des internationalen Konkursrechts, zu beobachten. Die Normen, anhand derer die Erstreckung deutscher Konkursverfahrensakte ins Ausland[85], ebenso wie die Inlandswirkung ausländischer Konkurse[86], zugelassen wurde, können aufgrund ihrer privatrechtsgestaltenden Funktion und der engen Verbundenheit von materiellem Recht und Verfahren im Insolvenzrecht als Kollisionsnormen interpretiert werden, die sowohl materiellrechtliche als auch prozeßrechtliche Fragestellungen lösen[87].

---

[84] Vgl. bereits § 6 I., § 7 I. 1.

[85] BGHZ 118, 151 (159) = NJW 1992, 2026 (2028); *Kilger-Schmidt, K.*[16], KO, § 1, Anm. 1) 3) a); *Kuhn-Uhlenbruck*[10], KO, § 1, Anm. 3a.

[86] BGHZ 95, 256 (264) = JZ 1986, S. 91 ff. m. krit. Anm. *Lüderitz*, S. 96; BGHZ 88, 147 (150).

[87] *Jaeger / Jahr*[8], KO §§ 237, 238 Rdz. 34, 135 ff.

6. Kapitel

Das lex-fori-Prinzip im europäischen Prozeßrecht

Die europäische Prozeßrechtsentwicklung nimmt bereits spürbaren Einfluß auf das deutsche Prozeßrecht. Das EuGVÜ[1], seine Erweiterung durch drei Beitrittsübereinkommen[2] sowie das Parallelübereinkommen von Lugano[3] bilden den Kern eines europäischen Zivilprozeßrechts[4]. Es enthält Ansätze eines harmonisierten Erkenntnisverfahrens sowie vereinfachter Zwischenverfahren, die dem Ziel beschleunigter Anerkennung und Vollstreckung ausländischer Gerichtsentscheidungen dienen. In einem Teil des europäischen Rechtsraumes hat sich damit ein internationales Zivilverfahrensrecht herausgebildet[5].

Diese Teilharmonisierung des Erkenntis-, Anerkennungs- und Vollstreckungsverfahrens durch die europäischen Prozeßgesetze darf jedoch nicht über die fortbestehende nationale Ausrichtung des gerichtlichen Verfahrens hinwegtäuschen. Die nationalen Gerichte prozedieren nicht nach einer gesamteuropäischen Prozeßordnung, die Inhalt und Form der gerichtlichen Verfahren in Zivilsachen regelt. Das EuGVÜ und die nachfolgenden Prozeßübereinkommen mußten die gegenseitige Anerkennung und Vollstreckung auf der Grundlage unterschiedlicher nationaler Rechtsordnungen verwirklichen, die in ihrem Kern bis heute

[1] Brüsseler EWG-Übereinkommen über die gerichtliche Zuständigkeit und die Vollstreckung gerichtlicher Entscheidungen in Zivil- und Handelssachen vom 27. September 1968, BGBl. 1972 II 774 (auch abgedr. bei *Jayme / Hausmann*[7], Nr. 72).

[2] Beitrittsabkommen vom 9. Oktober 1978 für Dänemark, Irland und das Vereinigte Königreich (BGBl. 1983 II 802), gefolgt von demjenigen für Griechenland vom 25. Oktober 1982 (BGBl. 1983 II 453) und schließlich vom Donostia / San-Sebastian-Übereinkommen für Spanien und Portugal vom 26. Mai 1989 (ABl. EG 1989 Nr L 285 / 1); zum Ratifikationsstand des 3. Beitrittsübereinkommens, *Kropholler*[4], Europ.ZPR, Art. 63, Rdz. 3.

[3] Übereinkommen von Lugano über die gerichtliche Zuständigkeit und die Vollstreckung gerichtlicher Entscheidungen in Zivil- und Handelssachen vom 16. September 1988, ABl. EG 1988 Nr. L 319 / 9 (teilw. abgedr. bei *Jayme / Hausmann*[7], Nr. 77); zum aktuellen Ratifikationsstand *Kropholler*[4] (Fn. 2), Einl. Rdz. 45; jetzt ZRP 1994, 243 u. BR-Drucks. 933/13.

[4] *Kropholler* (Fn. 2), Einl. Rdz. 15; enger *Trunk*, Erweiterung des EuGVÜ-Systems, S. 7.

[5] *Trunk* (Fn. 4), S. 89 f.

unangetastet geblieben sind[6]. Die europäischen Prozeßgesetze bilden keine umfassende Kodifikation. Geregelt werden immer nur Teilaspekte, die einen Bezug zur wirtschaftlichen Tätigkeit der Marktbürger und der im Binnenmarkt ansässigen Unternehmen aufweisen. Deshalb stehen die Streitigkeiten in Zivil- und Handelssachen im Vordergrund[7].

Die europäischen Prozeßgesetze berühren die nationalen Verfahrensrechte in unterschiedlicher Weise. Zunächst ergänzen und vereinfachen sie die nationale Verfahrensordnung. Das EuGVÜ und alle seine Nachfolgeabkommen treten nach dem Ratifikationsverfahren, zu dessen Durchführung die Mitgliedstaaten in Ausführung des Art. 220 EGV verpflichtet sind[8], neben die deutsche Zivilprozeßordnung. Sie sind nach der Transformation Verfahrensnormen des deutschen Rechts, die das Gericht bei seiner Entscheidung neben den Vorschriften der Zivilprozeßordnung zugrundezulegen hat. Darüber hinaus geben das EuGVÜ und das LuganoÜ Impulse für eine allmähliche Veränderung der nationalen Verfahrensrechte. Sie veranlassen die Vertragsstaaten, Anpassungen vorzunehmen, wo die Übereinkommen auf das nationale Prozeßrecht ausstrahlen[9].

Indes läßt auch die damit einhergehende Anpassung der einzelstaatlichen Verfahrensrechte den Grundsatz der lex fori unberührt. Ungeachtet der internationalen Rechtsquelle, die auf das nationale Recht einwirkt, werden diese Vorschriften nach dem Abschluß des nationalen Gesetzgebungsverfahrens Bestandteile des nationalen Rechts. Sie nehmen sodann als Normen des Verfahrensrechts am Grundsatz der lex fori teil. Gleiches gilt für die Bestrebungen einer Rechtsvereinheitlichung auf dem Gebiet des Prozeßrechts. Ein europäisches Modellgesetz über das Verfahrensrecht soll den Mitgliedstaaten Gelegenheit bieten, die nationalen Prozeßrechte im Dienste einer Gleichbehandlung der europäischen Bürger beizeiten und umfassend aneinander anzupassen[10]. Auch wenn dieses Recht das Ergebnis wohlabgestimmter mehrstaatlicher Rechtsetzung wäre, bliebe es nach der erforderlichen Umsetzung nationales Recht.

Die lex fori behält ihre Bedeutung also unabhängig davon, ob das prozessuale Sachrecht der Mitgliedstaaten durch Übereinkommen vereinfacht, ergänzt oder

---

[6] *Roth, H.*, FS Stree / Wessels, S. 1045 (1049); *Stürner*, in: Tübinger Symposium zum 80. Geburtstag von *Fritz Baur*, S. 1 (5); *Wolf*, FS Schwab, S. 561 (561).

[7] Vgl. Art. 1 Abs. 1 EuGVÜ, Art. 1 Abs. 1 LuganoÜ.

[8] *v.d.Groeben-Thiesing-Ehlermann-Schwartz*[4], EWGV, Art. 220 Rdz. 6.

[9] *Kohler / Winterhoff*, IPRax 1988, S. 53 ff.; *Kropholler* (Fn. 2), Einl. Rdz. 15; *O'Malley / Layton*, Eur. C.Prac., S. 987 ff. (980).

[10] *Prütting*, FS Baumgärtel, S. 457 (460 f.); *Storme*, RabelsZ 56 (1992), S. 290 (293, 298).

vereinheitlicht wird. Die kollisionsrechtliche Verweisung der verfahrensrechtlichen lex fori umfaßt jeweils das geltende Recht. Nicht gänzlich ausgeschlossen ist aber, daß das nationale Zivilprozeßrecht durch die Existenz des EuGVÜ gleichwohl einen Gemeinschaftsbezug erfährt, der im Ergebnis zu einer Modifikation des nationalen Zivilverfahrensrechts führen könnte[11].

§ 16 Einfluß des Gemeinschaftsrechts auf die lex fori

Neuerdings finden sich Stimmen, die Regelungen der deutschen Zivilprozeßordnung am Europäischen Gemeinschaftsrecht messen[12]. Grundlage ihrer Überlegungen ist der unmittelbare Anwendungsvorrang des Europäischen Gemeinschaftsrechts innerhalb der deutschen Rechtsordnung[13]. Treffender läßt sich das Verhältnis der nationalen zur supranationalen Rechtsordnung durch den Begriff der „wechselseitigen Verschränkung" beschreiben[14]. Denn der Vorrang der Gemeinschaftsrechtsordnung gegenüber dem mitgliedstaatlichen Recht jeglicher Rangstufe führt im Kollisionsfall nur zur Unanwendbarkeit des entgegenstehenden nationalen Rechts, nie jedoch zu dessen Nichtigkeit, wie dies bei einem Geltungsvorrang der Fall wäre.

Der Vorrang der Gemeinschaftsrechtsordnung im innerstaatlichen Rechtskreis gründet sich auf die Zustimmungsgesetze zu den Gemeinschaftsverträgen[15]. Das Nebeneinander der beiden Rechtsordnungen kann nicht konfliktfrei bleiben, weil es an der Identität des Normgebers fehlt und sich die nationale Rechtsordnung noch lange nicht zur Gänze aus der supranationalen ableitet[16]. Von der Warte des europäischen Rechts spricht eine lange Kette von Urteilen des Europäischen Gerichtshofs für den Anwendungsvorrang. Konsequent hat der Gerichtshof die Anerkennung des Vorrangs des primären[17] und sekundären Ge-

---

[11] Dazu unten § 17.

[12] *Brödermann*, MDR 1992, S. 89 (93 f.); *Wolf, M.*, in: Tübinger Symposium zum 80. Geburtstag von *Fritz Baur*, S. 35 f.

[13] *Brödermann*, MDR 1992, S. 89 (93 f.); *Wolf, M.* (Fn. 12), S. 41; *Veelken*, JuS 1993, S. 265 (266); für das IPR: *v. Bar, C.*, IPR I, Rdz. 167.

[14] *Herdegen*, EuGRZ 1989, S. 309 (309 re.Sp.); *Stein, T.*, FS Zeidler II, S. 1711 (1716).

[15] *Schweitzer / Hummer*[4], Europarecht, S. 212 f.; *Schweitzer*[4], Staatsrecht III, Rdz. 388 ff., insbes. 392.

[16] *Herdegen*, EuGRZ 1989, S. 309 (309 li.Sp.).

[17] EuGH, 4.4.1968 – *Lück / Hauptzollamt Köln*, 34 / 67 – Slg. 1968, 363 (373); EuGH, 15.7. 1964 – *Costa / ENEL*, 6 / 64 – Slg. 1964, 1251 (1269 f.).

meinschaftsrechts[18] ausgebaut. Nur bei der unmittelbaren Geltung von Richtlinien im Sinne von Art. 189 Abs. 1 EGV[19] bleibt er zurückhaltend und erkennt den Vorrang lediglich unter einschränkenden Voraussetzungen an[20].

Aber selbst dort, wo der EuGH dem Gemeinschaftsrecht einen höheren Stellenwert beimißt, bleibt der Vorrang wertlos, wenn nicht die Gerichte der Mitgliedstaaten das Vorrangprinzip auch außerhalb der Ausgangsverfahren zur Vorabentscheidung nach Art. 177 EGV anerkennen. Die fehlende Bindungswirkung der EuGH-Entscheidungen in diesen Verfahren[21] macht die umfassende Geltung des Vorrangs immer noch von der gemeinschaftsrechtsfreundlichen Haltung der nationalen Gerichte abhängig. Im deutschen Recht[22] sind die Konflikte um das Verhältnis zwischen Gemeinschaftsrecht und Grundrechten[23] sowie die Direktwirkung von nicht umgesetzten Richtlinien[24] durch das Bundesverfassungsgericht jedenfalls einstweilen zugunsten des Gemeinschaftsrechts entschieden[25].

Das internationale Zivilverfahrensrecht besitzt für die Verwirklichung der Gemeinschaftsziele nach wie vor nur eine geringe Bedeutung. Trotzdem mehren

---

[18] EuGH, 17.12.1970 – *Internationale Handelsgesellschaft / Einfuhr- u. Vorratsstelle f. Getreide u. Futtermittel*, 11 / 70 – Slg. 1970, 1125 (1138); EuGH, 6.10.1970 – *Grad / Finanzamt Traunstein*, 9 / 70 – Slg. 1970, 825 (838 f.).

[19] Vertrag über die Gründung einer Europäischen Union, BGBl. 1992 II, 1251 ff., in kraft getreten am 1.11.1993, BGBl. 1993, II 1947; der Vertrag enthält Änderungsvorschriften für den EWGV.

[20] EuGH NJW 1992, 165 = EuZW 1991, 758 – *Francovich*; EuGH, 22.6.1989 – *Fratelli Costanzo / Stadt Mailand*, 103 / 88 – Slg. 1989, 1839 (1870 f.); EuGH, 8.10.1987 – *Kolpinghuis Nijmwegen BV*, 80 / 86 – Slg. 1987, 3969 (3985 f.); EuGH, 19.1.1982 – *Becker / Finanzamt Münster Innenstadt*, 8 / 81 – Slg. 1982, 53 (71); *Bleckmann*[5], Europarecht, Rdz. 154; Haftungsfragen bei *Pieper*, NJW 1992, S. 2454 ff. m.w.N. in Fn. 1; *Seidel*, NJW 1985, S. 517 (518 f.); *Scherzberg*, Jura 1993, S. 225 ff.

[21] *Grabitz-Grabitz*, EWGV, Art. 177 Rdz. 71 f.; *v.d.Groeben-Thiesing-Ehlermann-Krück*[4], EWGV, Art. 177 Rdz. 88; *Stein-Jonas-Roth, H.*[21], ZPO, § 148 Rdz. 198 geht von einer tatsächlichen präjudiziellen Wirkung in ähnlich gelagerten Fällen aus; *Wolf, C.*, RIW 1993, S. 797 (798); EuGH, 3.2.1977 – *Luigi Benedetti / Munari F.lli s.a.s.*, 52 / 76 – Slg. 1977, 163 (183).

[22] Berichte zu Italien: *Winkler*, EuZW 1992, 443 (444); *Fromont*, EuZW 1992, S. 46 (47 f.); Spanien: *Abele*, EuZW 1992, S. 305 (307 f.); zum Vereinigten Königreich: *Smith*, EuZW 1992, S. 308 (310 li. Sp.).

[23] *Bleckmann*, Grundgesetz und Völkerrecht, S. 302 ff. (insbes. S. 309 f.); *Vedder*, NJW 1987, S. 526 (529 f.).

[24] *Bach*, JZ 1990, S. 1108 (1110 f.); *Jarass*, NJW 1991, S. 2665 (2667); *Pieper*, DVBl. 1990, S. 684 (685); *Seidel*, NJW 1985, S. 517 (518 f.).

[25] BVerfGE 73, 339 (387) = NJW 1987, 577 (581 f.) – *Solange II*; entgegen BVerfGE 37, 271 (280 f.) = NJW 1974, 1697 (1699) – *Solange I*; *Herdegen*, EuGRZ 1989, S. 309 (310); *Stein* (Fn. 14), S. 1724 ff.

sich die Anzeichen, daß europäische Normen zunehmend auch die innerstaatliche Ebene der nationalen Zivilverfahrensordnungen beeinflussen und verändern. Das Augenmerk muß sich deshalb auf das primäre und davon abgeleitete sekundäre Gemeinschaftsrecht richten. Möglicherweise modifizieren nämlich die supranationalen Rechtsquellen die Anwendung des nationalen Verfahrensrechts gemäß der lex fori oder setzen ihr zumindest bedenkenswerte Grenzen.

I. Die Europäisierung des Prozeßrechts durch die Grundfreiheiten

Der Einfluß des Primärrechts auf das Prozeßrecht beschäftigt zunehmend Rechtsprechung[26] und Literatur. Nach einigen Stimmen im Schrifttum[27] besteht ein enger Zusammenhang zwischen den Grundfreiheiten des EWG-Vertrages und der prozessualen Rechtsdurchsetzung. Mit Hilfe der gemeinschaftskonformen Auslegung und des Prinzips der gegenseitigen Anerkennung erweitern sie den Regelungsbereich der im Primärrecht verankerten Grundfreiheiten, um sie für eine europäische Gestaltung des Prozeßrechts zu nutzen[28].

Nach der Lesart von Manfred Wolf wird der freie Waren-, Kapital- oder Dienstleistungsverkehr im europäischen Binnenmarkt durch unterschiedliche zivilverfahrensrechtliche Vorschriften beeinträchtigt[29]. Sie behinderten die ungestörte Ausübung der Grundfreiheiten[30]. So könnten etwa Beweisbeschränkungen der verschiedensten Art den Leistungsaustausch genauso beeinflussen[31] wie die bestehenden Unterschiede im Kostenrecht der einzelnen Mitgliedstaaten[32]. Die unterschiedliche Ausgestaltung der Prozeßführungsbefugnis[33] und die kostensteigernde Wirkung ungleicher Mahnverfahren[34] begründen nach Wolf sogar eine Binnenmarktstörung. Die Vorstellungen Brödermanns unterscheiden sich von denen Wolfs nicht im Ergebnis, wohl aber in der Begrün-

---

[26] EuGH, 1.7.1993 – *Hubbard / Hamburger*, C-20 / 92 – NJW 1993, 2431; EuGH, 29.10. 1980 – *Boussac Saint Frères / Gerstenmeier*, 20 / 80 – Slg. 1980, 3427.

[27] *Brödermann*, MDR 1992, S. 89 (94 re. Sp.); *Wolf, M.* (Fn. 12), S. 37 f.

[28] *Wolf, M.* (Fn. 12), S. 45 ff.; *Brödermann*, MDR 1992, S. 89 (94).

[29] *Wolf, M.* (Fn. 12), S. 37 f.

[30] *Wolf, M.* (Fn. 12), S. 38.

[31] *Wolf, M.* (Fn. 12), S. 51 f.

[32] *Wolf, M.* (Fn. 12), S. 39 f.

[33] *Wolf, M.* (Fn. 12), S. 46 f.

[34] *Wolf, M.* (Fn. 12), S. 63 f.

dung. Während Wolf in der Hauptsache mit den Grundfreiheiten und dem Prinzip der gegenseitigen Anerkennung argumentiert[35], stützt sich Brödermann vorwiegend auf das Gebot der Gemeinschaftsrechtskonformität[36].

Nach beiden Autoren könne den Vorschriften über die Grundfreiheiten die zweckgerichtete Regelungsabsicht entnommen werden, Risiken des grenzüberschreitenden Handels auch im Zivilprozeßrecht zu beseitigen. Sie denken in der Tradition des EuGH, der die Freiheiten auf eine Vielzahl nationaler Regelungen anwenden will, welche die Ausübung der Freiheiten behindern und nicht im öffentlichen Interesse gerechtfertigt sind[37]. Ihre Argumentation läuft darauf hinaus, originär zivilprozessuale Regelungsgegenstände in einen Zusammenhang mit dem Binnenmarkt zu stellen. Ob die Grundfreiheiten aber tatsächlich das Tor zu einer einzelfallbezogenen Prozeßrechtsanpassung aufstoßen, erscheint mir zumindest zweifelhaft[38] und bedarf eingehender Untersuchung.

1. Regelungsumfang der Grundfreiheiten

Wolf stützt seine Argumentation auf die Freiheit des Warenverkehrs (Art. 30 EGV), die Freiheit des Dienstleistungs- und Kapitalverkehrs sowie das Niederlassungsrecht (Art. 48 ff. EGV). Ob diese spezifischen Freiheitsrechte geeignet sind, die Anwendbarkeit prozessualer Sachnormen des nach der lex fori berufenen Verfahrensrechts auszuschließen, kann nur durch ihre Auslegung anhand der Rechtsprechung des EuGH geschehen, der allein zur authentischen Interpretation des Gemeinschaftsrechts befugt ist.

Das Gericht läßt sich dabei in erster Linie von der systematisch-teleologischen Methode leiten, die sich am Geist, Aufbau und Wortlaut einer Vorschrift orientiert, dabei aber auch zugleich bemüht ist, die Vertragsziele und die wirtschafts-

---

[35] *Wolf, M.* (Fn. 12), S. 40 f., 44 f.

[36] *Brödermann*, MDR 1992, S. 89 (94).

[37] Schlußantrag des Generalanwalts *Jakobs* v. 30.6. 1993, *Phil Collins / Imtrat mbH*, C-92 / 92, Erwägungsgrund 24 (n.v.); EuGH, 20.2.1979 – *Rewe Zentral AG / Bundesmonopolverwaltung für Branntwein*, 120 / 78 – Slg. 1979, 649 (663 f.) zu Art. 30 EWGV; EuGH, 4.12.1986 – *Kommission / Deutschland*, 205 / 84 – Slg. 1986, 3755 (3802 f.) zu Art. 59 ff. EWGV; EuGH, 30.4. 1986 – *Kommission / Frankreich*, 96 / 85 – Slg. 1986, 1475 (1485 f.) zu Art. 52 f. EWGV etwas zurückhaltender.

[38] So auch *Roth, H.* (Fn. 6), S. 1048.

politische Ausrichtung der Europäischen Gemeinschaft zu berücksichtigen[39]. In den Gesamtzusammenhang dieser Methode paßt die Vernachlässigung rechtshistorischer Erwägungen. Der EWG-Vertrag a.F. enthält genauso wie der neue Vertrag über die Europäische Union einen aus diplomatischen Verhandlungen hervorgegangenen Kompromiß der Vertragsparteien. Um diesen Kompromiß nachträglich nicht wieder in Frage zu stellen, gibt es keine veröffentlichten Protokolle oder Motive, aus denen sich die historische Regelungsabsicht der Väter der Verträge herleiten ließe[40].

a) Grammatikalische Auslegung

Der Wortlaut der Grundfreiheiten (Artt. 30, 48 ff., 59 ff., 67 ff. EGV) ist für das Zivilverfahrensrecht wenig ergiebig. Die Vorschriften verbieten den Mitgliedstaaten entweder, diskriminierende Beschränkungen aufrechtzuerhalten (Art. 30 EGV), oder verpflichten sie, nationale Beeinträchtigungen für die Angehörigen der Mitgliedstaaten schrittweise aufzuheben (Artt. 52, 59 EGV). Sie enthalten keine spezifischen Aussagen darüber, in welchem Umfang die Freiheiten zu verwirklichen sind, mithin also auch keinen Hinweis darauf, ob das Zivilprozeßrecht von den Grundfreiheiten berührt wird.

b) Systematische Auslegung

Über ihre Reichweite und Wirkkraft vermag aber der Bedeutungszusammenhang Aufschluß zu geben. Die betreffenden Vertragsvorschriften sind in den Kapiteln 2-4 des dritten Teils des EGV, der mit „Die Politiken der Gemeinschaft" überschrieben ist, enthalten. Einzelne Normen nehmen das Diskriminierungsverbot des Art. 6 Abs. 1 EGV[41] erneut auf, und gestalten es zu spezifischen Freiheitsrechten aus. Der Bedeutungszusammenhang zwischen diesen Normgruppen ermöglicht nur eine sachlich übereinstimmende Auslegung: Das Niederlassungsrecht, die Dienstleistungs- und Kapitalverkehrsfreiheit konkretisieren für das in ihnen angesprochene Sachgebiet das allgemeine Verbot jegli-

---

[39] *Schweitzer / Hummer*[4] (Fn. 15), S. 105; EuGH, 21.2.1973 – *Europemballage, Continental Can / Kommission*, 6 / 72 – Slg. 1973, 215 (244).

[40] Hierzu allgemein *Bleckmann*, Methoden und Grundlagen des Völkerrechts, S. 12 ff.; *Beutler / Bieber / Pipkorn / Streil*[3], Europ. Gemeinschaft, S. 224.

[41] Aufgrund von Art. 4 b EUV wird der ehemalige Art. 7 EWGV zu Art. 6 EGV.

cher Diskriminierung aus Gründen der Staatsangehörigkeit[42]. Eine Ausnahme hiervon macht Art. 30 EGV. Die mengenmäßige Einfuhrbeschränkung erfordert nicht notwendig ein diskriminierendes Element[43]. In seiner praktischen Anwendung jedoch macht der EuGH eine Konzession an das Gebot der Diskriminierung, indem er sich den Nachweis beschränkender Wirkungen aufgrund der Herkunft der Ware erleichtert[44].

Dieses durch den Bedeutungszusammenhang beschriebene Normverständnis weist grundsätzlich keine Bezüge zur Zivilprozeßordnung auf. So sind zur Erreichung der Dienstleistungsfreiheit nach Art. 59 EGV nur alle Beschränkungen des Dienstleistungsverkehrs zu beseitigen, damit der Leistungserbringer seine Tätigkeit in einem Mitgliedstaat unter den gleichen Bedingungen ausüben kann wie Angehörige dieses Staates[45]. Auch die Kapitalverkehrsfreiheit des Art. 67 EGV zielt allein darauf ab, alle Beschränkungen zu beseitigen, die dem freien Kapitalverkehr zwischen den Mitgliedstaaten entgegenstehen[46]. Gleichermaßen betrifft das Verbot des Art. 30 EGV nur diejenigen nationalen Maßnahmen über die Vermarktung von Waren, die den freien Warenverkehr über den Rahmen handelsüblicher Regelungen hinaus aus Gründen der öffentlichen Ordnung (vgl. Art. 36 EGV) beschränken[47].

Nach dieser Auslegung wollen die Grundfreiheiten nicht jede Ungleichbehandlung beseitigen, die den Marktteilnehmern aus den Unterschieden der nationalen

[42] *Grabitz-Randelshofer*, EWGV, Art. 52 Rdz. 1, Art. 59 Rdz. 1; *v.d.Groeben-Thiesing-Ehlermann-Wölker*[4], EWGV, Vorbem. zu Art. 48-50 Rdz. 41 u. Art. 52 Rdz. 1; *Bleckmann* (Fn. 20), Rdz. 1072, 1142.

[43] *Grabitz-Matthies*, EWGV, Art. 30 Rdz. 2; *v.d.Groeben-Thiesing-Ehlermann-Müller=Graff*[4], EWGV, Art. 30 Rdz. 19.

[44] *Grabitz-Matthies*, EWGV, Art. 30 Rdz. 17.

[45] Freilich kann die Einrede der Prozeßkostensicherheit gegenüber einem englischen *solicitor* die Dienstleistungsfreiheit diskriminierend begleiten, EuGH, 1.7.1993 – *Hubbard / Hamburger*, C-20 / 92 – NJW 1993, 2341; eingehender dazu unten § 18.

[46] Mit Wirkung vom 1.1.1994 werden die Artt. 67 bis 73 EWGV durch die Artt. 73 b bis 73 g EGV ersetzt, vgl. Art. 73 a EUV.

[47] *Grabitz-Matthies*, EWGV, Art. 30 Rdz. 16 f., 25 zu den „*zwingenden Erfordernissen*“ der Cassis de Dijon-Rechtsprechung; EuGH, 20.2.1979 – *Rewe / Bundesmonopolverwaltung für Branntwein*, 120 / 78 – Slg. 1979, 649 (663 f.); das EuGH-Urteil in der Rechtssache Keck (EuGH EuZW 1993, 770 = NJW 1994, 121) hat an der Grundaussage der Cassis de Dijon-Rechtsprechung nichts geändert, vgl. *Möschel*, NJW 1994, 429 (430).

Rechtsordnungen erwachsen[48]. Die Gemeinschaftsverträge haben vielmehr nur einen Kernbereich von Regelungen geschaffen, die sich der Errichtung der Europäischen Union annehmen. Sie können nicht vorbehaltlos auf vertragsferne Materien übertragen werden. Im Ergebnis können die Grundfreiheiten also auch nicht auf prozeßrechtliche Vorschriften angewendet werden, die keinen Bezugspunkt zum Gemeinschaftsrecht aufweisen[49]. Die Vorschriften der ZPO weisen diesen Bezug nur dann auf, wenn sie einen Marktbürger bei der Ausübung seiner Berufstätigkeit, die er aufgrund der Dienstleistungs- und Niederlassungsfreiheit im Binnenmarkt europaweit anbieten darf, behindern[50] oder den innergemeinschaftlichen Handelsverkehr beeinträchtigen[51].

c) Teleologische Auslegung

Wolf erwägt weiter, ob nicht aufgrund der unmittelbaren Wirkung der Grundfreiheiten eine Anwendung von ausländischen prozessualen Vorschriften im inländischen Verfahren in Betracht kommt[52]. Bei seinen Überlegungen lehnt er sich an eine weite integrationsfreundliche Auslegung der Vertragsvorschriften an, wie sie von Teilen der Literatur und vom EuGH bevorzugt wird[53]. Soweit die Grundfreiheiten am Ende der Übergangszeit (Art. 7 EGV, vgl. Art. 4 b

---

[48] EuGH, 25.1.1983 – *D. J. Smit Transport*, 126 / 82 – Slg. 1983, 73 (92) für die Verkehrspolitik; EuGH, 21.2.1979 – *Grands Distilleries Pereux / Directeur des Services fiscaux*, 86 / 78 – Slg. 1979, 897 (914) für die Monopolverwaltung.

[49] *Oppermann*, Europarecht, Rdz. 1077; EuGH, 27.10.1982 – *Morson u. Jhanjan / Niederlande*, 35 u. 36 / 82 – Slg. 1982, 3723 (3736).

[50] EuGH, 1.7.1993 – *Hubbard / Hamburger*, C-20 / 92 – NJW 1993, 2341; der EuGH führt aus, daß die Erhebung der Prozeßkostensicherheit (§ 110 Abs. 1 ZPO) von einem englischen Anwalt, der in Ausübung seines Berufes vor dem inländischen Gericht klagt, unterbleiben müsse. Art. 59 EGV schütze den Leistungserbringer auch in den die Grundfreiheit begleitenden Freiheiten, wenn er seine Dienstleistung in einem anderen Mitgliedstaat als seinem Niederlassungsstaat anbiete. Hierzu insbesondere im Hinblick auf Art. 6 EGV, § 18.

[51] EuGH, 29.10.1980 – *Boussac Saint Frères / Gerstenmeier*, 20 / 80 – Slg. 1980, 3427 (3436); dazu eingehender unten § 17, I. 1.

[52] *Wolf, M.* (Fn. 12), S. 43; *Bleckmann* (Fn. 20), Rdz. 473; *ders.*, Gedächtnisschrift *Sasse*, 1981, S. 665 (682) möchte die Grundfreiheiten als Grundrechte oder grundrechtsähnliche Rechte bewerten. Die Grundfreiheiten halten jedoch keine prozeßrelevanten Grundrechtspositionen bereit, wie sie etwa im deutschen Verfassungsrecht in Art. 101 ff. GG verbrieft sind.

[53] *Grabitz-Matthies*, EWGV, Art. 30 Rdz. 59; *Grabitz- Randelzhofer*, EWGV, Art. 59 Rdz. 9, zurückhaltender bei der Kapitalverkehrsfreiheit, Art. 61 Rdz. 13; EuGH, 17.12.1981 – *Webb*, 279 / 80 – Slg. 1981, 3305 (3324); EuGH, – *van Binsbergen / Bedrijfs-vereniging Metaalnijverheid*, 33 / 74 – Slg. 1974, 1299 (1311).

EUV) noch nicht verwirklicht waren, hatte der EuGH Anlaß für die unmittelbare Geltung gesehen, wenn der Gemeinschaftsgesetzgeber die vom EGV vorgesehenen Rechtsakte nicht erlassen hatte. Ausdrücklich weist der EuGH die Gerichte der Mitgliedstaaten an, nationale Vorschriften nicht anzuwenden, die der unmittelbaren Wirkung des Gemeinschaftsrechts widersprechen[54].

M.E. ermöglicht auch eine derart weite integrationsfreundliche Auslegung keine Europäisierung des Zivilverfahrensrechts. Sie widerspricht der gemeinschaftlichen Kompetenzordnung, die der EU Hoheitsbefugnisse nur im begrenztem Umfange zugesteht[55]. Außerdem machte der EuGH in einschlägigen Entscheidungen deutlich, daß er die unmittelbare Geltung nicht schlechthin auf alle nationalen Regelungen mit der Folge ihrer Unanwendbarkeit[56] ausgedehnt wissen wollte, die im Vergleich mit Vorschriften der Mitgliedstaaten noch Unterschiede aufwiesen. Zudem betrafen die Entscheidungen nur solche diskriminierenden Vorschriften, die handelsbeschränkende oder -verzerrende Wirkung hatten oder an die Staatsangehörigkeit anknüpften[57].

Das darf bei der Beurteilung des Zivilprozeßrechts nicht übersehen werden. Der weitaus überwiegende Teil zivilprozessualer Vorschriften enthält keine aufgrund der Staatsangehörigkeit diskriminierenden Tatbestandsmerkmale oder Regelungen, die den innergemeinschaftlichen Handelsverkehr beschränken oder verzerren. Die verfahrenseinleitenden und -gestaltenden Vorschriften dienen der Durchsetzung subjektiver Rechte ohne Rücksicht auf persönliche oder sachliche Eigenschaften der Prozeßparteien.

2. Die europäische Methode zur Rechtsangleichung

Einige Bedenken bestehen auch gegen die Methode der Zivilverfahrensrechtsangleichung. Nach Wolf soll das Prinzip der gegenseitigen Anerkennung der Verfahrensrechte zu einer Angleichung der Prozeßordnungen durch praktischen

---

[54] *Oppermann* (Fn. 49), Rdz. 539 f.; *Wolf* (Fn. 12), S. 39; EuGH, 9.3.1978 – *Staatliche Finanzverwaltung / S.p.A. Simmenthal*, 106 / 77 – Slg. 1978, 629 (644); EuGH – *Facortame Ltd. u.a. / Secretary of State for Transport*, NJW 1991, 2271 (2272) = EuZW 1990, 355 (356); die Entscheidung erging auf Vorlage des *House of Lords* (1989), 2 All E.R., 692.

[55] BVerfGE 89, 155 (159, 209 f.).

[56] *Oppermann* (Fn. 49), Rdz. 540.

[57] Z.B. EuGH, 3.12.1974 – *van Binsbergen / Bedrijfsvereniging Metaalnijverheid*, 33 / 74, Slg. 1974, 1299 (1301); EuGH, 17.12.1981 – *Webb*, 279 / 80 – Slg. 1981, 3305 (3308).

Vollzug vor den Gerichten der Mitgliedstaaten führen. Das sei die folgerichtige Fortsetzung der *Cassis de Dijon*-Rechtsprechung, die die verschiedenen Marktzugangsregeln der EU-Mitgliedstaaten als gleichwertig anerkannt hatte[58]. Als weiteren methodischen Ansatz möchten einige Autoren die Verpflichtung aller Organe der Mitgliedstaaten zu gemeinschaftskonformer Gestaltung und Anwendung der nationalen Rechtsvorschriften auch für das Zivilverfahrensrecht nutzbar machen[59]. Dabei geht es im Kern darum, ob das Gebot der Gemeinschaftskonformität die Anwendung des eigenen Verfahrensrechts gemäß der lex-fori-Regel verdrängen könnte.

a) Das Prinzip der gegenseitigen Anerkennung

Nach dem Prinzip der gegenseitigen Anerkennung sollen Kläger, die die Staatsangehörigkeit eines EU-Staates besitzen, die gleichrangige Anwendung des ihnen aus ihrem Heimatland vertrauten Prozeßrechts vor den Gerichten der anderen EU-Staaten verlangen können. Deutsche Gerichte könnten sich somit auch mit einem der eigenen Rechtsordnung völlig unbekannten ausländischen Prozeßrechtsinstitut konfrontiert sehen. Sehe z. B. das französische Zivilprozeßrecht vor dem tribunal d'Instance, dem *tribunal de commerce* und den *conseils de prud'hommes* (franz. Arbeitsgerichte) als erstinstanzlichen Zivilgerichten unabhängig vom Streitwert keinen Anwaltszwang vor[60], sei die Partei in Frankreich postulationsfähig und könne also selbst auftreten. In einem erstinstanzlichen Prozeß vor einem deutschen Landgericht wäre die Partei gemäß der lex fori dagegen verpflichtet, mit einem postulationsfähigen Rechtsanwalt zu erscheinen, um der Klageabweisung zu entgehen, § 78 Abs. 1 ZPO. Das französische Unternehmen müsse de lege lata[61] mit erheblichen Anwaltskosten rechnen, wenn die säumigen Schuldner nur im Klagewege zur Zahlung zu bewegen seien. Das könne im Einzelfall die europaweite Geschäftstätigkeit beeinträchti-

---

[58] EuGH, 20.2.1979 – *Rewe Zentral AG / Bundesmonopolverwaltung für Branntwein*, 120 / 78 – Slg. 1979, 649 (662); *Roth, W.H.*, RabelsZ 55 (1991), S. 623 (664 f.).

[59] *Brödermann*, MDR 1992, S. 89 (S. 90, 94); *Everling*, ZGR 1992, S. 376 (377); *Wolf, M.* (Fn. 12), S. 41 f.

[60] In der Reihenfolge: Art. 827 N.c.p.c; Art. 853 N.c.p.c; Art. 879 N.c.p.c. i.V.m. Art. L 516-1 code du travail.

[61] *Jauernig*[24], ZPR, S. 44 hält den generellen Anwaltszwang für das erstinstanzliche Verfahren vor dem Landgericht für unangebracht.

gen und den französischen Anbieter veranlassen, seine Waren vom deutschen Markt fernzuhalten.

Aus der unmittelbaren Geltung der Niederlassungsfreiheit und dem Gebot der gleichen Zulassungs- und Berufsausübungsbefugnisse für Anwälte muß nach Wolf deshalb nach dem Prinzip der gegenseitigen Anerkennung jeder Einzelperson auch die gerichtliche Rechtsverfolgung im Bestimmungsland der Ware gewährt werden[62]. Die im Heimatland erworbenen Erfahrungen sachgerechter Prozeßführung berechtigten die Partei, auch vor einem ausländischen Gericht ohne Anwalt aufzutreten. Überlasse die lex fori dem Kläger nicht die Wahl, nach seinem Heimatrecht auch ohne Anwalt aufzutreten, seien solche Marktbehinderungen unmittelbar unwirksam[63].

Die Schwierigkeiten eines solchen europaweiten Prozeßrechtsexports liegen auf der Hand. Der inländische Richter kann ausländisches Recht nur aufgrund eines kollisionsrechtlichen Verweisungsbefehls anwenden. Das muß grundsätzlich auch für das Zivilprozeßrecht gelten. Hinter der *Cassis de Dijon*-Rechtsprechung kann sich indes allenfalls ein supranationales Wirtschaftskollisionsrecht verbergen[64], weil das EuGH-Urteil nur eine Frage des Wettbewerbs- und Marktzugangs betraf.

Es enthält keine verallgemeinerungsfähigen verfahrenskollisionsrechtlichen Bezüge, noch läßt es überhaupt erkennen, welche Breitenwirkung das Herkunftslandprinzip einnehmen soll. Außerdem müßten die Prozeßparteien infolge der Gleichwertigkeit der Prozeßordnungen immer in der Unsicherheit prozessieren, ob sich ihr Prozeßgegner überhaupt auf das ihm günstigere Heimatrecht beruft oder vielmehr nach dem Prozeßrecht der lex fori verfahren möchte. Dabei ist völlig ungeklärt, ob die Prozeßpartei überhaupt ein Wahlrecht besitzt oder ob das Gericht, ähnlich wie bei Art. 16 Abs. 2 EGBGB[65], von Amts wegen das günstigere Recht anwenden müßte.

Was das konkrete Beispiel des gesetzlich vorgeschriebenen Anwaltszwangs anbetrifft, muß freilich differenziert werden. Eine von der Anwendung aus-

---

[62] *Wolf, M.* (Fn. 12), S. 50.

[63] *Wolf, M.* (Fn. 12), S. 51.

[64] *Chrocziel*, EWS 1991, 173 (178); *Jayme / Kohler*, IPRax 1991, 361 (369); gegen eine Übernahme der Cassis de Dijon-Rechtsprechung in das internationale Privatrecht des Wettbewerbsrechts: *Bernhard*, EuZW 1992, 437 (438 f.); anerkannt ist freilich, daß europäisches Gemeinschaftsrecht das internationale Privatrecht beeinflussen kann, vgl. *v. Bar, C.*, IPR I, S. 155; *Brödermann*, MDR 1992, S. 89 (90 f.); *Roth, W.H.*, RabelsZ 55 (1991), S. 623 (641 f.); dazu sogleich unter b).

[65] *MünchKomm-Sonnenberger*², EGBGB, Art. 16 Rdz. 28.

ländischen Prozeßrechts zu unterscheidende Frage ist, wie ein in einem Mitgliedstaat niedergelassener Anwalt in einem anderen Mitgliedstaat Dienstleistungen erbringen kann. Nach dem RADG, das zur Umsetzung der Dienstleistungsrichtlinie für Rechtsanwälte verabschiedet wurde, kann ein Anwalt in einem Verfahren ohne Anwaltszwang tätig werden, ohne zuvor das ansonsten geforderte Einvernehmen eines inländischen Kollegen zu suchen[66]. Ansonsten nimmt sich die EuGH-Rechtsprechung zur Zulassung ausländischer Anwälte in den jeweiligen Mitgliedstaaten nur der Beseitigung von Diskriminierungen aufgrund der Staatsangehörigkeit an[67].

b) Die gemeinschaftsrechtskonforme Auslegung

Die Verpflichtung aller Organe der Mitgliedstaaten zu gemeinschaftskonformer Gestaltung und Anwendung nationaler Rechtsvorschriften kann dagegen auch die Auslegung des Zivilprozeßrechts beeinflussen. Die Verpflichtung des nationalen Richters, auch das nationale Zivilprozeßrecht gemeinschaftskonform anzuwenden[68], findet ihre materielle Grundlage an vielen Stellen des EGV oder läßt sich zumindest aus ihm ableiten. Ob der Grund dafür im Vorrang des EU-Rechts gegenüber nationalem Recht auf der Grundlage der deutschen Zustimmungsgesetzgebung zu den Gemeinschaftsverträgen[69] oder in der vertrags-

---

[66] Nach § 4 Abs. 1 S. 1 des geänderten RADG (BGBl. 1990 I 479) kann der ausländische Anwalt in Verfahren mit Anwaltszwang dagegen nur im Einvernehmen mit einem Rechtsanwalt handeln, der zur Vertretung befugt ist; *Schweitzer / Fixson*, JZ 1993, S. 250 (253 re. Sp.); *Stein-Jonas-Bork*[21], ZPO, vor § 78 Rdz. 19 f.

[67] EuGH, 10.7.1991 – *Kommission / Frankreich*, C 294 / 89 – JZ 1993, 250 (251) m. zust. Anm. *Schweitzer / Fixson*, S. 252; EuGH, 21.6.1974 – *Jean Reyners / Belgien*, 2 / 74 – Slg. 1974, 631 (652) und Schlußanträge des Generalanwalts *Mayras*, S. 660 f.

[68] Die deutschen Zivilgerichte verweigern bisher die gemeinschaftskonforme Auslegung in ihrer Sonderform der richtlinienkonformen Auslegung des nationalen Rechts: BGHZ 113, 287 f.; BGH NJW 1991, 2905 = LM HWiG Nr. 8, m. Anm. *Grunewald*; BAG NJW 1990, 65 (66 sub A.IV., 67 sub B.I.); dazu *Hommelhoff*, AcP 192 (1992), S. 71 (95 f.); LG Kleve EuZW 1993, 166 (167), m. abl. Anm. *Kappus*, S. 168; zur Stellung der richtlinienkonformen Auslegung in der Methodenlehre: *Dänzer-Vanotti*, RIW 1991, S. 754; *Hommelhoff* a.a.O, S. 96 f.; zur Richtlinie 85 / 577 EWG betreffend den Verbraucherschutz im Falle von außerhalb von Geschäftsräumen geschlossenen Verträgen (ABl. EG 1985 Nr. L 372 / 32), *MünchKomm-Ulmer*[2], Ergänzungsbd., 3. Lfg., Vorb. VerbrKrG, Rdz. 15.

[69] *Herdegen*, EuGRZ 1989, S. 309 (309); *Oppermann* (Fn. 49), Rdz. 532; *Schweitzer / Hummer*[4] (Fn. 15), S. 212 ff.; OLG München EuZW 1993, 199 (200 li. Sp.); unentschieden *Di Fabio*, NJW 1990, S. 947 (949 li. Sp.); BVerfGE 73, 339 (375) – *Solange II*.

übergreifenden Bedeutung der Gemeinschaftstreue (Art. 5 EGV) liegt[70] oder aus dem allgemeinen Diskriminierungsverbot des Art. 6 Abs. 1 EGV ableitbar ist[71], ist relativ unbedeutend. Entscheidend ist, daß die Zusammenschau dieser Vorschriften den deutschen Richter veranlassen müßte, eine entscheidungserhebliche Vorschrift nicht anzuwenden, wenn deren Inhalt mit vorrangigen Vorschriften des Gemeinschaftsrechts im Widerspruch steht.

Die gemeinschaftskonforme Auslegung des gesamten nationalen Rechts beinhaltet damit ein Instrument, die Normkonflikte zu bewältigen, die sich aus der zunehmenden Verschränkung der europäischen mit der nationalen Rechtsordnung ergeben. Sie gibt dem Richter ein Korrektiv an die Hand, nationale Vorschriften, deren rechtspolitische Reform in einem europäischen Rechtsraum unumgänglich scheint und zu deren Nichtigerklärung der EuGH nicht befugt ist[72], fallspezifisch anzuwenden[73]. Das bedingt aber, daß die Gemeinschaftsrechtsordnung auf das Zivilverfahrensrecht auch tatsächlich Einfluß nimmt. Es setzt voraus, daß der prozessuale Sachverhalt überhaupt in den Anwendungsbereich des EGV fällt. Daß die Grundfreiheiten diesen Bezug nicht generell herzustellen vermögen, wurde gezeigt[74]. Ob freilich Art. 6 Abs. 1 EGV zu anderer Beurteilung veranlaßt, soll noch Gegenstand dieses Kapitels sein[75].

II. Prozessuale Sachnormen des Sekundärrechts

Bevor der Einfluß des Diskriminierungsverbots des Art. 6 Abs. 1 EGV auf das deutsche Zivilprozeßrecht untersucht wird, ist noch zu überprüfen, ob und bejahendenfalls wie das sekundäre Gemeinschaftsrecht über die Richtlinie und Verordnung auf das nationale Zivilprozeßrecht einwirkt[76]. In Fällen mit europäischem Auslandsbezug könnte die Anwendung des eigenen Verfahrensrechts

[70] *v.d.Groeben-Thiesing-Ehlermann-Zuleeg*[4], EWGV, Art. 5 Rdz. 3, 5.

[71] EuGH, 15.7.1964 – *Costa / ENEL*, 6 / 64 – Slg. 1964, 1251 (1270).

[72] EuGH, 2.2.1988 – *Bruno Barra / Belgischer Staat*, 309 / 85 – Slg. 1988, 355 (375).

[73] *v.d.Groeben-Thiesing-Ehlermann-Krück*[4], EWGV, Art. 177 Rdz. 34 ff; *Stein-Jonas-Roth H.*[21], ZPO, § 148, Rdz. 207 m.w.N; *Stein-Jonas-Schumann*[20], ZPO, Einl. Rdz. 67; *Reich / Dieball*, ArbuR 1991, S. 225 (235 f.) am Beispiel diskriminierender arbeitsrechtlicher Vorschriften.

[74] Dazu bereits oben § 16, II. 1 a-c.

[75] Zu der Anwendbarkeit des Art. 6 Abs. 1 EGV unten § 17.

[76] *Grabitz-Grabitz*, EWGV, Art. 189 Rdz. 48 f. u. 57 f.; *v.d.Groeben-Thiesing-Ehlermann-Daig-Schmidt*[4], EWGV, Art. 189 Rdz. 31 f. u. 37 ff.

ausgeschlossen sein, sofern sich ein Widerspruch zum sekundären Gemeinschaftsrecht ergibt.

1. Prozessuale Sachnormen im Sekundärrecht

Eine Durchsicht des Gemeinschaftsrechts ergibt, daß das sekundäre Gemeinschaftsrecht für die nationalen Zivilprozeßordnungen nur von verschwindend geringer Bedeutung ist. Der Grund dafür liegt in der auf dem Gebiet des Zivilprozeßrechts zurückhaltenden Kompetenzordnung und der darauf beruhenden nur rudimentären Regelung zivilprozessualer Fragestellungen. Die Einheitliche Europäische Akte[77], die erste tiefgreifende Revision der Römischen Verträge, nahm das Prozeßrecht nicht in den Kreis der harmonisierungsbedürftigen Vorschriften auf. Dieser zurückhaltenden Tendenz folgt auch der Vertrag über eine Europäische Union. Die Art. K und K 1 Nr. 6 EUV, die die justizielle Zusammenarbeit in Zivil- und Strafsachen regeln, schaffen nur Rechtsgrundlagen für die Harmonisierung des europäischen Rechtshilfeverkehrs.

Die Gemeinschaft hatte die ihr in den Art. 100, 100 a und 235 EGV[78] verliehene Kompetenz zur Rechtsangleichung bisher sehr weit gefaßt[79]. Unter dem Deckmantel fortschreitender Integration konnte sich die Kommission einiger Aufgaben annehmen, die eher von nachrangiger Bedeutung für die wirtschaftliche Einbindung der Mitgliedstaaten waren. Obwohl der EGV keinen ausdrücklichen Regelungsauftrag für die Harmonisierung der mitgliedstaatlichen Zivilverfahrensrechte enthält, gibt es ganz vereinzelt Vorschriften im Sekundärrecht, die zivilprozessuale Inhalte regeln. Ein solches Beispiel findet sich in Art. 6 der Richtlinie über irreführende Werbung. Die Vorschrift lautet im hier interessierenden Zusammenhang:

> Die Mitgliedstaaten übertragen den Gerichten [...] Befugnisse, die sie ermächtigen, in den in Artikel 4 vorgesehenen Verfahren vor den Zivilgerichten [...] a) vom Werbenden Beweis für die Richtigkeit von in der Werbung enthaltenen Tatsachenbehauptungen zu verlangen, wenn ein solches Verlangen unter Berücksichtigung der berechtigten Interessen des Werbenden und anderer Verfahrensbeteiligter im Hinblick auf die Umstände des Einzelfalls angemessen erscheint, und b) Tatsachenbehauptungen als unrichtig anzusehen, wenn der gemäß Buchstabe a) verlangte Beweis

---

[77] ABl. EG 1987 Nr. L 169 / 1 = BGBl. 1986 II, 1102.

[78] Art. 100 und 100a EGV sind durch den EUV mit Bezug auf das Mitbeteiligungsverfahren von Europäischem Parlament und Wirtschafts- und Sozialausschuß geändert worden.

[79] *Oppermann* (Fn. 49), Rdz. 432 f. (insbes. 438).

nicht angetreten wird oder wenn er von dem Gericht [...] für unzureichend erachtet wird[80].

Die Norm verpflichtet in ihrem Anwendungsbereich die Mitgliedstaaten, die Beweiserhebung vor den Zivilgerichten zu vereinheitlichen. Sie begrenzt die Umsetzungsverpflichtung auf den Anwendungsbereich zivilprozessualer Verfahren, in denen es um die Untersagung irreführender Werbung geht. Sie entspricht mit ihrem speziellen Inhalt dem Normgehalt des § 448 ZPO, der für die zivilprozessualen Verfahren allgemeine Gültigkeit beansprucht. Danach steht es im Ermessen des Gerichts, ohne Rücksicht auf die Verteilung der Beweislast, die Beweiserhebung, nach deutschem Zivilprozeßrecht also auch eine Parteivernehmung, in Abkehr vom Beibringungsgrundsatz von Amts wegen anzuordnen[81]. Die Umsetzung der Richtlinienvorschrift konnte infolge der bereits bestehenden Parallelregelung unterbleiben[82]. Ein weitergehender Einfluß auf das nationale Verfahrensrecht bleibt bei Vorschriften wie Art. 6 der Richtlinie ausgeschlossen. Wäre ein nationaler Gesetzgeber seiner Umsetzungsverpflichtung pflichtwidrig nicht nachgekommen, hätte der Vorschrift infolge ihrer Unbestimmtheit keine unmittelbare Geltung beigemessen werden können[83].

Die lex-fori-Regel wird davon nicht berührt. Sie orientiert sich immer am geltenden Recht, so daß die aufgrund von Richtlinien erforderlichen Anpassungen im nationalen Prozeßrecht wieder an der Maßgeblichkeit der lex fori teilhaben. Für die nähere Zukunft gilt zudem, daß auf dem Gebiet des Zivilprozeßrechts kein entscheidener Integrationsschritt zu erwarten ist. Der dynamischen Auslegung des Gemeinschaftsrechts ist das BVerfG nunmehr deutlich entgegengetreten[84]. Das Gericht hat die Entscheidung zur Verfassungsmäßigkeit des Maastrichter Unionsvertrages zum Anlaß genommen, eine enge Auslegung der Gemeinschaftsbefugnisse anzumahnen. In Anlehnung an das Subsidiaritätsprinzip beschränke sich die Aufgabe der Gemeinschaft nur auf eine Vertiefung der mitgliedstaatlichen Zusammenarbeit, soweit eine Befugnis hierzu

---

[80] Richtlinie 84 / 450 / EWG zur Angleichung der Rechts- und Verwaltungsvorschriften der Mitgliedstaaten über irreführende Werbung, ABl. EG 1984 Nr. L 250 / 17.

[81] *Thomas / Putzo*[18], ZPO, § 448 Rdz. 3; *Zöller-Greger*[18], ZPO, § 448 Rdz. 2, 4a.

[82] *Baumbach / Hefermehl*[17], Kommentar zum UWG, Einl. UWG, Rdz. 472 f.

[83] *Bleckmann* (Fn. 20), Rdz. 833 f.; einschr. *v.d.Groeben-Thiesing-Ehlermann-Daig-Schmidt*[4], EWGV, Art. 189 Rdz. 41; zur unmittelbaren Wirkung einer Richtlinie vgl. die Entscheidungen des OLG Celle EuZW 1991, 550 (551 f.) und des AG Bremerhaven EuZW 1990, 294 (295), die beide fälschlicherweise die horizontale Wirkung im Verhältnis von Privatpersonen bejahten; *Herber*, EuZW 1991, S. 401 (402).

[84] BVerfGE 89, 155 (191 ff.).

tatsächlich bestehe. Fehle es an einer Rechtssetzungsbefugnis könne diese nicht durch die weite Inanspruchnahme der Kompetenzen geschaffen werden, um die im Vertrag angelegten Ziele zu erreichen[85].

2. *Sonderfall der sozialen Vergünstigungen*

In der neueren Literatur gibt es darüber hinaus Ansätze, die EWG / VO Nr. 1612 / 68 in Verbindung mit den Grundfreiheiten auch für die Erhebung zivilrechtlicher Klagen nutzbar zu machen[86]. Art. 7 Abs. 2 EWG / VO Nr. 1612 / 68 sieht vor, daß ein Arbeitnehmer als Staatsangehöriger eines Mitgliedstaates im Aufnahmeland „*die gleichen sozialen [...] Vergünstigungen wie die inländischen Arbeitnehmer*" genießt[87]. Die Verordnung dient dem Ziel, die vom EGV garantierte Freizügigkeit der Arbeitnehmer durch flankierende Maßnahmen abzusichern. Diese bestehen u.a. darin, den Familienangehörigen des Wanderarbeiters eine Gleichstellung mit den Angehörigen des Aufnahmestaates zu gewähren.

Der EuGH hat den Begriff der sozialen Vergünstigung weit ausgelegt. Einem Wanderarbeitnehmer sprach er das Recht zu, sich in einem gegen ihn eingeleiteten Strafverfahren seiner eigenen Sprache zu bedienen, selbst wenn das Gericht normalerweise in einer anderen Verfahrenssprache verhandelt[88]. Würde diese extensive Auslegung ins Zivilprozeßrecht übertragen[89], so könne an bestimmten zivilverfahrensrechtlichen Vorschriften, die eine unterschiedliche Behandlung der EG-Bürger nach ihrer Staatsangehörigkeit vorsehen, wie z.B. § 110 Abs. 1 ZPO, im Interesse der sozialen Vergünstigung der EWG / VO Nr. 1612 / 68 nicht mehr festgehalten werden.

Die Ansicht kann nicht überzeugen. Die zur Begründung herangezogene EuGH-Entscheidung, in deren Zentrum die verfassungsrechtlich abgesicherte Vielsprachigkeit Belgiens steht, können keine allgemeinen Folgerungen für das Zivilprozeßrecht entnommen werden. Erörterungswürdig ist allenfalls, ob das in § 184 GVG angeordnete Privileg für deutsch als Gerichtssprache im europäischen Rechtsraum teleologisch reduziert werden müßte. Insoweit ist jedoch zu

[85] BVerfGE 89, 155 (194 ff.); *Bleckmann / Pieper*, RIW 1993, S. 969 (976).

[86] *Kampf*, NJW 1990, S. 3054 (3055); *Zimmermann*, RIW 1992, S. 707 (710 f.).

[87] ABl. EG 1968 Nr. L 257 / 2.

[88] EuGH, 11.6.1985 – *Ministère public / Mutsch*, 137 / 84 – Slg. 1985, 2681 (2696).

[89] So *Kampf*, NJW 1990, S. 3054 (3055); *Zimmermann*, RIW 1992, S. 707 (710).

beachten, daß der Gebrauch der vertrauten Sprache vor ausländischen Gerichten als Ausfluß einer sozialen Begünstigung dargestellt wird.

Hätte der EuGH die Verfahrenssprache als Gerichtssprache im Auge gehabt, dann hätte es m.E. näher gelegen, die Fragestellung bei der Rechtsstaatlichkeit des gerichtlichen Verfahrens anzusiedeln. Diese hat der EuGH schließlich als allgemeinen Rechtsgrundsatz aus den nationalen Rechtsordnungen für das Europarecht übernommen[90]. So ist das Erfordernis von Übersetzungen in die nationale Verfahrenssprache nicht entfallen. Außerdem will die notwendige Mediatisierung der Grundfreiheiten durch die EWG / VO Nr. 1612 / 68 nur zu einer sozialen Inländergleichbehandlung der Wanderarbeitnehmer beitragen. Die unterschiedliche Behandlung der Personen aufgrund divergierender Prozeßordnungen begründet aber keine soziale, sondern allenfalls eine rechtliche Ungleichbehandlung. Die genannte Verordnung vermag demnach keine das Zivilprozeßrecht beeinflussende Wertordnung zu errichten.

III. Zusammenfassung

Die bisherige Untersuchung hat gezeigt, daß das Gemeinschaftsrecht das Prozeßrecht nur marginal überlagert. Allein aus der Idee einer europäischen Rechtsgemeinschaft und deren Vorrang vor den nationalen Rechtsordnungen läßt sich eine verstärkte Vergemeinschaftung des Prozeßrechts nicht herleiten. Die Grundfreiheiten schaffen grundsätzlich keinen gemeinschaftsrechtlichen Bezug für die prozessualen Sachnormen, aufgrund dessen ihre Modifikation angezeigt wäre[91]. Die Grundfreiheiten decken nur einen beschränkten Regelungsbereich ab. Entsprechend der wirtschaftspolitischen Ausrichtung des Gemeinschaftsrechts dienen die Grundfreiheiten vorrangig der Vervollkommnung des wirtschaftlichen Integrationsprogramms. Das jedenfalls ergibt selbst eine besonders integrationsfreundliche Auslegung der einschlägigen Vorschriften. Die Grundfreiheiten können indes nicht gegen Formen der Ungleichbehandlung geltend gemacht werden, die aus den Unterschieden in den nationalen Verfahrensordnungen erwachsen, solange die Norminhalte nicht in den Anwendungsbereich des EGV fallen.

---

[90] *Bleckmann* (Fn. 20), Rdz. 453 ff.; *ders.*, Grundprobleme und Methoden des Völkerrechts, S. 80.

[91] *Roth, H.* (Fn. 6), S. 1048; a.A. *Kampf*, NJW 1990, S. 3054 (3055); *Zimmermann*, RIW 1992, S. 707 (710).

Was die Methodik anbetrifft, kann nur über das Gebot der Gemeinschaftskonformität eine gemeinschaftsgewogene Auslegung der prozessualen Sachnormen erreicht werden. Das Prinzip der gegenseitigen Anerkennung ist für die Verfahrensgestaltung im europäischen Rechtsraum ungeeignet. Die gemeinschaftskonforme Auslegung kann aber lediglich dort für eine Übereinstimmung der nationalen mit der europäischen Rechtsordnung sorgen, wo Normen des Zivilverfahrensrechts mit solchen des Gemeinschaftsrechts, denen überdies unmittelbare Wirkung zukommen müßte, in Konflikt geraten. Eine solche Vorschrift mit unmittelbarer Geltung für die nationalen Prozeßrechte hält der EG-Vertrag mit Art. 6 Abs. 1 EGV, der Gegenstand des § 17 sein soll, bereit.

§ 17 Art. 6 Abs. 1 EGV und das Prozeßrecht

Bislang wurde das Verhältnis zwischen Gemeinschaftsrecht und Prozeßrecht unter dem Blickwinkel der Grundfreiheiten erörtert. Aufgrund des eigenständigen Charakters des Art. 6 Abs. 1 EGV bleibt jedoch weiter offen, ob das Diskriminierungsverbot Einfluß auf das Prozeßrecht nimmt. Art. 6 Abs. 1 EGV verbietet jede Diskriminierung aus Gründen der Staatsangehörigkeit im Rahmen des Anwendungsbereichs des Vertrages. In Deutschland hat sich bisher keine einhellige Meinung darüber gebildet, ob Art. 6 Abs. 1 EGV ein absolutes Verbot oder ein dem Art. 3 Abs. 2, 3 GG ähnliches Verbot der Ungleichbehandlung enthält, bei dem es Gründe sachlicher Rechtfertigung geben könnte[92].

Jedenfalls ist der nationale Richter aufgrund der Verpflichtung zu gemeinschaftskonformer Gestaltung des nationalen Rechts angehalten, das an die Staatsangehörigkeit anknüpfende Diskriminierungsverbot des Art. 6 Abs. 1 EGV zu beachten, sofern eine Diskriminierung im Anwendungsbereich des Vertrages vorliegt. Die Verfahrensvorschriften müßten demnach im Einzelfall eine verbotene Diskriminierung im Anwendungsbereich des Vertrages enthalten, um gegen Art. 6 Abs. 1 EGV zu verstoßen.

---

[92] *Grabitz-Grabitz*, EWGV, Art. 7 Rdz. 9, 11, 23; differenzierter unter Hinweis auf die Rspr. des EuGH *v.d.Groeben-Thiesing-Ehlermann-Zuleeg*[4], EWGV, Art. 7 Rdz. 2.

I. Die Ungleichbehandlung i.S.v. Art. 6 Abs. 1 EGV

Art. 6 Abs. 1 EGV erfaßt sowohl die offene als auch die versteckte Diskriminierung. Eine offene Diskriminierung liegt vor, wenn die Aus- bzw. Inländereigenschaft ausdrücklich zum Anlaß für unterschiedliche Regelungen genommen wird. Die versteckte Diskriminierung stellt dagegen auf andere Unterscheidungsmerkmale als die Staatsangehörigkeit ab, die im Ergebnis aber ebenfalls bestimmte Staatsangehörige ungerechtfertigt benachteiligen[93].

1. Das Mahnverfahren in inländischer Währung

Mit der Frage versteckter Ungleichbehandlung durch deutsche Verfahrensnormen mußte sich der EuGH erstmals im Zusammenhang mit § 688 Abs. 1 ZPO befassen[94]. Nach dieser Vorschrift dürfen Mahnbescheide nur erlassen werden, wenn der Antragsteller eine bestimmte Geldsumme in inländischer Währung beantragt. Die französische Antragstellerin begehrte indes bei dem nach § 689 Abs. 2 S. 2 ZPO zuständigen Amtsgericht Berlin-Schöneberg Erlaß eines Mahnbescheides zur Beitreibung eines in französischen Francs ausgewiesenen Betrages. Aufgrund von § 688 Abs. 1 ZPO sah sich das Amtsgericht nicht in der Lage, den Mahnbescheid antragsgemäß zu erlassen.

Im Vorabentscheidungsverfahren vor dem EuGH machte die Antragstellerin u. a. geltend, § 688 Abs. 1 ZPO verstoße gegen Art. 7 EWGV, der dem Art. 6 Abs. 1 EGV wortgleich entspricht. Obwohl die Vorschrift nicht an die Staatsangehörigkeit anknüpfe, sei das Erfordernis der inländischen Währung mit einer solchen Diskriminierung identisch[95]. Im Ergebnis hat der EuGH einen Verstoß gegen Art. 7 Abs. 1 EWGV nicht feststellen können[96]. Zunächst hebt er hervor, daß Art. 7 Abs. 1 EWGV auch versteckte Formen der Diskriminierung verbiete[97]. Ein Beispiel einer solchen indirekten Diskriminierung erkenne er in dem zwingenden gerichtlichen Zugangserfordernis, einen Zahlungsanspruch nur

---

[93] *Grabitz-Grabitz*, EWGV, Art. 7 Rdz. 10; *v.d.Groeben-Thiesing-Ehlermann-Zuleeg*[4], EWGV, Art. 7 Rdz. 4; *Bleckmann* (Fn. 20), Rdz. 1223; EuGH, 12.2.1974 – *Sotgiu / Deutsche Bundespost* 152 / 73 – Slg. 1974, 153 (156).

[94] EuGH, 29.10.1980 – *Boussac Saint-Frères / Gerstenmeier*, 20 / 80 – Slg. 1980, 3427.

[95] EuGH (Fn. 94), S. 3430.

[96] EuGH (Fn. 94), S. 3437.

[97] EuGH (Fn. 94), S. 3436.

in inländischer Währung zum Gegenstand eines Rechtsstreits machen zu können. Die Ungleichbehandlung der Gäubiger je nach der Valuta ihrer Zahlungsansprüche bilde ein Hindernis für den innergemeinschaftlichen Handelsverkehr. Der damit angesprochene Marktbezug derartiger prozessualer Vorschriften werde jedoch nachrangig, wenn dem Gläubiger noch die Möglichkeit offenstehe, den Zahlungsantrag in ausländischer Währung im ordentlichen Verfahren zu verfolgen[98].

Der EuGH geht in seiner Leitentscheidung zum Mahnverfahren zu Recht von einer versteckten Diskriminierung aus. Die einseitige Exklusivnorm des § 688 Abs. 1 ZPO unterfällt dem Verbot sachwidriger Ungleichbehandlung, weil sie typischerweise und ohne an die fremde Staatsangehörigkeit anzuknüpfen, nur Ausländer trifft. Daß § 688 Abs. 1 ZPO trotzdem im Ergebnis nicht gegen Art. 7 Abs. 1 EWGV verstößt, konnte der EuGH, wenn auch insgesamt etwas unsicher, mit der im deutschen Verfahrensrecht verbliebenen Möglichkeit begründen, die Klageerhebung in ausländischer Valuta im ordentlichen Verfahren nachzuholen[99]. M. E. wäre es dogmatisch treffender gewesen, eine objektive Rechtfertigung der sachlichen Ungleichbehandlung zu prüfen[100]. Dann hätte der EuGH freilich sowohl zum Inhalt der Verbotsnorm als auch zum Ausmaß der Unterschiede und Gemeinsamkeiten zwischen Mahn- und ordentlichem Verfahren Stellung nehmen müssen.

Derzeit gibt es zwei weitere zivilprozessuale Vorschriften, um deren Vereinbarkeit mit dem europäischen Recht gestritten wird[101]. Bei § 110 Abs. 1 ZPO, einer Vorschrift, in der der Gesetzgeber die Verpflichtung zur Leistung einer Prozeßkostensicherheit für fremde Staatsangehörige unabhängig von einem in- oder ausländischen Wohnsitz vorsieht[102], wird die Vereinbarkeit mit Art. 6 Abs. 1 EGV diskutiert. § 917 Abs. 2 ZPO wirft neben dem Verhältnis zu Art. 6 Abs. 1 EGV die Frage nach der Vereinbarkeit des Arrestgrundes der Auslandsvollstreckung mit dem EuGVÜ auf.

---

[98] EuGH (Fn. 94), S. 3437.

[99] *Zöller-Greger*[18], ZPO, § 253 Rdz. 13; EuGH (Fn. 94), S. 3436. Das Problem hat im Verhältnis zu den Mitgliedstaaten des EuGVÜ an Brisanz verloren, nachdem § 34 Abs. 1 S. 2 AVAG (BGBl. 1988 I, 662, auch abgedr. bei *Jayme / Hausmann*[7], Nr. 72 a) einen in ausländischer Währung ausgedrückten Zahlungsanspruch zuläßt.

[100] Freilich erführe Art. 6 Abs. 1 EGV dann eine Anlehnung an Art. 3 Abs. 2, 3 GG.

[101] Zu der hier außer acht gelassenen Frage, ob die im deutschen Recht vorgesehene Zustellung durch Aufgabe zur Post (§ 175 Abs. 1 S. 3 ZPO) gegen Art. 7 Abs. 1 EWGV verstößt, *Schlosser*, FS Stiefel (1987), S. 683 (689 f.); dagegen *Roth, H.*, IPRax 1990, S. 90 (93).

[102] *Zöller-Herget*[18], ZPO, § 110 Rdz. 1.

2. *Die Prozeßkostensicherheit des Ausländers*

Die durch den Beklagten zu erhebende Einrede fehlender Prozeßkostensicherheit gehört zum Allgemeingut der Prozeßrechte der EU-Mitgliedsstaaten[103]. Auch nach § 110 Abs. 1 S. 1 ZPO hat ein ausländischer Kläger dem Beklagten auf sein Verlangen Prozeßkostensicherheit zu leisten. Nach § 110 Abs. 2 Nr. 1 ZPO entfällt die Verpflichtung im Verhältnis zu den Staaten, mit denen staatsvertraglich oder tatsächlich die Gegenseitigkeit verbürgt ist[104]. Im europäischen Rechtsraum ist die Vorschrift darüber hinaus entschärft, weil die meisten EG-Mitgliedstaaten dem Haager Übereinkommen über den Zivilprozeß vom 1.3. 1954[105] beigetreten sind, dessen Art. 17 Abs. 1 den Mitgliedstaaten untereinander versagt, eine Ausländersicherheit zu erheben.

Das Problem der Vereinbarkeit von § 110 Abs. 1 ZPO mit Art. 6 Abs. 1 EGV tauchte deshalb nur im Verhältnis zu Großbritannien und Irland auf, die nicht Mitglieder des Haager Prozeßrechtsübereinkommens von 1954 sind[106]. Mit diesen Staaten ist die Gegenseitigkeit derzeit weder staatsvertraglich[107] noch tatsächlich verbürgt. Zwar wird von deutscher Seite neuerdings vertreten[108], daß sich eine Befreiung von der Prozeßkostensicherheit auch für britische Staatsangehörige aus Art. 9 des Europäischen Niederlassungsabkommens vom 13.12.1955[109] ergebe. Diese Meinung läßt aber außer acht, daß Großbritannien einen Vorbehalt zu Art. 9 ENA erklärt hat, nach dem die Vorschrift nur auf ausländische Kläger anzuwenden ist, die ihren Wohnsitz oder Aufenthalt in

[103] Art. 851 Code judiciaire (Belgien); Order 29 Rules of the Supreme Court (Irland); Order 23, Rule 1 of the Rules of the Supreme Court (Großbritannien), wobei die beiden letzteren Vorschriften auf den Wohnsitz abstellen; Art. 16 Code civil (Luxemburg); Art. 152 Wetboek van Burgerlijke Regtsvordering (Niederlande); Art. 543 LEC (Spanien); zu Italien und Frankreich *Schütze*, DIZPR, S. 96 u. 93; demgegenüber sehen Art. 36 Abs. 1 S. 2 der Mannheimer Rheinschiffahrtsakte vom 17.10.1868 (PrGS 1869, 789. Das Abkommen liegt heute i.d.F.v. 11.3.1969 vor, geändert durch die Zusatzprotokolle Nr.2 und Nr. 3 vom 17.10.1979, BGBl. 1980 II, 870, 875; in Kraft getreten am 1.9.1982, BGBl. 1982 II, 858) sowie Art. 17 Abs. 1 des Haager Übereinkommens über den Zivilprozeß vom 1.3.1954 (BGBl. 1958 II, 577; abgedr. auch bei *Jayme / Hausmann*[7], Nr. 106) eine Befreiung von Prozeßsicherheiten vor.

[104] *Baumbach-Lauterbach*[53], ZPO, Anh nach § 110; *Schack*, IZVR, Rdz. 564.

[105] Vgl. Fn. 103.

[106] Vgl. die Aufzählung der Vertragsstaaten bei *Jayme / Hausmann*[6], Nr. 102, Fn. 3.

[107] Art. 14 des deutsch-britischen Abkommens über den Rechtsverkehr v. 20.3.1928 (mit Wirkung vom 1.1.1953 wieder in Kraft gesetzt, BGBl. 1953 II, 116) knüpft die Befreiung an die Wohnsitznahme im anderen Vertragsstaat an.

[108] OLG Koblenz IPRax 1992, 42 (43); im Ergebnis zustimmend *Kaum*, IPRax 1992, S. 18 f.

[109] BGBl. 1959 II, 998.

Großbritannien haben[110]. Aufgrund dieses Vorbehalts ist das ENA im Verhältnis zu den anderen Vertragsstaaten ebenfalls nur in der eingeschränkten Fassung anwendbar[111].

Auch tatsächlich ist die Gegenseitigkeit zwischen Deutschland und Großbritannien nicht verbürgt. Der *Court of Appeal* wollte entgegen der ihm zur Berufung vorgelegten Entscheidung der *Queen's Bench Devision* des *High Court* Art. 6 Abs. 1 EGV nicht auf die Verpflichtung zur Leistung der Prozeßkostensicherheit anwenden, weil er der englischen Vorschrift keine diskriminierende Wirkung beimaß[112]. Dagegen plädieren einige deutsche Autoren[113] und das OLG München[114] dafür, englische Kläger von der Verpflichtung des § 110 Abs. 1 ZPO aus Gründen des Art. 6 Abs. 1 EGV zu befreien. Um ihren Argumenten mehr Gewicht zu geben, führen einige von ihnen die bereits erwähnte EWG-Verordnung 1612 / 68 des Rates zur Herstellung der Freizügigkeit der Wanderarbeiter an[115]. Art. 7 Abs. 2 der EWG-VO 1612 / 68 sehe soziale Vergünstigungen vor, die bei der Erhebung zivilrechtlicher Klagen durch Wanderarbeiter nicht durch Prozeßsicherheiten behindert werden dürften[116]. Schließlich sei die Vorschrift eine einseitige Exklusivnorm zugunsten von Inländern, die mit Art. 6 Abs. 1 EGV kollidiere[117].

Dem Ergebnis ist zuzustimmen, allerdings zunächst nur insoweit, als es sich auf das Tatbestandsmerkmal der Diskriminierung in Art. 6 Abs. 1 EGV stützt[118]. § 110 Abs. 1 ZPO steht im Widerspruch zum allgemeinen Diskriminierungsverbot, wenn ein britischer Staatsangehöriger, der vor einem deutschen Gericht klagt, Prozeßkostensicherheit zu leisten hat[119]. Die Vorschrift knüpft in diesem speziellen Fall an die fremde Staatsangehörigkeit eines Marktbürgers an. Der Beklagte kann zudem kein nachvollziehbares Interesse daran

---

[110] BGBl. 1970 II, 843.

[111] *Zimmermann*, RIW 1992, S. 707 (709 m.w.N.); unzutreffend *Kaum*, IPRax 1992, S. 18 (20).

[112] Berkeley Administration Inc. and Others v. McClelland and Others, [1990] 2 W.L.R. 1021 (1032, 1037 f.).

[113] *Giegerich*, ZaöRV 1992, S. 355 (361 f.); *Kampf*, NJW 1990, S. 3054 (3056); *Kaum*, IPRax 1992, S. 18 (18); *Roth, H.* (Fn. 6), S. 1050; *Zimmermann*, RIW 1992, S. 707 (709 f.).

[114] OLG München EuZW 1993, 199 (200) = NJW 1993, 865.

[115] Dazu bereits oben § 16, II. 2.

[116] *Kampf*, NJW 1990, S. 3054 (3055 f.); *Zimmermann*, RIW 1992, S. 707 (710).

[117] *Roth, H.* (Fn. 6), S. 1050.

[118] Zur Untauglichkeit der EWG-Verordnung 1612 / 68 vgl. oben § 16, II. 2.

[119] *Wolf, C.*, RIW 1993, 797 (799).

haben, seinen Kostenerstattungsanspruch[120] nur gegenüber Staatsangehörigen der EU-Mitgliedstaaten gesichert zu wissen, nicht aber gegenüber im Ausland lebenden deutschen Staatsangehörigen[121]. Auch die im Verhältnis zu den anderen Mitgliedstaaten vereinfachten Vollstreckungsmöglichkeiten im Rahmen des EuGVÜ rücken die Schutzbedürftigkeit des Beklagten weiter in den Hintergrund.

3. Der Arrestgrund der Auslandsvollstreckung

Eine weitere gegen Art. 6 Abs. 1 EGV verstoßende Ungleichbehandlung im Verhältnis zu EuGVÜ-Staaten liege nach einigen Stimmen in der Anwendung des § 917 Abs. 2 ZPO, der eine Vollstreckung im Ausland als zureichenden Arrestgrund genügen läßt[122]. Diese Problematik steht im Zusammenhang mit der Diskussion, ob die durch das EuGVÜ geschaffenen Verbesserungen bei der Rechtsdurchsetzung der Vorschrift des § 917 Abs. 2 ZPO entgegenstehen könnten. Dann müßte das Übereinkommen die Vollstreckung deutscher Urteile im europäischen Ausland dermaßen vereinfachen, daß es als widersinnig erschiene, den Gläubiger auf den Arrestgrund der Auslandsvollstreckung zu verweisen.

Weil § 917 Abs. 2 ZPO weder nach der Staatsangehörigkeit noch nach dem Wohnsitz unterscheidet, kann die Vorschrift nicht unmittelbar gegen Art. 6 Abs. 1 EGV verstoßen[123]. Nur ihre praktische Anwendung, bei der es um die tatsächliche Wirkung zivilprozessualer Vorschriften geht, könnte eine verschleierte Diskriminierung sein[124], die ebenfalls von Art. 6 Abs. 1 EGV erfaßt wird. Das wäre z.B. der Fall, wenn vom Arrestgrund der Auslandsvollstreckung typischerweise Ausländer betroffen wären, die kein hinreichendes Vermögen im Inland besitzen[125].

---

[120] *Zöller-Herget*[18], ZPO, § 110 Rdz. 1.

[121] *Kampf*, NJW 1990, S. 3054 (3056); *Zimmermann*, RIW 1992, S. 707 (711).

[122] *Brödermann*, MDR 1992, S. 89 (94); *Roth, H.* (Fn. 6), S. 1050; *Schlosser*, RIW 1983, S. 473 (483 f.); LG München I RIW 1991, 948 (949).

[123] *Ehricke*, IPRax 1993, S. 380 (381); *Geimer*[2], IZPR, Rdz. 1212; *MünchKommZPO-Heinze*, § 917 Rdz. 10; *Thomas-Putzo*[18], ZPO, § 917 Rdz. 3; *Zöller-Vollkommer*[18], ZPO, § 917 Rdz. 15.

[124] *Ehricke*, IPRax 1993, S. 380 (381); *ders.*, NJW 1991, S. 2189 (2190, Fn. 7); *Walther, S.*, Das Zusammenwirken von Art. 24 EuGVÜ und § 916 ff., S. 71; a.A. *Eilers*, Maßnahmen des einstweiligen Rechtsschutzes, S. 46.

[125] Krit. hierzu *Ehricke*, IPRax 1993, S. 380 (381).

a) Die Befürworter der teleologischen Reduktion

Namentlich P. Schlosser sieht in dem Arrestgrund der Auslandsvollstreckung eine europarechtswidrige Diskriminierung des Auslandsschuldners[126]. Dieser werde im Vergleich zum Inlandsschuldner trotz der vereinfachten Vollstrekkungsmöglichkeit in EuGVÜ-Vertragsstaaten der verschärften Arresthaftung unterworfen. Weil die Vorschrift typischerweise den inländischen Kläger bevorzuge, der sein Urteil im Ausland vollstrecken müsse, liege eine EG-vertragswidrige Ungleichbehandlung vor[127]. Ihr müsse durch die teleologische Reduktion des § 917 Abs. 2 ZPO in der Weise begegnet werden, daß die Vorschrift gegenüber EU-Bürgern nicht mehr zu Anwendung komme. Das freilich hätte zur Folge, daß der Gläubiger eine konkrete Gefährdung seines Rechts im Sinne von § 917 Abs. 1 ZPO glaubhaft machen müßte.

Die Befürworter einer teleologischen Reduktion des § 917 Abs. 2 ZPO im Verhältnis zu EuGVÜ-Staaten verweisen den Gläubiger darüber hinaus auf eigene Vorkehrungen wie die Übersetzung des Titels und die Bestellung eines ausländischen Rechtsanwalts, um den verfahrensrechtlichen Anforderungen an die Vollstreckungsklausel nach Art. 31 EuGVÜ frühzeitig Sorge zu tragen[128]. So wird betont, daß das EuGVÜ in seinen Anforderungen an das Vollstreckbarkeitsverfahren dem nationalen Recht durchaus entspreche[129], die Vollstreckungserschwernisse also als unwesentlich betrachtet werden können[130]. Sowohl das Klauselerteilungsverfahren nach Artt. 31 ff. EuGVÜ als auch das Rechtsbehelfsverfahren nach Art. 36 EuGVÜ seien dem deutschen Zivilprozeßrecht verwandt, so daß ein vernünftiger Grund für eine Erweiterung einstweiliger Sicherungsmaßnahmen zugunsten inländischer Gläubiger nicht bestehe[131].

---

[126] *Schlosser*, RIW 1983, S. 473 (483 f.); *ders.*, IPRax 1985, S. 321 (322); *Ehricke*, IPRax 1993, S. 380 (381).

[127] *Schlosser*, RIW 1983, S. 473 (483 f.); *ders.*, IPRax 1985, S. 321 (322).

[128] *Ackmann*, IPRax 1991, S. 166 (168); *Schlosser*, RIW 1983, S. 473 (481 f.). Diese Schwierigkeiten erkennt auch *Schlafen*, NJW 1976, S. 2082 (2082) an, der darin aber keine wesentliche Vollstreckungserschwerung erblickt.

[129] *Puttfarken*, RIW 1977, S. 360 (362); *Schlosser*, RIW 1983, S. 473 (482).

[130] Zwischen wesentlichen und unwesentlichen Vollstreckungserschwernissen unterscheiden *Dittmar*, NJW 1978, S. 1720 (1721 f.); *Ehricke*, NJW 1991, S. 2189 (2191); *ders.*, NJW 1992, S. 602.

[131] *Puttfarken*, RIW 1977, S. 360 (362).

Entgegen seiner früheren stärker differenzierenden Äußerung, nach der ein faktischer Stillstand der ausländischen Rechtspflege das Festhalten an § 917 Abs. 2 ZPO rechtfertigen sollte[132], schließt sich auch Geimer heute uneingeschränkt der teleologischen Reduktion an. Die durch das EuGVÜ hergestellte Freizügigkeit der Urteile habe den rechtspolitischen Grund für die Anwendung der Vorschrift entfallen lassen[133].

b) Die Gegner der teleologischen Reduktion

Auch die Gegner einer einschränkenden Auslegung, deren Meinung in Rechtsprechung[134] und Literatur[135] noch vorherrscht, führen beachtliche Argumente an. Nach ihrer Lesart verstößt die Einschränkung der Norm bereits gegen Wortlaut und Gesetzessystematik[136]. Weil es nach einhelliger Meinung bei § 917 Abs. 2 ZPO anders als bei dessen Abs. 1 auf den Nachweis einer konkreten Gefährdung nicht ankomme[137], könne die wesentliche Erleichterung der Vollstreckung aufgrund des EuGVÜ nicht allein maßgeblich sein. Vielmehr müsse man auch die praktische Handhabung in den Vertragsstaaten im Blick haben, die u.a. durch die Unwägbarkeiten der Anerkennungsprognose ebenso belastet werde wie durch die Gefahr von Vermögensverschiebungen während des Vollstreckbarerklärungsverfahrens[138]. Daneben müßten trotz der grundsätzlichen Anerkennungsmöglichkeit nach Art. 26 EuGVÜ bei der Vollstreckbarerklärung die einmonatige Rechtsbehelfsfrist (Artt. 39, 36 EuGVÜ), die Übersetzung und die Anwaltsbeauftragung bedacht werden, die einen erheblichen Kosten- und Zeitaufwand mit sich bringen können[139]. Deshalb bestehe

---

[132] *Geimer / Schütze*, Int. Urteilsanerkennung, Bd. I / 1, § 41 IV 2.

[133] *Geimer*[2], IZPR, Rdz. 1214.

[134] OLG München NJW-RR 1988, 1023; OLG München OLGZ 1983, 476 (478 f.); LG Bremen RIW 1980, 366 f.; OLG Düsseldorf NJW 1977, 2034.

[135] *Baumbach-Lauterbach*[53], ZPO, § 917 Rdz. 13; *Bülow / Böckstiegel / Müller*, Bd. I 1e, Art. 24 EuGVÜ, Anm. IV 1; *Eilers* (Fn. 124), S. 49 f.; *Mankowski*, RIW 1991, S. 181 (187 f.); *ders.*, NJW 1992, 599 (600 f.); *Stein-Jonas-Grunsky*[20], ZPO, § 917 Rdz. 15; *Schack*, IZVR, Rdz. 421; *Schlafen*, NJW 1976, S. 2082 (2083); *Schütze*, DIZPR, S. 186; *Thomas-Putzo*[18], ZPO, § 917 Rdz. 3.

[136] *Mankowski*, NJW 1992, S. 599 (600).

[137] *Baumbach-Lauterbach*[53], ZPO, § 917 Rdz. 13; *MünchKommZPO-Heinze*, § 917 Rdz. 10; *Zöller-Herget*[18], ZPO, § 917 Rdz. 15.

[138] *Geimer / Schütze*, Int. Urteilsanerkennung, Bd. I / 1, § 41 IV 2; *Mankowski*, NJW 1992, S. 599 (601); *ders.*, RIW 1991, S. 181 (187); *Schack*, IZVR, Rdz. 421.

[139] *Walther, S.* (Fn. 124), S. 57 ff.

insgesamt der rechtspolitische Grund für die Anwendbarkeit der Vorschrift fort[140].

Soweit sich die Autoren mit Art. 6 Abs. 1 EGV auseinandersetzen[141], verweisen sie auf den Wortlaut des § 917 Abs. 2 ZPO, nach dem auch ein Deutscher, der noch in Deutschland befindliches Vermögen ins Ausland verbringen wolle, als Arrestgegner in Betracht komme. Damit entfalle aber auch der materielle Grund einer Diskriminierung, weil sich die Vorschrift nicht typischerweise oder in erster Linie gegen Ausländer richte[142]. Außerdem sei es aus der Sicht des Gerichtsinlandes plausibler, den inländischen Arrestzugriff als den ausländischen zu erleichtern. Die Erweiterung des freien Kapital- und Warenverkehrs im Europäischen Binnenmarkt führe obendrein zur Genüge Vermögen der ausländischen Schuldner auch nach Deutschland[143].

c) Eigene Stellungnahme

Schon die historische Gesetzesentwicklung belegt den Sondercharakter des § 917 Abs. 2 ZPO. Die Entwurfsbegründung zu § 742 CPO-Entwurf des Norddeutschen Bundes, der dem § 917 Abs. 2 ZPO wortgetreu entspricht, bemängelte das Fehlen einer Regelung zur Auslandsvollstreckung[144]. Der Gesetzgeber hatte befürchtet, der Rechtsangleichung der verschiedenen Zivilprozeßrechte in den deutschen Reichsgebieten vorzugreifen und sie damit zu erschweren. An anderer Stelle wird verdeutlicht, daß der Gesetzgeber eine Ausnahme von § 742 CPO zulassen wollte, sofern ein Anerkennungs- und Vollstreckungsvertrag existierte[145]. Dieser Inhalt wurde nicht in die Regelung aufgenommen, weil man schließlich den bis heute zutreffenden Rechtsstandpunkt vertrat, einer staatsvertraglichen Regelung durch eine nationale Vorschrift nicht vorgreifen zu können. Der große qualitative Schritt, den das EuGVÜ im Vergleich zu bilateralen Anerkennungsverträgen jener Zeit gegangen ist, versagt freilich die Prüfung, ob

---

[140] *Bülow / Böckstiegel / Müller*, Bd. I 1e, Art. 24 EuGVÜ, Anm. IV 1; *Schlafen*, NJW 1976, S. 2082 (2083); *Schütze*, IZPR, S. 186; *Walther, S.* (Fn. 124), S. 68; OLG München RIW 1983, S. 534; LG Bremen RIW 1980, S. 366 f.

[141] *Mankowski*, RIW 1991, S. 181 (187); *Walther, S.* (Fn. 124), S. 69 f.

[142] *Walther, S.* (Fn. 124), S. 71.

[143] *Mankowski*, RIW 1991, S. 181 (187).

[144] Protokolle CPO für die Staaten des Norddeutschen Bundes, Band III, S. 1107; *Hahn / Stegemann*², Materialien, S. 471.

[145] *Hahn / Stegemann*² (Fn. 144), S. 869.

der Gesetzgeber unter Staatsverträgen wohl auch die europäischen Prozeßgesetze verstanden haben mag[146].

Die sachgerechte Entscheidung erschwert, daß sowohl die Befürworter der teleologischen Reduktion als auch die Gegner in einzelnen Punkten ihrer Argumentation überzeugen können. Schlosser ist zuzustimmen, wenn er feststellt, daß das EuGVÜ dem Gläubiger nur unbedeutende Formalitäten auferlegt. Das Übersetzungserfordernis für Klausel und Titel ist kein nennenswertes Hindernis, das die Vollstreckung in einem anderen Vertragsstaat wesentlich erschwert. Aber auch den Gegnern ist zuzugeben, daß § 917 Abs. 2 ZPO immer noch seinen Zweck erfüllt, wenn tatsächliche Behinderungen, die im Justizwesen einiger EuGVÜ-Staaten begründet sein mögen, die Vollstreckung im Ausland gefährden. Das Fehlen einer einheitlichen Regelung für den einstweiligen Rechtsschutz im EuGVÜ[147] wird zudem immer wieder Unterschiede zwischen den Verfahrensordnungen der Vertragsstaaten zutage fördern, die die vereinfachte Vollstreckung im Ausland zumindest erschweren können[148]. So sprechen die zum Teil erheblichen und immer wandelbaren Unterschiede in der Effektivität der Justizorgane aller Vertragsstaaten eher für als gegen die Anwendung des § 917 Abs. 2 ZPO.

M.E. sollte die Lösung den Vorzug verdienen, die eine nach Art. 6 Abs. 1 EGV unzulässige Diskriminierung vermeiden hilft. Das europäische Prozeßrecht hat mit dem EuGVÜ einen Entwicklungsstand erreicht, der es erlaubt, Hauptsacheurteile unter vereinfachten Voraussetzungen in den Mitgliedstaaten zu vollstrecken. Konkret vorhandene Anwendungsinteressen des deutschen Verfahrensrechts müssen deshalb zurückstehen, wenn die Anwendung der Verfahrensnorm dem Ziel der Gleichbehandlung der Prozeßparteien im europäischen Rechtsraum widerspricht. § 917 Abs. 2 ZPO enthält insoweit tatsächlich eine unzulässige Diskriminierung des EU-Ausländers, der im Inland vereinfachten Vollstreckungsmöglichkeiten ausgesetzt wird. Dabei kann es für die Anwendung von Art. 6 Abs. 1 EGV nicht darauf ankommen, ob von der streitigen prozessualen Regelung Ausländer nur „in erster Linie“, „hauptsächlich und überwiegend“ betroffen sind, solange ein Ausländer in einem zivilprozessualen

[146] *Walther, S.* (Fn. 124), S. 73.

[147] *Kropholler*[4] (Fn. 2), Art. 24 Rdz. 1; Art. 25 Rdz. 21 ff.

[148] Vgl. etwa das Beispiel der Vollziehung der englischen Mareva Injunction in in Deutschland belegenes Vermögen, § 11, I.

Verfahren überhaupt von ihr benachteiligt wird[149]. Freilich setzt die Anwendung des Art. 6 Abs. 1 EGV weiter voraus, daß die Diskriminierung auch im Anwendungsbereich des Vertrages liegt, was für prozessuale Vorschriften keinesfalls selbstverständlich ist[150].

II. Der Geltungsbereich des Art. 6 Abs. 1 EGV

Das allgemeine Diskriminierungsverbot des EGV verbietet offene und versteckte Ungleichbehandlungen aufgrund der Staatsangehörigkeit. Es steht unter einem zweifachen Vorbehalt, der maßgeblich seinen Geltungsbereich bestimmt. Das Verbot erstreckt sich zunächst nur auf den Anwendungsbereich des Vertrages. Der zweite Vorbehalt ergibt sich aus der Formulierung, daß das Verbot nur „unbeschadet besonderer Bestimmungen dieses Vertrages" gelte. Indes kann Art. 6 Abs. 1 EGV aber nicht dazu dienen, jede Ungleichbehandlung zu verbieten, die sich aus den nationalen Rechtsvorschriften einzelner Mitgliedstaaten ergibt. In ständiger Rechtsprechung vertritt der EuGH deshalb die Ansicht, Art. 6 Abs. 1 EGV erfasse nicht die sich aus den Abweichungen zwischen den Rechtsordnungen ergebenden Unterschiede, sofern diese Rechtsordnungen nach objektiven Merkmalen und ohne Rücksicht auf die Staatsangehörigkeit der Betroffenen anwendbar seien[151]. Welche Aufgabenkreise mitgliedstaatlicher Gestaltungsbefugnisse die Vorschrift letzthin erfaßt, hängt also maßgeblich vom Anwendungsbereich des Vertrages ab.

1. Der sachliche Anwendungsbereich des Vertrages

Der sachliche Anwendungsbereich des Vertrages ist noch nicht abschließend geklärt[152]. Während einige Autoren den europarechtlichen Bestimmungen, und dabei insbesondere den Grundfreiheiten in Artt. 48 ff. EGV, die Ausrichtung des Gemeinschaftsrechts auf wirtschaftsrechtliche Vorgänge und Ziele entneh-

[149] Damit schließt man keinesfalls die Augen davor, daß auch Deutsche von dieser Regelung betroffen sein können. Dazu *Mankowski*, RIW 1991, S. 181 (187); *Walther, S.* (Fn. 124), S. 71.

[150] Bereits § 16.

[151] EuGH, 13.2.1969 – *Walt Wilhelm*, 14 / 68 – Slg. 1969, 1 (15).

[152] Art. 7 EWGV bzw. Art. 6 EUV haben nur den sachlichen Anwendungsbereich des Vertrages im Auge, *Grabitz-Grabitz*, EWGV, Art. 7 Rdz. 16; a.A. *v.d.Groeben-Thiesing-Ehlermann-Zuleeg*[4], EWGV, Art. 7 Rdz. 11.

men[153], halten andere die Vorschriften, die die Kompetenzen der Gemeinschaft betreffen, für entscheidend[154]. Eine andere Sichtweise hält diesen Maßstab für zu grob. Der Anwendungsbereich umfasse vielmehr über das Sachgebiet der Wirtschaft hinaus auch noch andere Bereiche, soweit wirtschaftliche Auswirkungen selbst in einem entferntesten Sinne betroffen seien[155]. Die überaus schwierigen Fragen um den Regelungsumfang und die Wirkkraft des EGV müssen für das Zivilverfahrensrecht nicht abschließend entschieden werden. Insgesamt können beide Ansichten zur Frage der Einordnung des Zivilverfahrensrechts in den sachlichen Anwendungsbereich des Vertrages keine Hilfe leisten, weil ein Zusammenhang zwischen der wirtschaftlichen Betätigung und den zivilprozessualen Regelungen grundsätzlich nicht besteht[156].

Zudem erscheint es kaum möglich, Art. 6 Abs. 1 EGV auf alle die Vorschriften der nationalen Zivilverfahrensrechte anzuwenden, die zu einer faktischen Ungleichbehandlung der Marktbürger führen können. Die nationalen Zivilverfahrensordnungen haben keine unmittelbaren oder mittelbaren Auswirkungen auf die wirtschaftliche Betätigung, wie sie durch die Liberalisierung und Harmonisierung handelsbeschränkender Vorschriften in einem einheitlichen Rechtsraum gefördert werden soll.

Die wenigen Entscheidungen des EuGH zum Prozeßrecht[157] belegen überdies, daß das nationale Prozeßrecht nur dann vom Europarecht bestimmt wird, wenn die prozeßrechtlichen Vorschriften zugleich die Ausübung der Grundfreiheiten berühren. Bei der § 688 Abs. 1 ZPO betreffenden Entscheidung lag der Gemeinschaftsbezug darin, daß die Bezeichnung eines Anspruchs in deutscher Währung den innergemeinschaftlichen Handelsverkehr berührte[158]. Was

---

[153] *Beutler / Bieber / Pipkorn / Streil*[3], Europ. Gemeinschaft, S. 224; *Schweitzer / Hummer*[4] (Fn. 15), S. 106; EuGH, 21.2.1973 – *Europemballage, Continental Can / Kommission*, 6 / 72 – Slg. 1973, 215 (244).

[154] *Grabitz-Grabitz*, EWGV, Art. 7 Rdz. 16, der für den sachlichen Anwendungsbereichs aber gleichzeitig auch genügen lassen will, daß die Gemeinschaft *irgendwie* tätig geworden ist; *v.d.Groeben-Boeckh-Thiesing-Ehlermann-Bleckmann*[3], EWGV, Art. 7 Rdz. 25.

[155] *v.d.Groeben-Thiesing-Ehlermann-Zuleeg*[4], EWGV, Art. 7 Rdz. 13.

[156] So jedenfalls auch ausländische Judikate: Cour d'appel de Paris v. 5.11.1969, Gaz. Pal. 1970, 1.194 (197); Berkeley Administration Inc. and Others / McClelland and Others, [1990] 2 W.L.R., 1021 (1032); vgl. auch OLG Hamburg TranspR 1991, 304 (305 f.); a.A. *Jauernig*[24], ZPR, S. 340 für § 110 Abs. 1 ZPO.

[157] EuGH, 1.7.1993 – *Hubbard / Hamburger*, C-20 / 92 – NJW 1993, 2431; EuGH, 29.10. 1980 – *Boussac Saint-Frères / Gerstenmeier*, 20 / 80 – Slg. 1980, 3427.

[158] *EuGH* (Fn. 157), Slg. 1980, 3427 (3436).

die Leistung von Prozeßkostensicherheit durch einen englischen *solicitor* in der Funktion eines Testamentsvollstreckers vor einem deutschen Gericht anbetrifft, konnte sich der EuGH auf die Ausübung der Dienstleistungsfreiheit berufen[159]. Beide zivilprozessualen Vorschriften beeinträchtigen die Grundfreiheiten, weil sie ihre Ausübung behindern oder erschweren[160]. Die Betonung der wirtschaftlichen Zusammenhänge verstellt m. E. den Blick für eine viel näherliegende Umschreibung des sachlichen Anwendungsbereichs. Sofern es um die gemeinschaftsfreundliche Auslegung prozessualer Sachnormen geht, sollte die innere Beziehung der nationalen Prozeßrechte zum EuGVÜ stärker in den Vordergrund treten.

2. Die Anlehnung an das EuGVÜ

Mit Hilfe einer Anlehnung an das EuGVÜ kann der sachliche Anwendungsbereichs des Art. 6 Abs. 1 EGV näher umschrieben werden[161]. Das Diskriminierungsverbot wird in den einzelnen Regelungen des EuGVÜ weiter ausdifferenziert, indem es mit der Abkehr vom Staatsangehörigkeitsprinzip und der Anknüpfung der prozessualen Institute an den Wohnsitz der Parteien eine Gleichbehandlung der im europäischen Rechtsraum agierenden Prozeßparteien vollzieht. Das EuGVÜ übernimmt die Funktion eines Mittlers zwischen der Gemeinschaftsrechtsordnung und dem nationalen Prozeßrecht.

Es ergänzt das Gemeinschaftsrecht[162], indem es für den innergemeinschaftlichen Handelsverkehr die Zuständigkeit und die Vollstreckung bei zivilgerichtlichen Verfahren einheitlich regelt. Es will den Gemeinschaftsbürger vor allem an einer qualitativen Verbesserung des Rechtsschutzes teilhaben lassen. Dieses Ziel ist aufgrund von Art. 220 EGV, auf den sich das EuGVÜ stützt, Teil der Gemeinschaftsrechtsordnung. Es verlangt vom nationalen Richter die gleiche und einheitliche Anwendung der sich aus dem Übereinkommen ergebenden Rechte und Pflichten.

---

[159] EuGH (Fn. 157), NJW 1993, 2431.

[160] *v.d.Groeben-Thiesing-Ehlermann-Zuleeg*[4], EWGV, Art. 7 Rdz. 14; *Wolf, C.*, RIW 1993, S. 797 (799).

[161] *Zimmermann*, RIW 1992, S. 707 (711 f.).

[162] *v.d.Groeben-Thiesing-Ehlermann-Schwartz*[4], EWGV, Art. 220 Rdz. 22.

a) Die Prozeßkostensicherheit für Ausländer

Das Übereinkommen enthält keine nähere Bestimmung über Prozeßkostensicherheiten, sondern nur Vorschriften über Sicherheitsleistungen die im Zusammenhang mit der Vollstreckung von gerichtlichen Entscheidungen der Vertragsstaaten stehen, Artt. 38 Abs. 3, 45 EuGVÜ. Sind nun ausländische Kläger aufgrund des EuGVÜ gezwungen, in Deutschland klagen zu müssen, dann haben sie nach der lex fori Prozeßkostensicherheit nach § 110 Abs. 1 ZPO zu leisten. Zwar bliebe sowohl der luxemburgische Kläger in Deutschland als auch der deutsche Kläger in Luxemburg aufgrund des Art. 17 Abs. 1 des Haager Zivilprozeßübereinkommens vom 1.3.1954 von Prozeßkostenlasten befreit. Englischen und irischen Klägern bliebe diese Wohltat in Deutschland dagegen versagt.

Diese Personengruppe wird vor deutschen Gerichten demnach benachteiligt, weil ihr die Prozeßkostensicherheit zusätzliche Kosten aufbürdet, die Staatsangehörigen anderer EU-Mitgliedstaaten nicht abverlangt werden[163]. Bei diesem Ergebnis muß es jedoch bleiben. Das EuGVÜ enthält keinen Hinweis, daß der Zugang zu den Gerichten der Mitgliedstaaten nicht von der vorherigen Prozeßsicherheit abhängig gemacht werden kann. Die Befreiung anderer als englischer und irischer Staatsangehöriger europäischer Mitgliedstaaten beruht im übrigen auch nicht auf europäischen Prozeßrechtsnormen, sondern auf Art. 17 des Haager Zivilprozeßrechtsübereinkommen vom 1.3.1954. Das Abkommen kann aber für die Auslegung des EuGVÜ und damit auch mittelbar des Art. 6 Abs. 1 EGV nichts vorgeben. Es widerspricht deshalb nicht dem Gebot der einheitlichen und gleichen Behandlung der Prozeßparteien und damit auch nicht Art. 6 Abs. 1 EGV[164], von englischen und irischen Klägern Prozeßkostensicherheit nach § 110 Abs. 1 ZPO, zu verlangen, selbst wenn die englische Partei aufgrund des EuGVÜ in der Bundesrepublik klagen müßte.

---

[163] Bereits § 17 I, 2.

[164] Aus Gründen der Dienstleistungs- und Niederlassungsfreiheit a.A. EuGH, 1.7.1993 – *Hubbard / Hamburger*, C-20 / 92 – NJW 1993, 2431; *Jauernig*[24], ZPO, S. 340.

b) Der Arrestgrund der Auslandsvollstreckung

Indes ist der Gemeinschaftsbezug bei der Anwendung des § 917 Abs. 2 ZPO im Verhältnis zu Marktbürgern nachweisbar[165]. Ein Hauptsacheurteil könnte aufgrund der besonderen Erleichterungen des EuGVÜ in den EU-Mitgliedstaaten einfach und schnell vollstreckt werden. Das beseitigt aber den Grund, die spätere Vollstreckung in einem der Mitgliedstaaten durch einen besonderen Arrestgrund der Auslandsvollstreckung erneut zu erleichtern. Unter dem Blickwinkel der vom EuGVÜ vollzogenen Abkehr vom Staatsangehörigkeitsprinzip und der angestrebten Gleichbehandlung der Prozeßparteien ist es nämlich nicht einsichtig, Auslandsbewohner nochmals erleichterten Arrestmöglichkeiten im Inland auszusetzen.

Die teleologische Reduktion des § 917 Abs. 2 ZPO rechtfertigt darüber hinaus die Forderung, daß die ergänzende Heranziehung einer einzelstaatlichen Verfahrensnorm die praktische Wirksamkeit der Übereinkommensregeln nicht beeinträchtigen sollte[166]. Zudem wollte das EuGVÜ gerade die Verfahrensvervielfältigung in einem anderen als dem Wohnsitzstaat der beklagten Partei verhindern. Insofern steht § 917 Abs. 2 ZPO mit dem gesamten Regelungswerk und der Intention des Übereinkommens in Widerspruch[167]. Mit der Anlehnung an das EuGVÜ wird bei Anwendung des § 917 Abs. 2 ZPO auf Bürger aus den EU-Mitgliedstaaten der Anwendungsbereich des Vertrages berührt, weil das EuGVÜ und die in ihm verbriefte Gleichbehandlung der Prozeßparteien ein Ausdruck des gemeinschaftsrechtlichen Diskriminierungsverbots ist.

Die Norm ist demnach immer dann teleologisch zu reduzieren, wenn sie im Rahmen des Geltungsbereichs des EuGVÜ gegenüber Schuldnern aus anderen Mitgliedstaaten der EU zur Anwendung kommt. Der Gläubiger muß demnach eine konkrete Gefährdung seines Rechts im Sinne von § 917 Abs. 1 ZPO glaubhaft machen, um das Inlandsvermögen des ausländischen Schuldners mit einem dinglichen Arrest belegen zu können. Der damit verbundene Schuldnerschutz ist im Lichte des EuGVÜ gerechtfertigt. Seine Mißachtung stellt eine unsachgemäße Diskriminierung i.S.v. Art. 6 Abs. 1 EGV dar.

---

[165] Siehe dazu bereits oben § 17 I, 3 c).

[166] Vgl. etwa für die Gewährleistungsklage den Schlußantrag von Generalanwalt *Lenz* in EuGH, 15.5.1990 – *Kongreß Agentur Hagen GmbH / Zeehaghe BV.*, 365 / 88 – Slg. 1990, 1845 (1857 f.).

[167] *Schlosser*, RIW 1983, S. 473 (483); so auch EuGH EuZW 1994, 216 f.; krit. *Thümmel*, EuZW 1994, S. 242 (244).

c) Begrenzung auf den sachlichen Anwendungsbereich

Freilich bietet dieser Ansatz noch einen anderen Vorteil. Der Vorrang des europäischen Prozeßübereinkommens kann im Grundsatz nur so weit reichen, wie sein sachlicher Geltungsbereich betroffen ist. Gerichtliche Streitigkeiten, bei denen zivilprozessuale Vorschriften in Konflikt mit Art. 6 Abs. 1 EGV stehen sollen, müssen also ihrerseits wieder im Anwendungsbereich des Art. 1 Abs. 1 EuGVÜ liegen. Nur, wenn sie dem europäischen Begriff der Zivil- und Handelssachen unterfallen, kann der gemeinschaftsrechtliche Anwendungsbereich eröffnet sein.

Das EuGVÜ trägt also seinerseits wieder dazu bei, die nationalen Zivilverfahrensordnungen nicht zur Gänze, sondern nur in seinem Anwendungsbereich dem Prüfstand des Europäischen Gemeinschaftsrechts zuzuführen. Diese vielleicht als sachwidrig erscheinende Ungleichbehandlung verschiedener Klägergruppen nach dem jeweiligen Streitgegenstand ist auf der Grundlage des derzeitigen EU-Vertrages und der – bezogen auf eine Gesamtkodifikation des europäischen Zivilprozeßrechts – eher zurückhaltenden prozeßrechtlichen Integrationsbestrebungen des EuGVÜ und LuganoÜ unvermeidbar. Das Europarecht greift in viele Rechtsbereiche ein, kann jedoch nicht Tatbestände ohne jeden Gemeinschaftsbezug regeln wollen.

3. Besondere Bestimmungen über Diskriminierungen

Das Verbot des Art. 6 Abs. 1 EGV gilt gemäß der zweiten normativen Einschränkung nur unbeschadet der besonderen Bestimmungen des Vertrages. Diese Formulierung drückt aus, daß die Vorschrift nur dann zur Anwendung kommen soll, wenn keine Spezialregelung eingreift. Zu diesen Spezialbestimmungen gehören vor allem die Diskriminierungsverbote in den Grundfreiheiten[168]. Sie berühren nach der hier vertretenen Lösung das Zivilprozeßrecht der Mitgliedstaaten grundsätzlich nicht[169].

Nur wenn sie in ihrer eigentlichen Funktion berührt sind, die Warenverkehrs-, Dienstleistungs- und Niederlassungsfreiheit zu gewährleisten, sind die Grundfreiheiten auch gegenüber den zivilprozessualen Bestimmungen durchzusetzen,

---

[168] *Grabitz-Grabitz*, EWGV, Art. 7 Rdz. 18 f.; *v.d.Groeben-Thiesing-Ehlermann-Zuleeg*[4], EWGV, Art. 7 Rdz. 20 f.

[169] Dazu oben § 16, II., III.

die einen Marktbürger bei der gemeinschaftsweiten Ausübung seiner Grundfreiheiten behindern. Der eine Dienstleistung erbringende englische *solicitor* ist deshalb zu Recht von der Prozeßsicherheit des § 110 Abs. 1 ZPO zu befreien, wenn er in Ausübung seiner Dienstleistungstätigkeit vor einem deutschen Gericht Aufgaben wahrnimmt, bei denen er in Großbritannien von entsprechenden Lasten befreit wäre[170].

III. Zusammenfassung

Auch die Untersuchung des Einflusses von Art. 6 Abs. 1 EGV auf das deutsche Zivilprozeßrecht ergibt, daß das europäische Recht mit der nationalen Zivilverfahrensrechtsordnung nur wenige Berührungspunkte besitzt. Der sachliche Anwendungsbereich des Art. 6 Abs. 1 EGV ist begrenzt. Nicht jegliche Diskriminierung kann mit Hilfe dieser Vorschrift untersagt werden. In dem großen Bereich des wirtschaftsrechtlich bestimmten Sonderrechts, das unmittelbar aufgrund der Gemeinschaftsverträge oder durch Sekundärrecht liberalisiert wird, kann Art. 6 Abs. 1 EGV ohne weiteres angewendet werden. Für diese Materien besteht in aller Regel eine Gemeinschaftskompetenz, die für das Zivilprozeßrecht gerade fehlt. Deshalb kann das Zivilprozeßrecht nur unter Vermittlung des EuGVÜ in den Anwendungsbereich des Vertrages und damit des Art. 6 Abs. 1 EGV fallen.

Für die erforderliche Gemeinschaftsrelevanz genügt, daß die zivilprozessuale Vorschrift aufgrund der europäischen Prozeßgesetze in ihrer Anwendung berührt wird. Dabei reicht es allerdings nicht aus, wenn der ausländische Kläger aufgrund der Abkommen verpflichtet ist, vor einem deutschen Gericht zu klagen. Die Abkommen selbst müssen einen Anhaltspunkt dafür enthalten, daß die nationale Prozeßrechtsvorschrift dem Sinn und Zweck des EuGVÜ widerspricht. Der Anwendungsbereich ist etwa hinreichend bestimmt, wenn der ausländische Schuldner entgegen dem im EuGVÜ angelegten Gleichbehandlungsgebot der Prozeßparteien durch nationale Vorschriften besonderen inländischen Arrestgründen ausgesetzt wird. Zudem muß die Streitigkeit, in deren Verlauf eine nationale Verfahrensvorschrift verdrängt oder unanwendbar wird, ihrerseits wieder im sachlichen Geltungsbereich des EuGVÜ liegen. Nur innerhalb dieses Rahmens besteht Anlaß, das gemeinschaftsrechtliche Diskriminierungsverbot zu

---

[170] EuGH, 1.7.1993 – *Hubbard / Hamburger*, C-20 / 92 – NJW 1993, 2431; vgl. auch EuGH, 29.10.1980 – *Boussac Saint Frères / Gerstenmeier*, 20 / 80 – Slg. 1980, 3427 (3436).

Lasten des eigenen Prozeßrechts und damit auch des Grundsatzes der lex fori zu stärken.

Daraus folgt, daß § 110 Abs. 1 ZPO zwar eine Diskriminierung i.S.d. Art. 6 Abs. 1 EGV enthält, wenn Prozeßkostensicherheiten von Prozeßparteien verlangt werden, die Bürger eines der EU-Mitgliedstaaten sind. Die Diskriminierung fällt jedoch nicht in den Anwendungsbereich des Vertrages und ist wegen der nur begrenzten Regelungskompetenz auf dem Gebiet des Zivilprozeßrechts hinzunehmen. Ein Reduktionsproblem gibt es demnach bei dieser Vorschrift nicht. Die teleologische Reduktion würde sogar gegen die erklärten gesetzgeberischen Wertungen des EGV verstoßen, der das nationale Recht nicht in seiner Gänze dem Prüfstein des Gemeinschaftsrechts zuführen wollte[171].

Dagegen konnte die Gemeinschaftsrelevanz des § 917 Abs. 2 ZPO nachgewiesen werden. § 917 Abs. 2 ZPO verliert im Anwendungsbereich des EuGVÜ seinen Geltungsgrund. Die Funktion des EuGVÜ und seiner Erweiterungs- und Nachfolgeabkommen, eine Gleichbehandlung der Prozeßparteien im sachlichen Anwendungsbereich der Übereinkommen zu gewährleisten, müßte den deutschen Richter veranlassen, § 917 Abs. 2 ZPO in gemeinschaftsfreundlicher Auslegung nicht anzuwenden. Das EuGVÜ übernimmt dabei eine vermittelnde Rolle, wobei der Arrestgrund der Auslandsvollstreckung den sachlichen Anwendungsbereich des EuGVÜ in seiner Rechtsschutzfunktion berührt. Lediglich in diesem Fall wird die Maßgeblichkeit der lex fori processualis durch europarechtliche Wertungen verdrängt.

§ 18 Der Primat der nationalen Prozeßrechtsordnung

Die Europäische Gemeinschaft besitzt keine Kompetenz zivilverfahrensrechtliche Vorschriften zu regeln. Artt. 100, 100 a und 235 EGV ermächtigen nur zur Rechtsharmonisierung, wenn es um die Beseitigung von wettbewerbsverzerrenden oder -beschränkenden Vorschriften geht, die sich unmittelbar auf das Funktionieren des Gemeinsamen Marktes auswirken. Die Ziele des Vertrages und die Kompetenzstruktur zeigen dabei deutlich, wo jede Rechtsfortbildung ihre Grenze finden muß. Das Zivilprozeßrecht fällt danach nicht in die von der Gemeinschaft wahrzunehmenden Aufgaben. Wo es infolge des sekundären Gemeinschaftsrechts zu den derzeit noch äußerst seltenen Ausstrahlungen auf

[171] Zu den Grenzen der teleologischen Reduktion, *Brandenburg*, Die teleologische Reduktion, S. 71 f.

das Prozeßrecht kommt[172], handelt es sich um punktuelle, vernachlässigenswerte Phänomene. Sie legitimieren sich zumeist aus einer sehr engen Beziehung zu einer ins nationale Recht umgesetzten Vorschrift.

Eine Öffnung des Prozeßrechts durch die Grundfreiheiten mag durch eine sehr weite Auslegung des EGV erreichbar sein. Sie verstößt jedoch in ihrer allgemeinen Form gegen Inhalt und Geist des Vertrages. Die Aufgabe der gemeinschaftsrechtlichen Grundfreiheiten, binnenmarktbeschränkende Vorschriften, die in aller Regel an die Staatsangehörigkeit anknüpfen, abzubauen, sollte nicht mit einem Postulat der Gleichheit verwechselt werden. Der Verweis auf das nationale Prozeßrecht gemäß der lex fori und die daraus folgende Benachteiligung ausländischer Kläger, möglicherweise nur auf der Grundlage eines ihnen fremden Prozeßrechts prozessieren zu können, ist von europäischer Warte aus hinzunehmen.

Sehr eingeschränkt ist auch der Einfluß von Art. 6 Abs. 1 EGV auf das deutsche Prozeßrecht. Als Regel ließe sich formulieren, daß ein Konflikt zwischen EuGVÜ und ZPO, bei dem die nationale Vorschrift der Intention des Übereinkommens, eine möglichst weitgehende Gleichbehandlung der Prozeßparteien unabhängig von ihrer Staatsangehörigkeit zu erreichen, widerspricht, durch eine teleologische Reduktion der Vorschrift gelöst werden müßte. Diese Fälle dürften freilich selten sein, weil die Zivilprozeßordnung inländische und ausländische Kläger weitgehend gleich behandelt.

Die Ausstrahlungen des Gemeinschaftsrechts auf die deutsche Zivilprozeßordnung bleiben somit tatsächlich Randerscheinungen. Die beiden Rechtskreise Gemeinschaftsrecht und nationales Recht haben im Prozeßrecht kaum Berührungspunkte. Damit bleibt die Geltung des nationalen Prozeßrechts weitestgehend erhalten. Es bildet beinahe unverfälscht den Maßstab für das Verfahren in zivilrechtlichen Streitigkeiten. Der Grundsatz der lex fori behält also auch im Hinblick auf die europäische Rechtsentwicklung seinen Charakter als Rechtsprinzip. Die Notwendigkeit, die eine oder andere zivilprozessuale Vorschrift von europäischen Anwendungsinteressen her zu bestimmen, ergibt sich ausschließlich aus dem Funktionsbedürfnis der europäischen Zivilprozeßgesetze und der marktrelevanten Funktion einiger weniger Vorschriften[173]. Nur wo

[172] Oben § 16 II, 1.

[173] EuGH, 1.7.1993 – *Hubbard / Hamburger*, C-20 / 92 – NJW 1993, 2431; EuGH, 29.10. 1980 – *Boussac Saint Frères / Gerstenmeier*, 20 / 80 – Slg. 1980, 3427 (3436).

deren Inhalt es verlangt, muß die nationale Verfahrensrechtsvorschrift zugunsten des gemeinschaftsrechtlichen Sachrechts weichen.

7. Kapitel

Die Reichweite der lex fori im internationalen Zivilprozeßrecht

In den vorangehenden Kapiteln wurde das verfahrensrechtliche lex-fori-Prinzip von unterschiedlichen Seiten betrachtet. Dabei sind die dogmatische Begründbarkeit[1], die mit dem lex-fori-Prinzip verbundene Methode[2], sowie die Anwendung auf einige Beispiele[3] ebenso untersucht worden, wie die Notwendigkeit eines Verfahrenskollisionsrechts[4] und der Einfluß des europäischen Gemeinschaftsrechts[5]. Dabei hat sich erwiesen, daß die lex-fori-Regel das Leitbild des internationalen Zivilverfahrensrechts bleiben muß.

Die Darstellung hat gezeigt, daß die lex fori aus dem geltenden Recht nicht widerspruchsfrei begründbar ist. Weder Gründe des öffentlich-rechtlichen Charakters des Prozeßrechts[6] noch die eines verfahrensrechtlichen ordre public[7] tragen die Begründung zur ausschließlichen Anwendbarkeit deutschen Verfahrensrechts in sich. Das Territorialitätsprinzip entspricht in seiner Funktion, die Anwendung einer Norm nur nach räumlichen Kriterien vorzunehmen, dem lex-fori-Prinzip, das für das Verfahren das am Gerichtsort anzuwendende Recht beruft. Beide Prinzipien sind für das Verfahrensrecht demnach deckungsgleich, das Territorialitätsprinzip also zur Begründung der lex fori ungeeignet.

Auch die aus dem Souveränitätsprinzip fließende Befugnis des Staates, sein Recht nach eigenem Ermessen zu gestalten und infolgedessen auch den Umfang der eigenen Gerichtsgewalt zu bestimmen, enthält keinen Grund für die ausschließliche Berufung des eigenen Verfahrensrechts in Fällen mit Auslands-

[1] 1. Kap., §§ 3, 4.

[2] 3. Kap., §§ 6, 7.

[3] 4. Kap., §§ 8-12.

[4] 5. Kap., §§ 13-15.

[5] 6. Kap., §§§ 16-18.

[6] 2. Kap., § 3 I, II.

[7] 2. Kap., § 4, V.

berührung. Zwar kann das Souveränitätsprinzip Jurisdiktionskonflikten vorbeugen, indem etwa Zustellungen oder Ladungen ins Ausland durch inländische Maßnahmen ersetzt[8], exzessive internationale Zuständigkeiten oder unzulässige Beweisaufnahmen fremder Staaten im Inland untersagt werden. Die Souveränitätsgrenzen der einzelnen Staaten sind indes nicht derart aufeinander abgestimmt, daß die Anwendung und Berücksichtigung ausländischen Verfahrensrechts im Inland schlechthin ausgeschlossen wäre.

Diese Aufgabe kann auch der verfahrensrechtliche ordre public nicht übernehmen. Die Vorbehaltsklausel hat im Verfahrensrecht einen viel restriktiveren Wertungsgehalt als im materiellen Recht. Anforderungen ausländischer Verfahrensrechte an deutsche Parteien sind dabei nicht in jedem Fall ordre public- und damit anerkennungswidrig[9]. Praktikabilitätserwägungen, die die Anwendung des Verfahrensrechts der lex fori noch am ehesten rechtfertigen können, enthalten indes nur Indizien für die Anwendung des eigenen Verfahrensrechts. Bei einer ausschließlichen Begründung mit Hilfe der Prozeßökonomie, Effektivität und Berechenbarkeit des Verfahrens drohen die Rechtsanwendungsinteressen der Parteien aus dem Blick zu geraten[10]. Gleichwohl ist an der Geltung der lex fori festzuhalten.

Das internationale Zivilprozeßrecht unterscheidet sich in seiner Methode vom internationalen Privatrecht. Die Internationalität eines Falles führt dabei im deutschen Recht zunächst auf das Trennungsdenken zurück[11]. Dabei hat sich die im Vorfeld der lex-fori-Regel erforderliche Scheidung des materiellen Rechts vom Prozeßrecht als das Kernproblem des internationalen Verfahrensrechts erwiesen. Die für die internationale Rechtsanwendung bisher diskutierten Vorschläge, die je nach dem Inhalt der Verfahrensnorm materielle, die Prozeßentscheidung betreffende Kriterien oder prozessuale, das Verfahren gestaltende und ordnende Funktionen für maßgeblich halten, sind in der konkreten Fallösung häufig zu unbestimmt[12]. M.E. kann es einen solchen Katalog auch nicht geben. Starre Zuordnungskriterien würden die Normanwendung sogar erschweren und unnötige Auslegungsstreitigkeiten hervorrufen.

---

[8] 2. Kap., § 3, II 2.

[9] 2. Kap., § 4, V.

[10] 2. Kap., § 4, VI.

[11] 3. Kap., §§ 6, 7, I 1.

[12] 3. Kap., § 6, I 2.

In einigen Fällen, in denen die Zuordnung streitig bleibt, kann die materiellrechtsfreundliche Qualifikation Abhilfe leisten[13]. Danach ist eine ausländische Vorschrift als Bestandteil der lex causae zu behandeln, wenn sie unter Zugrundelegung inländischer Wertmaßstäbe materiellrechtliche Funktionen wahrnimmt. Allerdings kann diese Stärkung des materiellen Rechts nicht als Grundsatz gelten. Die Vielfalt der Prozeßordnungen und die Verbindung von staatlicher Gerichtstätigkeit mit der Durchsetzung subjektiver Rechte kann es ausschließen, die ausländische Verfahrensnorm als Bestandteil der lex causae anzusehen.

Die Herrschaft der lex fori über das Verfahrensrecht macht ein System von Kollisionsnormen, wie es das IPR zur Beantwortung der sich stellenden materiellen Rechtsfragen kennt, entbehrlich[14]. Das internationale Zivilprozeßrecht kennt aber mit der lex-fori-Regel eine ungeschriebene einseitige Verfahrenskollisionsnorm, die in Funktion und Aufgaben den Kollisionsnormen des IPR entspricht. Die Normanwendung geschieht im internationalen Prozeßrecht in aller Regel durch die Subsumtion einer als verfahrensrechtlich erkannten Vorschrift unter die lex-fori-Regel, ein Auslegungsvorgang, den das internationale Privatrecht mit dem Begriff der Qualifikation bezeichnet[15]. Die Beurteilung eines Auslandssachverhalts darauf hin, ob er die Tatbestandsmerkmale einer Prozeßnorm erfüllt, unterstreicht die Sachnormbezogenheit des internationalen Zivilprozeßrechts.

Eine methodisch sachgerechte Erfassung des Ineinandergreifens von lex-fori-Prinzip und prozessualer Sachnorm findet sich in der Differenzierung in Haupt- und Vorfragen, wie sie aus dem IPR bekannt ist[16]. Liegt dem lex-fori-Prinzip die Struktur einer Verweisungsnorm zugrunde, die als maßgebliches Prozeßstatut grundsätzlich das inländische Verfahrensrecht beruft, dann sind materielle Normeinschlüsse in prozessualen Sachnormen, unter die ein auslandsbezogener Sachverhalt subsumiert werden muß, Vorfragen, die sich im Rahmen der nach der lex fori beantworteten Hauptfrage stellen[17].

Innerhalb dieser Vorfragen ergeben sich nun vielerlei Anknüpfungsprobleme. Es erscheint vorteilhaft, Normgruppen zu bilden, auch wenn sich aufgrund der unterschiedlichen Inhalte prozessualer Sachnormen kein einheitliches System

[13] 3. Kap., § 6, I 2 c.

[14] 5. Kap., § 13.

[15] 3. Kap., § 7, I, II.

[16] 3. Kap., § 7, II.

[17] 4. Kap., §§ 8-12.

herausbilden kann. Die Analysen konnten aufzeigen, daß die lex fori auch bei der inhaltlichen Bestimmung von Tatbestandsmerkmalen in prozessualen Sachnormen eine Vorherrschaft beansprucht, die nur in Randfragen vom internationalen Privatrecht begrenzt wird.

Unproblematisch ist die Qualifikation der ausschließlich dem Verfahren gewidmeten Vorschriften. Die lex-fori-Regel gilt hier uneingeschränkt[18]. Zugleich entfaltet sie normative Kraft, wenn die prozessuale Sachnorm einen Verweis auf Vorschriften des Bürgerlichen Rechts enthält, die die Prozeßnorm in ihren Tatbestand übernimmt[19]. Dieser äußerst enge Normzusammenhang zwischen dem materiellen und prozessualen Recht ist nur anhand einer gründlichen Analyse der jeweiligen Vorschrift unter Einschluß der Partei- und Gerichtsinteressen ergründbar. Hier ist eine Korrektur mit Hilfe des internationalen Privatrechts nicht nur nicht notwendig, sondern sogar unerwünscht.

Auch bei der Entscheidung über die Anknüpfung derjenigen prozessualen Sachnormen, die gleichermaßen materiellrechtliche und prozessuale Elemente enthalten, ist zunächst von der lex-fori-Regel auszugehen[20]. Ergibt die eingehende Analyse der Norm, daß der Begriff prozessual ausgelegt werden muß, bleibt es bei der Maßgeblichkeit des deutschen Verfahrensrechts. Anhand der Prozeßvollmacht (§ 80 Abs. 1 ZPO) und der prozessualen Unterwerfungserklärung unter die sofortige Zwangsvollstreckung (§ 794 Abs. 1 Nr. 5 ZPO) wurde gezeigt, daß beide Rechtsinstitute nur in ihrer prozessualen Einordnung Wertungswidersprüche zum materiellen Recht vermeiden. Der internationalrechtlichen Normanwendung hat deshalb immer eine eingehende Normanalyse vorauszugehen. Dabei wird sich im Prozeßrecht wohl häufiger erweisen, daß nur die lex-fori-Geltung eine sinnvolle Anwendung zuläßt.

Gelegentlich kann es zu einer Anknüpfung der Vorfragen an die lex causae kommen, wenn die Norm besondere Interessen der Parteien, wie z.B. bei einer einverständlichen Gerichtswahl, in den Vordergrund rückt. Auch in den Fällen, in denen die Vorschrift ohne ihren Bezug zum materiellen Recht schwer verständlich ist (§ 323 ZPO), kann nicht allein die lex fori herrschen. Der materiellrechtliche Normbestandteil ist einer gesonderten Anknüpfung zu unterziehen, wobei das nach internationalem Privatrecht berufene materielle Recht maßgeblich ist.

---

[18] 4. Kap., § 8.

[19] 4. Kap., § 9.

[20] 4. Kap., § 10.

Auch bei der Analyse der schadensrechtlichen Anspruchsgrundlagen im Verfahrensrecht am Beispiel des § 945 ZPO konnte festgestellt werden, daß die Korrektur der lex fori aus dem Funktionsbedürfnis der Vorschrift erwächst. Die schadensrechtlichen Anspruchsgrundlagen des Prozeßrechts sind materiellrechtliche Normen, die aus historischen und systematischen Gründen im Verfahrensrecht verblieben sind. Sie hätten auch ins Bürgerliche Gesetzbuch aufgenommen werden können. Diese Zuordnung setzt sich auch im internationalen Zivilprozeßrecht durch. § 945 ZPO und die mit dieser Vorschrift vergleichbaren Normen kommen somit nur zur Anwendung, wenn deutsches Recht als maßgebliches Sachstatut berufen ist.

Im Verlaufe der Untersuchung hat sich zudem ergeben, daß die von Rechtsprechung und Literatur erarbeiteten Lösungen von Wertungswidersprüchen an den Nahtstellen des internationalen Zivilprozeßrechts und des IPR ein ganzheitliches Verständnis von Recht und Rechtsverwirklichung fördern. Sowohl die materiellrechtsfreundliche Qualifikation[21], als auch die Anpassung prozessualer Sachnormen überwinden das Trennungsdenken im deutschen Recht, indem sie im ersten Fall tendenziell materiellrechtlich qualifizieren, im letzteren die Trennung für die Zwecke der Normanwendung schließlich weitgehend aufheben.

Der Einfluß des europäischen Gemeinschaftsrechts auf die Maßgeblichkeit der lex fori schließlich muß als eine Randerscheinung bewertet werden[22]. Die Ausstrahlungen des Gemeinschaftsrechts auf die deutsche Zivilprozeßordnung sind äußerst gering, weil das Gemeinschaftsrecht das Prozeßrecht nicht in seinen Regelungsbereich einbezogen hat und die Grundfreiheiten deshalb keine Integrationsfunktion gegenüber den Prozeßordnungen der Mitgliedstaaten übernehmen können[23]. Der Grundsatz der lex fori behält auch unter dem Einfluß der europäischen Rechtsentwicklung seinen Charakter als Rechtsprinzip. Nach dem derzeitigen Entwicklungsstand des europäischen Gemeinschafts- und Zivilverfahrensrechts ist nur die Vorschrift über die erleichterten Arrestvoraussetzungen im Falle einer späteren Auslandsvollstreckung (§ 917 Abs. 2 ZPO) teleologisch zu reduzieren[24].

---

[21] 3. Kap., § 6, I 2 c; 4. Kap., § 12, II 3.

[22] 6. Kap., §§ 16, 17.

[23] 6. Kap., § 16, I-III.

[24] 6. Kap., § 17, II 2 c.

Damit erweist sich die lex fori zwar nicht als Leitbild mit Aussschließlichkeitscharakter, aber doch als ein Rechtsprinzip, das weitgehende normative Geltung beansprucht.

Literaturverzeichnis

Abele, Roland: Der Vorrang des Gemeinschaftsrechts in der Rechtsprechung des Tribunal Supremo, EuZW 1992, S. 305

Ackmann, Hans-Peter: Ausländerarrest (§ 917 Abs. 2 ZPO) bei Vollstreckung in einem EuGVÜ-Staat?, IPRax 1991, S. 166

Ackmann, H.-P. / *Wenner*, C.: Auslandskonkurs und Inlandsprozeß: Rechtssicherheit contra Universalität im deutschen Internationalen Konkursrecht, IPRax 1989, S. 144

– Inlandswirkung des Auslandskonkurses: Verlustscheine und Restschuldbefreiung, IPRax 1990, S. 209

Albrecht, Christian: Das EuGVÜ und der einstweilige Rechtsschutz in England und in der Bundesrepublik Deutschland, Diss. (Heidelberg), Heidelberg 1990

Arens, Peter: Prozessuale Probleme bei der Anwendung ausländischen Rechts im deutschen Zivilprozeß, FS Zajtay, Tübingen 1982, S. 7

– Willensmängel bei Parteihandlungen im Zivilprozeß, Bad Homburg v.d.H, Berlin, Zürich 1968

Arnold, Hans: Straßburger Entwurf eines europäischen Konkursübereinkommens, IPrax 1986, S. 133

Audit, Bernard: Droit international privé, Paris 1991

Bach, Albrecht: Direkte Wirkungen von EG-Richtlinien, JZ 1990, S. 1108

v. Bar, Christian: Internationales Privatrecht, Erster Band, Allgemeine Lehren, München 1987
Internationales Privatrecht, Zweiter Band, Besonderer Teil, München 1991

v. Bar, Ludwig: Theorie und Praxis des Internationalen Privatrechts, 2. Aufl., Hannover 1889

Basedow, Jürgen: Das internationale Zivilprozeßrecht im Visier des Gesetzgebers, StAZ 1983, S. 233

– Qualifikation, Vorfrage und Anpassung im internationalen Zivilverfahrensrecht, in: Schlosser, P. (Hrsg.), Materielles Recht und Prozeßrecht und die Auswirkungen der Unterscheidung im Recht der Internationalen Zwangsvollstreckung, Bielefeld 1992, S. 131

Batiffol, H. / *Lagarde*, P.: Droit internationale privé, Band I, 2. Aufl., Paris 1981, Band II, 2. Aufl., Paris 1983

Baumann, Peter: Leistungs- und Abänderungsklage bei früherem Auslandsurteil, IPRax 1990, S. 28

Baumbach, A. / *Hefermehl*, W.: Kommentar zum Wechselgesetz, 18. Aufl., München 1994

– / – Wettbewerbsrecht, 17. Aufl., München 1993

Baumbach / Lauterbach / Albers / Hartmann: Zivilprozeßordnung, 53. Aufl., München 1995

Baumgärtel, Gottfried: Wesen und Begriff der Prozeßhandlung einer Partei im Zivilprozeß, Berlin, Frankfurt a.M., 1957

Baur, Fritz: Funktionswandel des Zivilprozesses?, FS gewidmet der Tübinger Juristenfakultät zu ihrem 500-jährigem Bestehen 1977 von ihren gegenwärtigen Mitgliedern, Tübingen 1977, S. 159

– Einige Bemerkungen zum verfahrensrechtlichen ordre public, in: Beiträge zu ausgewählten Problemen des Verfahrensrechts, Tübingen 1986, S. 328

Baur, F. / *Stürner*, R.: Zwangsvollstreckungs-, Konkurs- und Vergleichsrecht, Band I, 11. Aufl., Heidelberg 1983, Insolvenzrecht, Band II, 12. Aufl., Heidelberg 1990

– / – Lehrbuch des Sachenrechts, 16. Aufl., München 1992

Beitzke, Günther: Anerkennung inländischer Privatscheidungen von Ausländern?, IPRax 81, S. 202

Berenbrok, Marius: Internationale Nachlaßabwicklung, Zuständigkeit und Verfahren, Diss. (Hamburg), Berlin 1989

Beule, Dieter: Ein Verstoß gegen das Scheidungsmonopol der deutschen Gerichte?, IPRax 1988, S. 150

Bieber, R. / *Beutler*, B. / *Pipkorn*, J. / *Streil*, J.: Die europäische Gemeinschaft, 3. Aufl., Baden-Baden 1987

Bleckmann, Albert: Europarecht, 5. Aufl., Köln u.a 1993

– Grundprobleme und Methoden des Völkerrechts, Freiburg, München 1982

– Die Freiheit des Gemeinsamen Marktes als Grundrecht, Gedächtnisschrift Sasse, Baden-Baden 1981, S. 665

– Grundgesetz und Völkerrecht, Berlin 1975

Bleckmann, A. / *Pieper*, S.: Maastricht, die grundgesetzliche Ordnung und die „Superrevisionsinstanz“, RIW 1993, S. 969

v. Bodungen, T. / *Jestaedt*, T.: Deutsche Bedenken gegen ein Discovery mit extraterritorialen Wirkungen im U.S.-Prozeß, FS Stiefel, München 1980, S. 65

Böhm, Peter: Die Rechtsschutzformen im Spannungsfeld von lex fori und lex causae, FS Fasching, Wien 1988, S. 107

Böhmer, Gustav: Grundlagen der bürgerlichen Rechtsordnung I, Tübingen 1950

Booß, Dierk: Fragen der „wesenseigenen Zuständigkeit“ im internationalen Familienrecht, Diss. (Bonn), 1965

Born, G. P. / *Hausmaninger*: Extraterritoriale Anwendung US-amerikanischer Rechtsvorschriften nach der Supreme Court Entscheidung Boureslan v. Aramco, IPRax 1992, S. 192

Born, G. P. / *Westin*, D.: International Civil Litigation in United States Courts, 2. Aufl., Deventer, Boston 1992

Brandenburg, Hans-Friedrich: Die teleologische Reduktion, Diss. (Göttingen), Göttingen 1983

Brödermann, Eckart: Europäisches Gemeinschaftsrecht versus IPR: Einflüsse und Konformitätsge-bot, MDR 1992, S. 89

Brox, H. / *Walker*, W.-D.: Zwangsvollstreckungsrecht, 4. Aufl., Köln u.a. 1993

Bruns, Rudolf: Zivilprozeßrecht, 2. Aufl., München 1979

Bucher, Eugen: Für mehr Aktionendenken, AcP 186 (1986), S. 1

Buciek, Klaus D.: Beweislast und Anscheinsbeweis im internationalen Recht, Diss. (Bonn), Bonn 1984

Bülow, Oskar: Dispositives Civilprozeßrecht und die verbindliche Kraft der Rechtsordnung, AcP 64 (1881), S. 1

Bülow, A. / *Böckstiegel*, K.-H.: Der internationale Verkehr in Zivil- und Handelssachen, Stand Mai 1993

Bungert, Hartwin: Prozeßkostensicherheitsleistung ausländischer Kapitalgesellschaften und die Diskriminierungsverbote des EWG-Vertrages, EWS 1993, S. 315

– Vollstreckbarkeit US-amerikanischer Schadensersatzurteile in exorbitanter Höhe in der Bundesrepublik, ZIP 1992, S. 1707

Capotorti, F. / *Starace*, V.: La giurisprudenza italiana di diritto internazionale privato e processuale, Repetorio 1967-1990, Roma 1991

Carrington, Paul D.: „Substance" and „Procedure" in the Rules Enabling Act, Duke L.J. 1989, S. 281

Cassin, René: Réflexions sur la résolution judiciaire des contrats pour inexécution, Rev. trim. dr. civ. 1945, S. 159

Chesire & North's: Private International Law, by P.M. North / J.J. Fawcett, 12. Aufl., London 1992

Chrocziel, Peter: Die eingeschränkte Geltung des Gesetzes gegen unlauteren Wettbewerb für EG-Ausländer, EWS 1991, S. 173

Coester-Waltjen, Dagmar: Internationales Beweisrecht, Ebelsbach 1983

Cook, Walter Wheeler: „Substance" and „Procedure" in the Conflict of Laws, 42 Yale L.J. 333 (1933), S. 337

v. Craushaar, Götz: Die internationalrechtliche Anwendbarkeit deutscher Prozeßnormen – Österreichisches Erbrecht in deutschem Verfahren, Diss. (Freiburg), Karlsruhe 1961

Dänzer-Vanotti, Wolfgang: Die richtlinienkonforme Auslegung deutschen Rechts hat keinen rechtlichen Vorrang, RIW 1991, S. 754

Dahm, Georg: Völkerrecht, Band I, Stuttgart 1958

Dalhuisen, J. H.: Creditors Remedies and the Conflict of Laws in the European Community, FS Riesenfeld, Heidelberg 1983, S. 1

De Almeida Cruz, M. / Desantes *Real* M. / *Jenard*, P.: Bericht zu dem Übereinkommen über den Beitritt des Königreichs Spanien und der Portugiesischen Republik zum Übereinkommen über die gerichtliche Zuständigkeit und die Vollstreckung gerichtlicher Entscheidungen in Zivil- und Handelssachen vom 26.5.1989, ABl. EG 1990 C 189, S. 35

Deutsch, Erwin: Haftungsrecht, Erster Band: Allgemeine Lehren, Köln 1976

Dicey, A.V.: Dicey and Morris on the conflict of laws (by Lawrence Collins & others), 1,2: Conflict of laws, 11. Aufl., 1987

Di Fabio, Udo: Richtlinienkonformität als ranghöchstes Normauslegungsprinzip?, NJW 1990, S. 947

Dittmar, Rolf: Der Arrestgrund der Auslandsvollstreckung, NJW 1978, S. 1720

Dölle, Hans: Die persönlichen Rechtsverhältnisse zwischen Ehegatten im deutschen internationalen Privatrecht, RabelsZ 16 (1951), S. 361

Dörner, Heinrich: Qualifikation im IPR – ein Buch mit sieben Siegeln?, StAZ 1988, S. 345

Dohmann, B. / *Briggs*, A.: „Worldwide Mareva" Injunctions and the enforcement of Foreign Judgements in England, in: Schlosser, P. (Hrsg.), Materielles Recht und Prozeßrecht und die Auswirkungen der Unterscheidung im Recht der Zwangsvollstreckung, Bielefeld 1992, S. 157

Dulckeidt, G. / *Schwarz*, F. / *Waldstein*, W.: Römische Rechtsgeschichte, 8. Aufl., München 1989

Ebenroth, Carsten Thomas: Die Inlandswirkungen der ausländischen lex fori concursus bei Insolvenz einer Gesellschaft, ZZP 101 (1988), S. 121

Edler, Rudolf: Verjährung und res iudicata im englischen Internationalen Privatrecht, RabelsZ 40 (1976), S. 43

Ehricke, Andreas: Zur teleologischen Reduktion des § 917 II ZPO, NJW 1991, S. 2189

– Nochmals: Zum Arrestgrund der Auslandsvollstreckung in § 917 II ZPO, NJW 1992, S. 603

– Auswirkungen des Gemeinschaftsrechts auf § 917 II ZPO, IPRax 1993, S. 380

Eidenmüller, Horst: Discovery und materiellrechtlicher Auskunftsanspruch im deutschen Unterhaltsprozeß: Anpassung durch Qualifikation?, IPRax 1991, S. 356

Eilers, Anke: Maßnahmen des einstweiligen Rechtsschutzes im europäischen Zivilrechtsverkehr, Diss. (Bonn), Bielefeld 1991

Esser, J. / *Schmidt*, E.: Schuldrecht, Band I, Allgemeiner Teil, 6. Aufl., Heidelberg 1984

Everling, Ulrich: Zur Auslegung des durch EG-Richtlinien angeglichenen nationalen Rechts, ZGR 1992, S. 376

Ferid, Murad: Im Ausland erfüllte Tatbestandsmerkmale inländischer Sachnormen, GRUR Int. 1973, S. 472

Feurich, Wilhelm E.: Bundesrechtsanwaltsordnung, Kommentar, 2. Aufl., München 1992

Firsching, Karl: Die deutsche IPR – Reform und das deutsche internationale Verfahrensrecht, ZZP 95 (1982), S. 121

– Zur Reform des deutschen internationalen Erbrechts, in: Beitzke (Hrsg.), Vorschläge und Gutachten zur Reform des deutschen internationalen Personen-, Familien- und Erbrechts, Tübingen 1981, S. 202

Flessner, Axel: Interessenjurisprudenz im internationalen Privatrecht, Tübingen 1990

– Entwicklungen im internationales Konkursrecht, besonders im Verhältnis Deutschland-Frankreich, ZIP 1989, S. 749

Förster, A.: Die Civilprozeßordnung für das deutsche Reich, Grünberg i.S. 1886

Fromont, Michel: Das Verhältnis zwischen dem nationalen Recht und dem EG – bzw. Völkerrecht in Frankreich, EuZW 1992, S. 46

Gamillscheg, Franz: Überlegungen zur Methode der Qualifikation, FS Michaelis, Göttingen 1972, S. 79

Gauch, P. / *Schluep*, W.R.: Schweizerisches Obligationenrecht, Allgemeiner Teil, Band I, 4. Aufl., Zürich 1987

Gaul, Hans Friedhelm: Zur Frage nach dem Zweck des Zivilprozesses, AcP 68 (1968), S. 27

Geigel, Reinhart: Der Haftpflichtprozeß, hrsg. von Günther Schlegelmilch unter Mitarbeit von Kurt Haag u.a., 21. Aufl., München 1993

Geimer, Reinhold: Internationales Zivilprozeßrecht, 2. Aufl., Köln 1993

Geimer, R. / *Schütze*, R.: Internationale Urteilsanerkennung – Allgemeine Grundsätze und autonomes deutsches Recht, Band I, 2. Halbband, München 1984

Georgiades, Apostolos: Die Abänderung ausländischer Urteile im Inland, FS Zepos II, Köln 1973, S. 189

Gerber, David J.: Unterscheidung zwischen materiellem und Prozeßrecht im Recht der Vereinigten Staaten, in: Schlosser, P. (Hrsg.), Materielles Recht und Prozeßrecht und die Auswirkungen der Unterscheidung im Recht der Internationalen Zwangsvollstreckung, Bielefeld 1992, S. 113

Giegerich, Thomas: Deutsche Rechtsprechung in völkerrechtlichen Fragen, ZaöRV 1992, S. 355

Goldschmidt, James: Der Prozeß als Rechtslage. Eine Kritik des prozessualen Denkens. Abhandlungen der Berliner Jur. Fakultät, Berlin 1925, Neudruck 1962

– Zivilprozeßrecht, Enzyklopädie der Rechts- und Staatswissenschaft, Neudruck der 2. Aufl. Berlin 1932, Neudruck 1969

Gottwald, Peter: Auf dem Weg zur Neuordnung des internationalen Verfahrensrechts, ZZP 95 (1982), S. 3

– Das internationale Verfahrensrecht im Entwurf eines IPR-Gesetzes, IPRax 84, S. 57

– Grundfragen der Anerkennung und Vollstreckung ausländischer Entscheidungen in Zivilsachen, ZZP 103 (1990), S. 257

– Grenzen zivilgerichtlicher Maßnahmen mit Auslandswirkung, FS Habscheid, W.J., Bielefeld 1989, S. 119

– Abänderungsklage, Unterhaltsanspruch und materielle Rechtskraft, FS Schwab, München 1990, S. 151

– (Hrsg.) Insolvenzrechtshandbuch, München 1990 (mit Nachtrag)

Grabitz, H. (-Bearbeiter): Kommentar zum EWG-Vertrag, Stand Juni 1990

Grasmann, Günther: Inlandswirkungen des Auslandskonkurses über das Vermögen eines im Konkurseröffnungsstaat ansässigen Gemeinschuldners, KTS 1990, S. 157

Graveson, Ronald H.: Conflict of Laws – Private International Law, 7. Aufl., London 1974

Gray, Whitmore: E pluribus unum? A Bicentennial Report on Unification of Law in the United States, RabelsZ 50 (1986), S. 111

v. d. Groeben, H. / *Thiesing*, J. / *Ehlermann*, K.-D.: Kommentar zum EWG-Vertrag, 3. Aufl., Baden-Baden 1983, 4. Aufl., Baden-Baden 1991

Großfeld, Bernhard: „Internationales Insolvenzrecht im Werden?" Zum Entwurf eines Übereinkommens der EG-Staaten über den Konkurs, Vergleiche und ähnliche Verfahren, ZIP 1981, S. 925

– Die Privatstrafe, Diss. (Münster), Frankfurt a.M., Berlin 1961

Grub, Volker: Der Regierungsentwurf der Insolvenzordnung ist sanierungsfeindlich, ZIP 1993, S. 393

Grunsky, Wolfgang: Lex fori und Verfahrensrecht, ZZP 89 (1976), S. 241

– Grundlagen des Verfahrensrechts, 2. Aufl., Bielefeld 1974

Guldener, Max: Das internationale und interkantonale Zivilprozeßrecht der Schweiz, Zürich 1951

Haarmeyer, Hans: Anhörung zum Regierungsentwurf einer Insolvenzordnung, ZIP 1993, S. 883

Habscheid, Walter J.: Freiwillige Gerichtsbarkeit, 7. Aufl., München 1983

– Zur Aufrechnung (Verrechnung) gegen eine Forderung mit englischem Schuldstatut im Zivilprozeß, FS Neumayer, Baden-Baden 1985, S. 263

– Rezension zu v. Craushaar, Die internationalrechtliche Anwendbarkeit deutscher Prozeßnormen, ZZP 76 (1963), S. 138

Habscheid, Edgar I.: Unterbrechung oder Aussetzung des Inlandsprozesses bei ausländischem Konkursverfahren, KTS 1990, S. 403

Häsemeyer, Ludwig: Schadenshaftung im Zivilrechtsstreit, Heidelberg, Hamburg 1979

Hahn, G. / *Mugdan*: Die gesammten Materialien zu den Reichsjustizgesetzen, 8. Bd., Berlin 1898

Hahn, G. / *Stegemann*, E.: Die gesammten Materialien zur Civilprozeßordnung und dem Einführungsgesetz zu derselben vom 30. Januar 1877, 2. Aufl., Berlin 1881

Hanisch, Hans: Die Wende im deutschen internationalen Insolvenzrecht, ZIP 1985, S. 1233

– Pflicht des Gemeinschuldners zur Vollmachterteilung bezüglich seines Auslandsvermögens, ZIP 1980, S. 170

– Extraterritoriale Wirkung eines allgemeinen Veräußerungsverbots im Konkuseröffnungsverfahren – Revisibilität ermessensfehlerhafter Ermittlung ausländischen Rechts – Durchgriff – Auf die Insolvenzanfechtung anwendbares Recht, IPRax 1993, S. 69

Hausmann, Rainer: Zur Anerkennung und Vollstreckung von Maßnahmen des einstweiligen Rechtsschutzes im Rahmen des EG-Gerichtsstands- und Vollstreckungsübereinkommens, IPRax 1981, S. 79

– Zur Anerkennung und Vollstreckung von Maßnahmen des einstweiligen Rechtsschutzes im Rahmen des EG-Gerichtsstands- und Vollstreckungsübereinkommens, IPRax 1981, S. 79

Hausmann, R. / *Jayme*, E.: Zur Abänderung österreichischer Unterhaltstitel in Deutschland, ZfJ 1979, S. 290

Hay, Peter: Die Qualifikation der Verjährung im US-amerikanischen Kollisionsrecht, IPRax 1989, S. 197

Heldrich, Andreas: Fragen der internationalen Zuständigkeit der deutschen Nachlaßgerichte, NJW 67, S. 417

– Internationale Zuständigeit und anwendbares Recht, Berlin / Tübingen 1969

Hellwig, Konrad: Anspruch und Klagrecht – Beiträge zum Bürgerlichen und Prozeßrecht, Abhandlungen zum Privatrecht und Zivilprozeß des Deutschen Reiches, Band 5, Heft 1, Leipzig 1924, Neudruck 1967

– System des deutschen Zivilprozeßrechts, Erster Teil, Leipzig 1912

Henckel, Wolfram: Vom Gerechtigkeitswert verfahrensrechtlicher Normen, Göttinger Universitätsreden, Göttingen 1966

– Prozeßrecht und materielles Recht, Göttingen 1970

Henrich, Dieter: Privatscheidungen im Ausland, IPRax 1982, S. 94

– Zur Anerkennung und Abänderung ausländischer Unterhaltsurteile, die unter Nichtbeachtung früherer deutscher Unterhaltsurteile ergangen sind, IPRax 1988, S. 21

Hepting, Reinhard: Die Herabsetzung des Volljährigkeitsalters und ihre Auswirkungen im internationalen Privat- und Verfahrensrecht, FamRZ 1975, S. 451

Herber, Rolf: Direktwirkung sogenannter horizontaler EG-Richtlinien, EuZW 1991, S. 401

Herdegen, Matthias: Europäisches Gemeinschaftsrecht und die Bindung deutscher Verfassungsorgane an das Grundgesetz, EuGRZ 1989, S. 309

Heumann, H. / *Seckel*, E.: Handlexikon zu den Quellen des römischen Rechts, 10. Aufl., Graz 1958

Hogan, Gerard: The Judgements Convention and Mareva Injunction in the United Kingdom and Ireland, Eur.L.Rev. 1989, S. 191

Hommelhoff, Peter: Zivilrecht unter dem Einfluß europäischer Rechtsangleichung, AcP 192 (1992), S. 71

Hluze, F. / *Schwarz*, A.: Ehe- und familiengerichtliche Entscheidungen, Band 28, Wien 1993; Band 27, Wien 1992

Jaeger, Ernst: Konkursordnung, mit Einführungsgesetzen, 8. Aufl., Berlin, New York 1977

Jakobs, Arnold: Vorprozessuale Vereinbarungen über die deutsche und internationale Zuständigkeit, Diss. (Mannheim), Mannheim 1974

Jakobs, H.-H. / *Schubert*, W.: Die Beratung des BGB, Allgemeiner Teil, Band 1, 2. Teilband, Berlin, New York 1985

James, F. / *Hazard*, G.: Civil Procedure, 2. Aufl., Toronto 1977

Jansen, F.M.J. / *Gerretsen*, J.: Burgerlijke Regtsvordering, Alphen van den Rijn 1993

Jarass, Hans D.: Richtlinienkonforme bzw. EG – rechtskonforme Auslegung nationalen Rechts, EuR 1991, S. 211

Jauernig, Othmar: Materielles Recht und Prozeßrecht, JuS 1971, S. 329

– Zivilprozeßrecht, 24. Aufl., München 1993

– Zwangsvollstreckungs- und Konkursrecht, 19. Aufl., München 1990

Jayme, Erik: Talaq nach iranischem Recht und deutscher ordre public, IPRax 1989, S. 223

Jayme, E. / *Bissias*, I.: Auskunftsanspruch nach ausländischem Ehegüterrechtsstatut – Zur Fortbildung griechischen Rechts durch deutsche Gerichte, IPRax 1988, S. 94

Jayme, E. / *Kohler*, C.: Das Internationale Privat- und Verfahrensrecht der EG nach Maastricht, IPRax 1992, S. 346

– Das internationales Privat- und Verfahrensrecht der EG 1991 – Harmonisierungsmodell oder Mehrspurigkeit des Kollisionsrechts, IPRax 1991, S. 361

Jayme, E. / *Hausmann*, R.: Internationales Privat- und Verfahrensrecht, 7. Aufl., München 1994, 4. Aufl., München 1988

– Die Abänderung österreichischer Unterhaltstitel in Deutschland, ZfJ 1979, S. 290

Jenard, P. / *Möller*, G.: Bericht zu dem Übereinkommen über die gerichtliche Zuständigkeit und Vollstreckung gerichtlicher Entscheidungen in Zivil- und Handelssachen, geschlossen in Lugano am 16.9.1988, ABl. EG 1990 C 189, S. 57

Junker, Abbo: Einheit und Vielfalt: Die Zivilprozeßrechte der Vereinigten Staaten von Amerika, Geschichte, Systematik, Rezeption, ZZP 101 (1988), S. 241

– Discovery im deutsch-amerikanischen Rechtsverkehr, Diss. (Münster), Heidelberg 1987

Kahn, Franz: Gesetzeskollisionen, Ein Beitrag zur Lehre des internationalen Privatrechts, JherJb 30 (1891), S. 107

Kampf, Roger: Sicherheitsleistungen durch britische Staatsangehörige, NJW 1990, S. 3054

Kane, Mary Kay: The Golden Wedding Year: Erie Railroad Company v. Tompkins and the Federal Rules, Notre Dame L.R. [Vol. 63] 1988, S. 671

Kann, Richard: Ausländer als Prozeßparteien, FS Heinitz, Berlin 1952, S. 313

Kartzke, Ulrich: Abänderung von Unterhaltsentscheidungen und neues Internationales Unterhaltsrecht, NJW 1988, S. 104

Kaser, Max: Römisches Privatrecht, 16. Aufl., München 1992

Kaufmann, Horst: Zur Geschichte des aktionenrechtlichen Denkens, JZ 1964, S. 482

Kaum, Markus: Ausländersicherheit für Briten – Inlandsbezug ausländischer Vorbehaltserklärungen, IPRax 1992, S. 18

Kegel, Gerhard: Internationales Privatrecht, 6. Aufl., München 1987

– Scheidung von Ausländern im Inland durch Rechtsgeschäft, IPRax 1983, S. 22

Kegel, G. / *Seidl-Hohenfeldern*, I.: Zum Territorialitätsprinzip im internationalen öffentlichen Recht, FS Ferid, München 1978, S. 234

Kegel, G. / *Thieme*, J.: Vorschläge und Gutachten zum Entwurf eines EG – Übereinkommens, Tübingen 1988

Keller, M. / *Siehr*, K.: Allgemeine Lehren des internationalen Privatrechts, 4. Aufl., Zürich 1986

Kilger, Joachim / *Schmidt*, Karsten: Konkursordnung, 16. Aufl., München 1993

Kleinknecht / *Meyer-Goßner*: Strafprozeßordnung; Gerichtsverfassungsgesetz, Nebengesetze und ergänzende Bestimmungen, 41. Aufl., München 1993

Koch, Harald: Neuere Probleme der internationalen Zwangsvollstreckung einschließlich des einstweiligen Rechtsschutzes, in: Schlosser, P. (Hrsg.), Materielles Recht und Prozeßrecht und die Auswirkungen der Unterscheidung im Recht der Internationalen Zwangsvollstreckung, Bielefeld 1992, S. 171

Kohler, C. / *Winterhoff*, K.: Neuregelung der internationalen und örtlichen Zuständigkeit in Dänemark, IPRax 1988, S. 53

Kornblum, Udo: Grenzfragen des ordre public in der privaten Schiedsgerichtsbarkeit, KTS 1968, S. 143

Kralik, Winfried: Die Prozeßfähigkeit des Ausländers, ZfRV 11 (1970), S. 161

Kropholler, Jan: Europäisches Zivilprozeßrecht, 4. Aufl., Heidelberg 1993

– Internationale Zuständigkeit, in: Handbuch des Internationalen Zivilverfahrensrechts, Band I, Tübingen 1982

– Zur funktionellen Methode im Kollisionsrecht, Deutsches Verfahrensrecht in ausländischen Unterhaltsentscheidungen, FS Bosch, Bielefeld 1976, S. 525

– Internationales Privatrecht, 2. Aufl., Tübingen 1994

– Die Abänderung von Unterhaltstiteln in Fällen mit Auslandsberührung, ZfJ 1977, S. 105

Kudlich, Christian: Die privatrechtlichen Nebenwirkungen einer im Ausland erhobenen Klage, Diss. (München), München 1962

Kuhn, G. / *Uhlenbruck*, W.: Konkursordnung, 10. Aufl., München 1986

Landfermann, Hans-Georg: Die Auflösung des Vertrages nach richterlichem Ermessen als Rechtsfolge der Nichterfüllung im französischen Recht, Frankfurt a.M., Berlin 1968

Larenz, Karl: Methodenlehre der Rechtswissenschaft, 6. Aufl., Berlin u.a. 1991

Leipold, Dieter: Lex fori, Souveränität, Discovery: Grundfragen des internationalen Zivilprozeßrechts, Heidelberg 1989

– Das anwendbare Recht bei der Abänderungsklage gegen ausländische Urteile, FS Nagel, Münster 1987, S. 189

Lingenberg, J. / *Hummel*, F. / *Zuck*, R. / *Eich*, A.: Kommentar zu den Grundsätzen des anwaltlichen Standsrechts, 2. Aufl., Köln 1988

Linke, Hartmut: Internationales Zivilprozeßrecht, Köln u.a. 1990

– Zur Berücksichtigung ausländischer Rechtshängigkeit eines Scheidungsverfahrens vor deutschen Gerichten, IPRax 1982, S. 229

– Die Bedeutung ausländischer Verfahrensakte im deutschen Verjährungsrecht, FS Nagel, Münster 1987, S. 209

Lipstein, Kurt: Conflict of Laws 1921 – 1971, The way ahead, Cambr. L.J. 1972 B, S. 67

Lorenz, Egon: Zur internationalen Zuständigkeit und zur Formwirksamkeit der Derogation deutscher Arbeitsgerichte nach dem autonomen deutschen Kollisionsrecht, IPRax 1985, S. 256

– Zur Zweistufentheorie des IPR und zu ihrer Bedeutung für das neue internationale Versorgungsausgleichsrecht, FamRZ 1987, S. 645

Lüer, Hans-Jochen: Einzelzwangsvollstreckung im Ausland bei inländischen Insolvenzverfahren, KTS 1978, S. 200

Mankowski, Peter: Zum Arrestgrund der Auslandsvollstreckung in § 917 Abs. 2 ZPO, RIW 1991, S. 181

Mankowski, P. / *Kerfack*, R.: Arrest, Einstweilige Verfügung und die Anwendung ausländischen Rechts, IPRax 1990, S. 372

– Zum Arrestgrund der Auslandsvollstreckung, RIW 1991, S. 181

Martiny, Dieter: Anerkennung ausländischer Entscheidungen nach autonomem Recht, in: Handbuch des Internationalen Zivilverfahrensrecht, Band III / 1, München 1984

– Gibt es ein internationales Verwaltungsrecht?, FS Beitzke, Berlin u.a. 1979, S. 641

– Autonome und einheitliche Auslegung im Europäischen Internationalen Zivilprozeßrecht, RabelsZ 45 (1981), S. 427

Matscher, Franz: Prozessuale Schranken der Formfreiheit im internationalen Schuldrecht, FS Beitzke, Berlin, New York 1979, S. 641

– Einige Probleme der internationalen Urteilsanerkennung und -vollstreckung, ZZP 86 (1973), S. 404

– Zur Theorie der Anerkennung ausländischer Entscheidungen nach österreichischem Recht, FS Schima 1992, S. 265

Mayer, Pierre: Droit international privé, 4. Aufl., Paris 1991

Meier, Isaak: Privatrecht und Prozeßrecht, in: Schlosser, P. (Hrsg.), Materielles Recht und Prozeßrecht und die Auswirkungen der Unterscheidung im Recht der Internationalen Zwangsvollstreckung, Bielefeld 1992, S. 1

Meili, F.: Das internationales Civilprozeßrecht, Zürich 1906

Mendelssohn-Bartholdy, Albrecht: Zivilprozeßordnung und Code civil, RheinZ 1 (1909), S. 177

– Miszellen zum Prozeßrecht, RheinZ 12 (1923), S. 443, 448

Mittermaier, Karl: Über die Collision der Prozeßgesetze, AcP 13 (1830), S. 293.

Möllers, Christoph: Internationale Zuständigkeit bei der Durchgriffshaftung, Diss. (Münster), Bielefeld 1987

Mössle, Karen I.: Internationale Forderungspfändung, Diss. (Konstanz), Berlin 1990

Mössle, Peter: Extraterritoriale Beweisbeschaffung im internationalen Wirtschaftsverkehr, Diss. (München), 1990

Morweiser, Stephan: Discovery und materiellrechtlicher Auskunftsanspruch im deutschen Unterhaltsprozeß, IPRax 1992, S. 65

Morelli, Gaetano: Elementi di diritto internazionale privato italiano, 11. Aufl., Napoli 1982

Mülhausen, Dieter: Zwangsvollstreckungsmaßnahmen deutscher Gerichte in Bankguthaben von Inländern bei Auslandsfilialen, WM 1986, S. 985

Müller, Horst: Der Schuldausspruch bei Ehescheidung durch deutsche Gerichte nach ausländischem Recht, JbIntR 5 (1954), S. 239

Müller, H. / *Hök*, G.-S.: Deutsche Vollstreckungstitel im Ausland, Neuwied / Frankfurt 1990

MünchKomm (-Bearbeiter): Münchener Kommentar zum BGB, Band 7: Einführungsgesetz zum BGB, Internationales Privatrecht, 2. Aufl., München 1990

MünchKomm (-Bearbeiter): Münchener Kommentar zum BGB, Band 1: Allgemeiner Teil, 3. Aufl., München 1994

MünchKommZPO (-Bearbeiter): Münchener Kommentar zur ZPO, München 1992

Münzberg, Wolfgang: Der Schutzbereich der Normen §§ 717 Abs. 2, 945 ZPO, FS Hermann Lange, München 1992, S. 599

Muther, Theodor: Zur Lehre von der römischen Actio, dem heutigen Klagerecht, der Litiskontestation und der Singularsukzession in Obligationen, Düsseldorf 1857

Nagel, Heinrich: Internationales Zivilprozeßrecht, 3. Aufl., Münster 1991

– Nationale und internationale Rechtshilfe im Zivilprozeßrecht; das europäische Modell, Baden-Baden, 1971

Neuhaus, Paul Heinrich: Die Grundbegriffe des Internationalen Privatrechts, 2. Aufl., Tübingen 1976

– Internationales Zivilprozeßrecht und internationales Privatrecht, RabelsZ 20 (1955), S. 201

Nieder, Heinrich: Entwicklungstendenzen und Probleme des Grundbuchverfahrensrechts, NJW 1984, S. 329

Niederländer, Hubert: Materielles Recht und Verfahrensrecht im internationalen Privatrecht, RabelsZ 20, (1955), S. 1

Niessen, Hermann: Der Schutz der Grundrechte ausländischer juristischer Personen, NJW 68, S. 1017

Nörr, Knut W.: Zur historischen Schule im Zivilprozeß- und Aktionenrecht, in: Tradition und Fortschritt im Recht, FS gewidmet der Tübinger Juristenfakultät zu ihrem 500-jährigem Bestehen 1977 von ihren gegenwärtigen Mitgliedern, Tübingen 1977, S. 73

v. Normann, Alexander: Das internationale Zivilprozeßrecht, Berlin 1923

Nußbaum, Arthur: Deutsches internationales Privatrecht, Tübingen 1932

O'Malley, S. / *Layton* A.: European Civil Practice, London 1989

Oppermann, Thomas: Europarecht, München 1991

Pagenstecher, Max: Werden die Partei- und Prozeßfähigkeit eines Ausländers nach seinem Personalstatut oder nach den Sachnormen der lex fori beurteilt? ZZP 64 (1950-51), S. 249

– Zur Prozeßfähigkeit der Ausländer nach deutschem internationalen Zivilprozeßrecht, FS Raape, Hamburg 1948, S. 249

Palandt (-Bearbeiter): Bürgerliches Gesetzbuch, 53. Aufl., München 1994

Perrot, Roger: Jurisprudence francaises en matière de droit judiciare, Rev. trim. dr. civ. 1981, S. 444

Pieper, Stefan: Mitgliedstaatliche Haftung für die Nichtbeachtung von Gemeinschaftsrecht, NJW 1992, S. 2454

– Die Direktwirkung von Richtlinien der Europäischen Gemeinschaft, DVBl. 1990, S. 684

Prütting, Hans: Auf dem Weg zu einer Europäischen Zivilprozeßordnung, FS Baumgärtel 1990, S. 457

Quassowski: Die Genfer Abkommen über die Vereinheitlichung des Wechselrechts, RabelsZ 4 (1930), S. 770

Rabel, Ernst: Das Problem der Qualifikation, RabelsZ 5 (1931), S. 241

Radtke, Manfred: Der Grundsatz der lex fori und die Anwendbarkeit ausländischen Verfahrensrechts, Diss. (Münster), Münster 1982

Reich, N. / *Dieball*, H.: Mittelbare Diskriminierung teilzeitbeschäftiger weiblicher Betriebsratsmitglieder, ArbuR 1991, S. 225

Reithmann, C. / *Martiny*, D.: Internationales Vertragsrecht, 4. Aufl., Köln 1988

Rheinstein, Max: Die inländische Bedeutung einer ausländischen Zwangsvollstreckung in Geldforderungen, RabelsZ 8 (1934), S. 277

Riezler, Erwin: Internationales Zivilprozeßrecht und prozessuales Fremdenrecht, Tübingen 1949

Rosenberg, L. / *Gaul* H.F. / *Schilken*, E.: Zwangsvollstreckungsrecht, 10 Aufl. 1987, München

Rosenberg, L. / *Schwab*, K. H. / *Gottwald*, P.: Zivilprozeßrecht, 15. Aufl., München 1993

Rosenberg, L. / *Schwab*, K. H.: Zivilprozeßrecht, 11. Aufl., München 1977

Rosenberg, Leo: Lehrbuch des deutschen Zivilprozeßrechts, 9. Aufl., München, Berlin 1961

– Lehrbuch des Deutschen Zivilprozeßrechts, 3. Aufl., Berlin 1931

Roth, Günther H.: Internationale Probleme bei Prorogation und Derogation, ZZP 93 (1980) 156

– Der Vorbehalt des ordre public im Internationalen Privatrecht, NJW 1967, S. 134

Roth, Herbert: Die Reichweite der lex-fori-Regel im internationalen Zivilprozeßrecht, FS Stree / Wessels, Heidelberg 1992, S. 1045

– Probleme um die internationale und örtliche Zuständigkeit in Familiensachen aus dem Verfahrensbereich der Freiwilligen Gerichtsbarkeit, IPRax 1989, S. 279

– Vollziehung von Arrestbefehlen gegen ausländische Schuldner (§ 929 Abs. 2, 3 ZPO), IPRax 1990, S. 161

– Wert und Unwert von Fiktionen im internationalen Zivilprozeßrecht (§ 175 Abs. 1 S. 3 ZPO), IPRax 1990, S. 90

– Die Einrede des Bürgerlichen Rechts, München 1988

– Richterliche Prognoseentscheidung, Rechtskraftwirkung und materielle Gerechtigkeit im Fall der Abänderungsklage nach § 323 ZPO, NJW 1988, S. 1233

Roth, Wulf-Henning: Der Einfluß des Europäischen Gemeinschaftsrechts auf das Internationale Privatrecht, RabelsZ 55 (1991), S. 623

Salzwedel, Jürgen: Probleme der Umsetzung europäischen Gemeinschaftsrechts in das Umwelt- und Technikrecht der Mitgliedstaaten, UPR 1989, S. 41

Samtleben, Jürgen: Zur kollisionsrechtlichen „Vorfrage" im öffentlichen Recht, RabelsZ 52 (1988), S. 466

Sandrock, Otto: Welche Verfahrensregeln hat ein Internationales Schiedsgericht zu befolgen?, FS Glossner, Heidelberg 1993, S. 281

v. *Savigny*, Friedrich Karl: System des heutigen Römischen Rechts, Band V, Berlin 1841

Schack, Haimo: Einführung in das U.S.- amerikanische Zivilprozeßrecht, München 1988

– Internationales Zivilverfahrensrecht, München 1991

– Internationale Zwangsvollstreckung in Geldforderungen, RPfleger 1980, S. 175

– Zur Qualifikation des Anspruchs auf Rechnungslegung im internationalen Urheberrecht, IPRax 1991, S. 347

– Zur Vereinheitlichung des Internationalen Zivilverfahrensrechts, RabelsZ 57 (1993), S. 224

– Rezension zu Walther, Dorothee, Die Mareva Injunction, Frankfurt a.M., ZZP 100 (1987), S. 494

Schellhammer, Kurt: Zivilprozeßrecht, 4. Aufl., Heidelberg 1989; 6. Aufl., Heidelberg 1994

Scherzberg, Arno: Die innerstaatlichen Wirkungen von EG-Richtlinien, Jura 1993, S. 225

Schima, Hans: Rezension zu v. Craushaar, G., Die internationalrechtliche Anwendbarkeit deutscher Prozeßnormen, AcP 163 (1964), S. 294

Schlechtriem, Peter: Ausländisches Erbrecht im deutschen Verfahren, Diss. (Freiburg), Karlsruhe 1966

Schlosser, Peter: Das Recht der internationalen privaten Schiedsgerichtsbarkeit, 2. Aufl., Tübingen 1989

– Vertragsautonome Auslegung, nationales Recht, Rechtsvergleichung und das EuGVÜ, Gedächtnisschrift Bruns, München 1980, S. 45

– Europäische Wege aus der Sackgasse des deutschen internationalen Insolvenzrechts, RIW 1983, S. 473

– Exterritoriale Rechtsdurchsetzung im Zivilprozeß, FS Larenz, München 1991, S. 497

– Ausschlußfristen, Verjährungsunterbrechung und Auslandsklage, FS Bosch, Bielefeld 1976, S. 859

– Der lange Arm der deutschen Kindschafts- und Familiengerichte, IPRax 1987, S. 153

– Grenzüberschreitende Vollstreckung von Maßnahmen des einstweiligen Rechtsschutzes im EuGVÜ-Bereich, IPRax 1985, S. 321

Schmitz, Berthold: Fiktive Auslandszustellung, Berlin 1980

Schnorr v. Carolsfeld, Ludwig: Internationalprivatrechtliche Fragestellungen zur Dogmatik des deutschen Zivilprozeßrechts, FS Lent, München u. Berlin 1957, S. 245

Schnyder, Anton K.: Wirtschaftskollisionsrecht, Zürich 1990

Schoch, Magdalene: Klagbarkeit, Prozeßanspruch und Beweis im Licht des internationalen Rechts, Leipzig 1934

Schubert, Werner: Materialien zur Entstehungsgeschichte des BGB, Einführung, Biographien, Materialien, hrsg. von H.- H. Jakobs und W. Schubert, Berlin, New York 1978

Schütze, Rolf: Deutsches internationales Zivilprozeßrecht, Berlin, New York 1985

– Die Wirkung ausländischer Rechtshängigkeit in inländischen Verfahren, ZZP 104 (1991), S. 136

– Zur Verteidigung im Beweiserhebungsverfahren in U.S.-amerikanischen Zivilprozessen, WM 1986, S. 633

– Die Anerkennung und Vollstreckung US-amerikanischer Zivilurteile, die nach einem pretrial-discovery ergangen sind, in der Bundesrepublik Deutschland, FS Stiefel, München 1987, S. 697

– Die Doppelexequierung ausländischer Zivilurteile, ZZP 77 (1964), S. 287

Schütze, R. / *Tscherning*, D. / *Wais*, W.: Handbuch des Schiedsverfahrens – Praxis der deutschen und internationalen Schiedsgerichtsbarkeit, 2. Aufl., Berlin 1990

Schwab, K.-H. / *Walter*, G.: Schiedsgerichtsbarkeit, Systematischer Kommentar, 4. Aufl., München 1990

Schweitzer, M.: Staatsrecht, Völkerrecht, Europarecht, 4. Aufl., Heidelberg 1992

Schweitzer, M. / *Hummer*, W.: Europarecht, 4. Aufl., Neuwied 1993

Schwimann, Michael: Verfahrensrechtliche Probleme im deutschen internationalen Adoptionsrecht, RabelsZ 38 (1974), S. 571

– Internationales Zivilverfahrensrecht, Wien 1979

– Anglo-amerikanische lex-fori-Regel als „versteckte Rückverweisung"?, FS Bosch, Bielefeld 1976, S. 909

Seidel, Martin: Die Direkt- oder Drittwirkung von Richtlinien des Gemeinschaftsrechts, NJW 1985, S. 517

Serick, Rolf: Nach welchem Recht ist der Wohnsitz in §§ 13 und 16 ZPO bei Auslandsbeziehungen zu beurteilen?, ZZP 68 (1955), S. 278

Siehr, Kurt: Ausländische Unterhaltsentscheidungen und ihre Abänderung im Inland wegen veränderter Verhältnisse, FS Bosch, Bielefeld 1976, S. 927

– Rechtshängigkeit im Ausland und das Verhältnis zwischen staatsvertraglichen sowie autonomen Anerkennungsvorschriften, IPRax 1989, S. 93

Smid, Stefan: „Verbraucherinsolvenz" in der Praxis, ZIP 1993, S. 1037

Smith, Anne: Fischereipolitik, EG-Recht und die britische Justiz, EuZW 1992, S. 308

Soergel (-Bearbeiter): Bürgerliches Gesetzbuch, Band 8, Einführungsgesetz, 11. Aufl., Stuttgart 1983

Spellenberg, Ulrich: Örtliche Zuständigkeit kraft Sachzusammenhang, ZVglRWiss 79 (1980), S. 89

– Abänderung ausländischer Unterhaltsurteile und Statut der Rechtskraft, IPRax 1984, S. 304

– Der ordre public im Internationalen Insolvenzrecht, in: Stellungnahmen und Gutachten zur Reform des deutschen Internationalen Insolvenzrechts, Tübingen 1992

– Der Gerichtsstand des Erfüllungsortes im europäischen Gerichtsstands- und Vollstreckungsübereinkommen, ZZP 91 (1978), S. 38

Spiro, Erwin: Forum regit processum, ICLQ 18 (1969) S. 949

Stalev, Zivko: Der Fremde im Zivilprozeß. Der Grundsatz der lex fori und seine Durchbrechung, in: Zeitgenössische Fragen des internationalen Zivilverfahrensrechts, Referate zur III. Münchener Ost-West-Tagung, Tübingen 1972, S. 31

Staudinger (-Bearbeiter): J. v. Staudingers Kommentar zum BGB, 12. Aufl., Berlin 1978 ff., 13. Aufl. Berlin 1993

Stein, Torsten: Umgekehrt!, Bemerkungen zum „Solange II"-Beschluß des Bundesverfassungsgerichts, FS Zeidler II, Berlin, New York 1987, S. 1711

Stein-Jonas (-Bearbeiter): Großkommentar zur Zivilprozeßordnung, 21. Aufl., Tübingen 1993 f.; 20. Aufl., Tübingen 1977 f.; 19 Aufl., Tübingen 1965 f.

Steindorff, Ernst: Vorlagepflicht nach Art. 177 Abs. 3 EWGV und Europäisches Gesellschaftsrecht, ZHR 156 (1992), S. 1

Stöcklin, Rainer: Prozessuale Kollisionsnormen – zur Qualifikation von Streitgegenständen, JZ 1979, S. 219

Storme, Marcel: Rechtsvereinheitlichung in Europa, Ein Plädoyer für ein einheitliches europäisches Prozeßrecht, RabelsZ 56 (1992), S. 290

Storck, Michel: Contrats et obligations, in: Juris Classeur, Code civil, Fasc. 49-1 (Art. 1184), Paris 1992

Straub, Peter A.: Englische Mareva Injunctions und Anton Piller Orders, SZIER 1992, S. 525

Struckmann, J. / *Koch*, R.: Die Civilprozeßordnung für das deutsche Reich, Berlin 1895

Stürner, Rolf: Das Europäische Zivilprozeßrecht – Einheit oder Vielfalt?, Wege zu einem europäischen Zivilprozeßrecht, Tübinger Symposium zum 80. Geburtstag von Fritz Baur, Tübingen 1992, S. 1

– Der Justizkonflikt zwischen U.S.A. und Europa, in: Habscheid (Hrsg.), Der Justizkonflikt mit den Vereinigten Staaten von Amerika, Bielefeld 1986, S. 3

– Die Gerichte und Behörden der U.S.A. und die Beweisaufnahme in Deutschland, ZVglRWiss 81 (1982), S. 159

– Formfreiheit und Billigkeit bei der Klagezustellung im Europäischen Zivilprozeßrecht, JZ 1992, S. 325

Stürner, R. / *Stiefel*, E.: Die Vollstreckbarkeit US-amerikanischer Schadensersatzurteile exzessiver Höhe, VersR 1987, S. 829

Stürner, R. / *Stadler*, A.: Zustellung von „punitive damages"-Klagen an deutsche Beklagte nach Haager Zustellungsübereinkommen?, IPRax 1990, S. 157

Stutz, Andrea: Die internationale Handlungs- und Unterlassungsvollstreckung unter dem EuGVÜ, Diss. (Konstanz), Konstanz 1992

Szászy, István: The basic connecting factor in international cases in the domaine of civil procedure, ICLQ 15 (1966), S. 436

– International Civil Procedure, Leiden 1967

Taupitz, Jochen: Verjährungsunterbrechung im Inland durch unfreiwillige Beteiligung am fremden Rechtsstreit im Ausland, ZZP 102 (1989), S. 288

Thümmel, Roderich C.: Der Arrestgrund der Auslandsvollstreckung im Fadenkreuz des Europäischen Rechts, EuZW 1994, S. 242

Trunk, Alexander: Die Erweiterung des EuGVÜ-Systems am Vorabend des Europäischen Binnenmarktes, Diss. (München), München 1991

– Zur bevorstehenden Neuregelung des deutschen Internationalen Insolvenzrechts, KTS 1994, S. 33

Urbanczyk, Reinhard: Probleme der Postulationsfähigkeit und Stellvertretung, ZZP 95, 339

Veelken, Winfried: Die Bedeutung des EG-Rechts für die nationale Rechtsordnung, JuS 1993, S. 265

Verdross, A. / *Simma*, B.: Universelles Völkerrecht: Theorie und Praxis, 3. Aufl., Berlin 1984

Vitta, Edoardo: Corso di diritto internazionale privato e processuale, 3. Aufl., Torino 1988

Wach, Adolf: Der Feststellungsanspruch. Ein Beitrag zur Lehre vom Rechtsschutzanspruch, Leipzig 1889

– Handbuch des Deutschen Civilprozessrechts, Band 1, Leipzig 1885

Walder, Hans Ulrich: Einführung in das Internationale Zivilprozeßrecht der Schweiz, Zürich 1989

Walker, Michael G.: The English Legal System, 6. Aufl., London 1987

Walther, Susanne: Das Zusammenwirken von Art. 24 EuGVÜ und § 916 ff., Diss. (Regensburg), Regensburg 1993

Weber, Helmut: Die Theorie der Qualifikation, Diss. (Tübingen), Tübingen 1986

Weiss, André: Traité théorique et pratique de droit international privé, Band 3, Paris 1898, Band 5, Paris 1905

Wenger, Leopold: Abriß des römischen Zivilprozeßrechts, Berlin 1925

Wenger, Wilhelm: Völkerrecht, 1., 2. Teil, Berlin 1964

Werner, Olaf: Die Rechtsnatur der notariellen Unterwerfungserklärung, DNotZ 1969, S. 713

Wieczorek, Bernhard: Zivilprozeßordnung und Nebengesetze, 2. Aufl., Berlin, New York 1976

Windscheid, Bernhard: Die Actio – Abwehr gegen Theodor Muther, Düsseldorf 1857

– Die Actio des römischen Civilrechts vom Standpunkt des heutigen Rechts, Düsseldorf 1856

Winkler, Peter: Italien, das EG-Recht und die Direktwirkung von Richtlinien, EuZW 1992, S. 443

Winkler v. Mohrenfels, Peter: Kollisionsrechtliche Vorfrage und materielles Recht, RabelsZ 51 (1987), S. 20

Wolf, Christian: Rechtswidrigkeit der Ausländersicherheit nach § 110 ZPO nach EG- und Verfassungsrecht, RIW 1993, S. 797

Wolf, Manfred: Einheitliche Urteilsgeltung im EuGVÜ, FS Schwab, München 1990, S. 561

– Abbau prozessualer Schranken im europäischen Binnenmarkt, in: Wege zu einem europäischen Zivilprozeßrecht, Symposium zum 80. Geburtstag von Fritz Baur, Tübingen 1992, S. 35

Wolff, Martin: Das internationale Privatrecht Deutschlands, Berlin u.a. 1954

Wolff, Martin K.: Vollstreckbarerklärung, in: Handbuch des Internationalen Zivilverfahrensrechts, Bd. III, Tübingen 1984

Wolfsteiner, Hans: Die vollstreckbare Urkunde, München 1978

Wurzer: Zum Schadensersatzanspruch des § 945 ZPO, Gruch.Beitr. 63 (1919), S. 577

Zimmermann, Andreas: Die Ausländersicherheit des § 110 ZPO auf dem Prüfstand des Europäischen Gemeinschaftsrechts, RIW 1992, S. 707

Zöller (-Bearbeiter): Zivilprozeßordnung, 18. Aufl., Köln 1993

Zöllner, Wolfgang: Materielles Recht und Prozeßrecht, AcP 190 (1990), S. 471

Zweigert, Konrad: Die dritte Schule im internationalen Privatrecht, FS Raape, Hamburg 1948, S. 35

Dokumente

Protokolle der Kommission zur Ausarbeitung des Entwurfes einer CPO für die Staaten des Norddeutschen Bundes, Band III, Nachdruck 1985

Entwurf eines EG-Konkursübereinkommens der Ad-hoc-Gruppe „Konkursübereinkommen" beim Rat der EG, ZIP 1992, S. 1197

Federal Civil Judicial Procedure and Rules, 1991 Revised Edition, St. Paul 1991

Denkschrift zum Haager Unterhaltsübereinkommen vom 24.10.1956, BT Drucks. 3 / 2585

Denkschrift zum Haager Unterhaltsübereinkommen vom 2.10.1973, BT Drucks. 10 / 258

Verfügung des Preußischen Justizministerium, PreußJuMinBl. 1922, S. 83

Kolibri 360 GmbH
Ferdinand-Jühlke-Straße 7
99095 Erfurt, Deutschland
produktsicherheit@kolibri360.de